KB042411

제3판

무역학개론

Introduction to International Trade

곽근재 김의동 안창모
장봉규 최근배 허재창

박영사

제3판 머리말

1990년대에 들어오면서 세계화는 더욱 급속도로 진행되었다. 세계무역은 경제 성장세보다 2배 이상 빠르게 성장하였다. UNCTAD에 의하면 세계경제가 1% 성장하면 무역량은 2.5% 증가하였으며, 최근까지는 무역성장이 감소하여도 이듬해에는 즉각 성장세를 회복하였다. 가령, WTO 출범 이후 지속적으로 증가하던 무역이 1997년 아시아 금융위기로 인해 세계와 한국의 무역은 다소 감소하였으며, 2000년에는 유가상승과 금리인상으로 선진국의 경제성장이 둔화됨에 따라 세계와 한국의 무역 역시 감소하였다. 그리고 2009년 미국발 금융위기로 인해 세계와 한국의 수출입이 크게 감퇴하였지만 이듬해 곧바로 회복되면서 세계화는 급속히 진행되어 왔다.

그런데 최근 몇 년 전부터는 동일한 경제성장에도 무역성장은 1% 미만으로 그치거나 마이너스를 보이고 있다. 일각에서는 무역성장 시대가 끝나고 무역둔화의 징조가 나타나고 있다고 한다. 가령, 2016년 10월 30일자 뉴욕타임스에 의하면, 지난 수십 년간 세계화의 흐름 속에서 성장세를 거듭해온 국가 간 재화의 물동량이 더 이상 성장하지 않는 정체기를 맞은 사실이 세계무역 통계를 통해 확인되었으며, 그 해 9월 한진해운 사태로 인해 아시아와 미국 간 항로에서 일시적으로 수십 척의 화물선이 공해상에서 발이 묶인 일은 무역성장의 둔화를 미처 깨닫지 못한 상징적 사건이라고 표현하였다.

무역 증가세 둔화의 배경에는 세계경제 성장의 둔화, 도하라운드의 좌초, TPP에 대한 미국의 태도 변화, 영국의 EU 탈퇴, WTO 회원국들 내 무역규제강화 추세 등이 그 원인으로 분석되고 있다. 한진해운 사태는 이러한 변화의 시기에 세계경제의 흐름을 제대로 읽지 못할 경우 심각한 위기에 봉착할 수 있음을 시사한다. 비록 이 책은 무역학 개론서이지만 무역이론 및 정책, 국제금융 및 외환금융시장, 국제경영, 무역실무 등 무역학 전반의 흐름을 간략하게 정리하여 무역학의 기본서로서의 역할을 충실히 할 수 있도록 하였다.

　　무역학개론 초판이 출간된지 벌써 14년이 되었다. 그동안 개정판과 중판이 한차례씩 발간되었으며 이번에 다시 개정판을 내게 되었다. 이번 개정판에는 종전의 7부 24장을 4부 22장으로 재편성하였으며, 최신 통계자료를 이용하여 그림, 표 및 본문 내용 등을 업데이트하였고, 규정 개정과 관련된 내용을 수정하였으며, 어색한 표현 및 오자 등을 수정하였다. 끝으로, 개정판의 발간을 위해 여러모로 애써 주신 박영사 안상준 상무님과 박세기 부장님, 전은정 편집자님께 감사드린다. 앞으로 이 책에 대한 독자 제위의 질책을 기다리며 보다 나은 체계와 내용으로 계속 발전시켜 나갈 것을 약속드린다.

2018년 1월
저자 일동

개정판 머리말

무역학개론 초판이 나온 지 7년, 중판이 발간된 지는 어느덧 3년이 흘렀다. 그동안 졸저 "무역학개론"을 사랑해 주신 독자 여러분들의 기대에 부응하기 위해 개정판을 출간하게 되었다.

우리나라는 1997년의 금융위기로 인해 IMF 관리체제하에서 경제적 어려움을 경험하였는데, 2009년 미국발 금융위기로 인해 또다시 위기를 맞이하였다. 시장의 규모가 작고 해외의존도가 높은 우리나라의 경우 세계경제의 위기가 닥칠 때마다 경제위기의 영향은 크게 다가왔다. 이번에도 예외는 아니었다. 그러나 과거 IMF 관리체제를 경험하면서 상당히 큰 대가를 치른 탓인지 비교적 파고를 잘 넘고 있는 듯하다. 이것은 우리의 경제구조가 그만큼 탄력적으로 또 건전하게 바뀌었다는 것을 의미한다. 또한 세계경제의 글로벌화에 그동안 능동적으로 대처해 온 덕분이기도 하다.

세계화는 세계 도처의 사람들을 상호 연결시켜 주는 경제적, 사회적, 문화적 또는 환경적 변화를 의미한다. 통신수단, 특히 인터넷의 발달은 미래시장을 훨씬 더 큰 폭으로 확대시켜 국가간 서비스 공급의 비용을 빠르게 감소시키고 있다. 그로 인해 무역과 투자는 급속도로 확대될 것이다. 그러므로 세계화와 함께 세계시장의 영향을 이해하는 것이 점점 더 중요해지고 있다.

이 책은 비록 개론서이긴 하지만 무역학 연구의 기초가 되기에 충분하다고 자부한다. 초판의 머리말에서 언급하였듯이 중견 학자인 6인의 집필자들이 각자의 전공분야를 균형감 있게 그리고 꼼꼼히 정리하였다. 이번 개정판에서 큰 틀은 바꾸지 않았지만 그간의 경제환경의 변화에 따른 논의의 흐름 변화를 반영하였으며, 동시에 미흡한 부분을 보충하려고 노력하였다. 가령, 이 책의 서론에 해당하는 장으로 세계화의 추세 및 배경을 추가하였으며, WTO출범 이후 급속히 진행되어 온 지역무역협정의 추이를 수정·보완하였다. 실무분야에서는 u-Trade Hub에 대한 이해를 돕는 내용이 추가되었으며, 무역보험 중 수출보험의 운영종목의 변경 및 추가로 인한 수정이 이루어졌다.

끝으로 개정판의 출판을 쾌히 승낙하여 주신 박영사 안종만 회장님과 여러모로 애써 주신 홍석태 차장님께 진심으로 감사드린다. 앞으로 이 책에 대한 독자 제위의 질책을 기다리며 보다 나은 체계와 내용으로 계속 발전시켜 나갈 것을 약속드린다.

2010년 8월
저자 일동

머리말

　　WTO가 출범한 이후 수입자유화의 폭이 넓어지면서 최근 외국산제품의 구입이 보다 쉬워졌다. 종전에는 수입이 어려웠던 사치성 소비재인 소니TV, 벤츠 승용차, 골프채, 구찌 핸드백 등에서부터 과일, 채소, 과자 등과 같은 각종 생활필수품에 이르기까지 다양한 외국상품을 구입하고 있다. 그러나 이러한 상품들은 실제로 외국에서 생산된 제품을 수입하여 한국 소비자들이 이용할 수 있는 수많은 상품들 중에서 단지 극소수의 품목을 나열한 것에 불과하다. 평소 우리가 소비하고 있는 상당수의 재화 혹은 그 재화의 일부분이 외국에서 생산된 것임을 알지 못하는 경우가 있다. 예를 들면, 국산 반도체의 생산은 80% 가량이 수입부품에 의해서 제조되고, 대형 TV의 경우 주요 부품은 대부분 일본에서 수입되고, 우리가 타고 다니는 자동차의 부품도 상당부분 외국에서 제조되고, 전구에 사용되는 텅스텐과 우리가 먹는 빵의 재료 등등이 모두 수입된 것들이다.

　　한편 외국여행을 할 경우, 호텔비, 식비, 관광여행비, 기념품 구입비 등을 지불하기 위해서는 한국의 원화를 미국의 달러나 일본의 엔화 등으로 교환해야 할 필요가 있다. 우리가 매일 대하는 뉴스나 신문지상에는 한국산 수출상품이 미국에서 덤핑판정을 받게 되었다는 보도, 우리 제품의 국제경쟁력 약화와 선진국의 경기침체로 인해 우리의 수출이 어려워지고 있다는 보도, 최근 한국경제의 중증을 치료하기 위해 환율 상승과 하락을 놓고 정부기관 간에 논쟁을 벌이고 있다는 보도, 그 밖에도 EU가 25개국으로 확대되고 미국과 남미국가들이 미주자유무역지역(FTAA)을 추진함에 따라 세계경제의 지역주의 경향이 더욱 강화되고 있다는 보도, 도하개발아젠다의 농산물협상이 진행됨에 따라 쌀수입의 전면적인 자유화가 불가피하다는 보도, 우리 기업의 중국진출이 계속 증가하고 있다는 보도 등으로 가득차 있다.

　　이러한 모든 주제와 또 여기서 이야기할 수 없는 그 밖의 여러 문제들이 직접 또는 간접으로 무역학 연구의 주요 테마가 된다. 따라서 오늘날 세계가 어떻게 돌아가고 있는지를 이해하기 위하여 그리고 견문이 넓은 소비자나 시민이 되기 위해서는 국제무역에 관한 지식이 어느 정도 필요하다. 더구나 무역학도의 경우 장차 기업체에서 무역업무, 금융기관에서 외환업무, 재정경제부나 외교통상부 등과 같은 정부부서에서 각종 임무를 수행하기 위해서는 국제경제 현상에 대한 올바른 이해가 반드시 필요할 것이다.

　　바로 이러한 필요성을 충족시켜 줄 수 있는 무역학의 입문서로서 감히 이 책을 소개하고 싶다. 이 책의 저자들은 중견 학자들로 모두 20년 가까이 대학에서 무역학을 강의하면서 그 동안 정리해 온 강의노트와 연구논문 및 국내외 관련 교과서 등을 바탕으로 일반인이나 무역학도들이 무역현상을 이해하는 데 꼭 필요한 지식들을 알기쉽게 정리하여 무역학의 입문서로 내놓은 것이다. 비록 부족한 부분이 많지만 그래도 다른 입문서와 차별화되는 것은 단독저서인 경우 자기 전공이 아닌 분야를 다루어야 하나 이 책의 경우 6인의 교수들이 각자의 전공분야를 정리하였기 때문에 내용적인 면에서 무역학 전반을 균형감 있게 다루고 있다는 점이다.

　　이 책은 모두 7개 부로 구성되어 있다. 제 1 부는 국제무역이 발생하는 원인과 결과를 전통적인 무역모형과 최근 연구 · 개발되고 있는 무역모형을 통해 알기쉽게 소개하고 있으며, 제 2 부는 주요 무역정책들을 소개하고 그 경제적 효과를 분석하고 있다. 제 3 부는 국가간 모든 경제적 거래에 따른 지급과 수취를 보여 주는 국제수지와 대외거래에 수반되는 외국통화 간의 교환비율을 나타내는 환율을 다루고 있다. 제 4 부는 국제금융 중에서도 단기금융시장 및 외환시장을 중점적으로 소개한다. 제 5 부에서는 기업의 다양한 해외진출 방식과 다국적기업의 경제 · 경영적 측면을 소개하고 있다. 제 6 부는 무역거래가 실제로 전개되는 과정과 단계별 주요 관습을 소개하고 있으며, 제 7 부에서는 무역거래 방식의 전자화와 이에 따른 관행의 변화를 다루고 있다.

　　이 책이 출간되기까지 많은 분들의 도움이 컸다. 무엇보다도 이 책의 구성과 체제의 통일을 위해 6인의 저자가 함께 토론한 많은 시간들은 결코

잊을 수 없을 것이다. 그리고 원고교정을 위해 시간을 아끼지 않은 경상대
학교 대학원 박사과정의 송홍섭 군과 양항진 군에게 진심으로 감사드린다.
끝으로 이 책의 출판을 쾌히 승낙하여 주신 박영사 안종만 회장님과 여러
모로 애써 주신 김양형 편집위원님께 감사드린다. 앞으로 이 책에 대한 독
자 여러분의 질책을 기다리며 보다 나은 체계와 내용으로 계속 발전시켜
나갈 것을 약속드린다.

2004년 8월
저자 일동

차   례

제6장　무역자유화를 위한 노력

제 2 부   국제수지와 국제금융

제 3 부 다국적기업과 국제경영

제 4 부 무역실무

제16장 무역실무의 이해

제17장 무역계약

제18장 무역운송

제 1 장
시장의 세계화

개 요

세계시장의 빠른 통합, 즉 세계화(globalization)는 무역학에 대한 연구의 필요성을 높이고 있다. 세계화의 정도를 알아보는 단순한 방법은 세계 무역과 투자가 얼마나 성장하였는지 조사해 보는 것이다.

1 무역과 투자의 성장

오늘날 세계경제시장의 빠른 통합으로 인해 무역학에 대한 연구의 필요성이 더욱 높아지고 있다. 기업이나 소비자 그리고 정부는 그들이 생활하고 활동하고 있는 지역이나 국가에서 일어나고 있는 일들에 의해서 영향을 받을 뿐만 아니라 세계 도처에서 일어나고 있는 일들에 의해서도 점점 더 많은 영향을 받고 있다. 소비자들은 그들이 사는 도시의 조그마한 가게에서조차도 세계 각국에서 생산된 재화를 구입할 수 있다. 국내기업은 이들 외국제품과 경쟁해야 한다. 그러나 국내기업 또한 여러 나라와의 교역을 통해 시장을 확대할 새로운 기회를 가진다. 또한 통신수단의 발달은 국가간 재화 및 서비스 공급의 비용을 빠르게 감소시키고 있으며, 인터넷은 시장을 훨씬 더 큰 폭으로 확대시켜 재화 및 서비스의 비용을 빠르게 변화시키고 있다.

최근 시장은 빠르게 세계화[1]되어 왔으며, 우리 모두 이것을 잘 알고 있

---

1) 국제화(intenationalization)와 세계화(globalization)는 중심주체가 누구인가에 차이가 있다. 국제화란 국가중심의 국제경제질서 속에서 개별경제주체들의 해외경제활동이 규

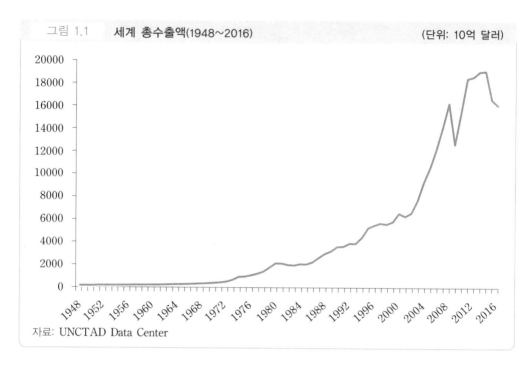

그림 1.1   세계 총수출액(1948~2016)   (단위: 10억 달러)

자료: UNCTAD Data Center

다. 세계화의 정도를 알아보는 한 가지 단순한 방법은 1948년 GATT 출범 이후의 세계 수출성장을 조사해 보는 것이다. 〈그림 1.1〉은 1948년부터 2016년까지의 연간 세계 총수출액을 보여주고 있다. 일국의 수출이 다른 나라의 수입임을 인식한다면 과거 약 68년 동안 세계전체의 총무역은 기하급수적으로 증가하였음을 알 수 있다.[2]

그러나 수출이 빠르게 성장한다고 해서 반드시 무역의 중요성이 더 높아지고 있다는 것을 의미하지는 않는다. 그러므로 수출액보다는 세계경제의 규모에 대해 교역재의 비중이 어떠한지를 조사해 볼 필요가 있다. 〈그림 1.2〉는 1970년부터 2016년까지 세계 GDP에서 차지하는 세계 수출의 비중을 백분비(%)로 나타낸 것이다. 이 그림은 세계경제의 규모에 대한 무역의

모면에서 확대되고 내용면에서 심화되는 과정 및 현상을 말하며, 세계화란 국제화의 바탕 위에서 국가별 또는 지역별 시장이 기능적, 제도적, 법률적으로 통합되고 단일화되는 과정 및 현상을 말한다.

2) 2009년 수출이 급속히 감소한 원인은 미국발 금융위기로 인한 것이며, 2015년 이후 수출의 감소추세는 세계경제성장의 둔화, 도하라운드의 좌초, TPP에 대한 미국의 태도 변화, 영국의 EU 탈퇴, WTO 회원국들내 무역규제강화 추세에 기인한다고 볼 수 있다.

그림 1.2   세계 GDP에 대한 세계 총수출액 비중(1970~2016)   (단위: %)

자료: UNCTAD Data Center & IMF WEO

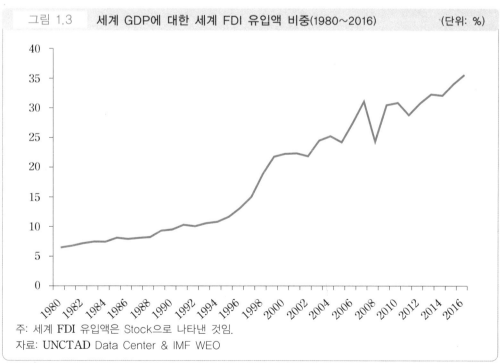

그림 1.3   세계 GDP에 대한 세계 FDI 유입액 비중(1980~2016)   (단위: %)

주: 세계 FDI 유입액은 Stock으로 나타낸 것임.
자료: UNCTAD Data Center & IMF WEO

비중이 착실히 증가하고 있음을 보여주고 있다. 세계의 수출은 1970년에 GDP의 약 9% 정도에서 2016년에는 약 21%까지 성장하였다. 따라서 무역은 절대적 기준에서 빠르게 증가하고 있을 뿐만 아니라 상대적으로도 그 중요성이 높아지고 있음을 알 수 있다.

세계경제의 상호연관성을 보여주는 또 하나의 지표, 즉 세계화의 또 다른 지표로는 해외직접투자(FDI)의 변화를 들 수 있다. FDI는 생산활동의 해외소유이다. 그러므로 FDI를 통한 해외경제의 유입은 한 나라에 커다란 영향을 미칠 수 있다. 〈그림 1.3〉은 1980년과 2016년 사이 세계 GDP에서 차지하는 세계 FDI 유입액의 비중을 보여준다. 이것은 해외소유의 중요성에 대한 하나의 지표를 제공해 준다. 〈그림 1.3〉에서와 같이 세계 GDP에 대한 세계 FDI의 비중은 1980년에 약 6% 조금 상회하던 것이 급속도로 성장하여 불과 36년 후인 2016년에는 약 35%나 되었다.

2   무역과 투자의 성장 배경

국제무역 및 투자의 성장은 부분적으로는 1930년대의 대공황 이후 무역장벽의 지속적인 감소로 인해 촉진되어 왔다. 2차 대전 이후 관세 및 무역에 관한 일반협정(GATT)은, 상호주의적인 기반 위에서 수입재에 대한 관세를 감소시키기 위하여 회원국들간에 규칙적인 협상을 촉진시킨 하나의 협정[3]이었다. 1948년에서 1994년 사이 8차례의 규칙적인 협상이 이루어졌다. 각국은 다른 회원국들에 의한 관세양허 또는 관세감소와 교환으로 수입품에 대해 관세를 감소시킬 것을 약속하였다. GATT체제하에서 가장 최근에 완성된 우루과이라운드(UR)는 1994년에 종결되었다. UR에서 회원국들은 훨씬 더 영향력이 큰 분야에서의 자유화 약속을 포함하는 협정을 확대시키는 데 성공하였다. 각국은 재화무역에 대한 관세를 낮추었을 뿐만 아니라 농산물과 서비스 시장을 자유화하기 시작하였다. 그들은 과거 여러 해 동안 사용하여 왔던 여러 가지 쿼터시스템, 가령, 다자간섬유협정(MFN)

---

3) GATT는 ITO가 무산되었기 때문에 1995년 WTO체제 창설 이전까지 '기구'로서의 역할을 해 온 셈이지만 사실은 하나의 '협정'에 불과하다.

을 제거하였다. 그리고 그들은 또한 특허, 상표 및 저작권 등과 같은 지적재산권을 보호하기 위하여 어떤 최소한의 기준에 충실하기로 동의하였다. 이러한 새로운 협상체제를 관리하기 위하여, 무역문제를 규칙적으로 논의하는 포럼을 제공하기 위하여, 그리고 회원국들간에 발생할 수 있는 무역분쟁의 해결을 위한 명확한 절차를 수행하기 위하여 WTO가 창설되었다.

　2016년 7월 현재 164개국이 WTO의 회원국이며, 현재 많은 국가들이 참가하기를 원한다. 회원국의 숫자가 증가함에 따라 그리고 최근 논의 중에 있는 도하라운드[4]의 무역자유화 협상이 체결될 경우 세계시장은 무역과 투자에 더 많이 개방될 것이다.

　무역자유화를 향한 또 하나의 노력은 지역무역협정의 형태를 띠고 있다. 2017년 6월 현재 659개의 지역무역협정이 GATT/WTO에 통보되었다. 많은 국가들이 훨씬 더 빠른 무역자유화를 촉진시킬 목적으로 이웃의 인접한 국가들 또는 주요 교역상대국들과 협상하여 왔다. 수많은 지역무역협정이 체결된 이유는 한편으로는 GATT/WTO체제하에서의 느린 무역자유화의 행보 때문일 것이다. 다른 한편으로는 각국은 경제적·전략적으로 중요한 교역상대국들과의 상호의존 및 연결 관계를 촉진시키기를 원하기 때문일 것이다. 어쨌든 이러한 현상은 국제시장을 WTO체제에서 달성된 것 이상으로 개방시키는 데 기여할 것이다.

　지금까지 살펴본 바와 같이 경제적 패턴에서의 상기 변화와 개방도의 증가 추세는 세계화(globalization)의 한 양상이다. 세계화를 보다 공식적으로 표현한다면 세계 도처의 사람들을 상호 연결시켜주는 역할을 하는 경제적, 사회적, 문화적 또는 환경적 변화를 의미한다. 세계화의 경제적 양상은 분명 이들 변화 중 가장 보편적인 변화 가운데 하나이다. 그러므로 소비자, 기업, 정부에 미치는 세계시장의 영향을 이해하는 것이 점점 더 중요해지고 있으며, 세계화야 말로 무역학 연구가 시작되는 출발점이다.

　이 책은 4부 22장으로 구성되어 있다. 서론에 해당하는 제1장 시장의 세계화에 이어 제1부는 무역이론과 정책, 제2부는 국제수지와 국제금융,

---

4) 도하라운드(일명, DDA)는 2001년 야심차게 출범하였으나 지난 2015년 12월 케냐 나이로비에서 개최된 WTO 각료회의에서 선진국과 개도국 간 의견차이를 좁히는 데 실패하면서 DDA의 지속여부를 결론 내리지 못한 채 폐막하였다.

제3부는 다국적기업과 국제경영, 제4부는 무역실무이다. 이번 개정판에서는 종전의 7부 23장을 축소 개편하였다. 무역학개론의 내용 구성이 집필자의 전공에 따라 그리고 대학별 전공교수의 구성에 따라 다양한데 반해, 본서에서는 크게 국제경제이론과 무역실무 그리고 국제경영 3개 분야로 균형 있게 구성하려고 노력하였다.

주요용어

세계화(globalization)
국제화(internationalization)
해외직접투자(FDI)
GATT와 WTO

연습문제

1. 세계화의 지표는 어떤 것이 있는가?
2. 국제화와 세계화의 차이점은 무엇인가?
3. 2차 대전 이후 무역과 투자가 급속히 성장한 배경은 무엇인가?

1부

무역이론과 정책

제 2 장
Ricardo 무역이론

개 요

자국이 타국에 비해 어떤 재화의 생산에서 '상대적으로' 더 효율적일 경우 자국은 그 재화의 생산에 비교우위가 있다. 비교우위의 개념 및 발생 원인을 연구한 후 비교우위 개념을 잘못 이해하여 그릇된 무역정책을 실시하는 경우를 알아본다.

1 비교우위론의 의의

16C부터 18C 중엽에 걸쳐 유럽에서 채택되었던 경제사상인 중상주의는 산업혁명이 시작되면서 비판을 받기 시작하였다. 고전파 경제학자인 Smith는 화폐의 축적이 곧 국부의 증가라는 중상주의자들의 그릇된 관념을 지적하고, 부(富)란 화폐가 아니라 화폐로써 구입할 수 있는 재화라고 주장하였다. 그리고 재화의 생산을 증대시키기 위해서는 국내분업의 원리를 국제분업에 적용함으로써 각국은 절대우위를 가진 산업에 특화하여 자유무역을 해야 한다고 주장하였다.

Smith의 절대우위론(theory of absolute advantage)은 자유무역을 주창한 최초의 무역이론이란 점에서는 의의가 있지만, 절대우위론이 갖는 한계 때문에 고전적 무역이론의 범주에 넣지는 않는다. 가령, 어느 한 나라가 모든 재화생산에 절대우위를 갖는다면 그 나라가 모든 재화를 생산해서 수출하는 무역패턴이 나타난다. 이것은 국내분업에는 가능할지 모르지만 국제분업에서는 불가능한 일이다.

그러나 Ricardo는 한 나라가 모든 재화생산에 절대우위를 갖는 경우에도 절대우위가 더 큰 재화, 즉 비교우위를 갖는 재화를 생산하여 수출하면 무역으로부터 이익을 얻을 수 있다고 주장함으로써 Smith의 절대우위론의 문제점을 극복하였다. 그러므로 비교우위론은 아마도 국제무역이론에서 가장 중요하며, 경제학에 있어서 가장 혁신적인 아이디어 가운데 하나일 것이다. 어느 한 경제학 회의론자가 노벨경제학상을 받은 Samuelson에게 "가장 의미 있고 중요한 경제이론이 무엇인가"라고 질문하자 그는 재빨리 "비교우위"라고 응답하였다는 일화가 있다.

2 │ Ricardo 모형의 기본가정

① 2국, 2재를 가정한다. 대부분의 무역모형들은 설명을 단순화하기 위해 2국 2재의 기본무역모형(basic trade model)을 가정한다.

② 노동이 유일한 생산요소이며, 노동은 동질적이며, 노동은 산업간 이동이 자유로우며, 규모에 대한 수확불변(constant returns to scale: CRS)이 존재한다고 가정한다. 이러한 가정은 상품가격은 이를 생산하기 위하여 투입된 노동의 양에 의해 결정된다는 고전파 경제학자들의 노동가치설에 근거를 두고 있다. 규모에 대한 수확불변은 모든 생산요소가 비례적으로 변화할 경우 생산량도 비례적으로 변한다는 노동과 생산량 사이의 기술적 관계를 의미한다. 가령, X재 산업에 노동이 두 배로 증가하면 생산량도 두 배로 증대하게 된다.

③ 국가간 생산기술이 다르다고 가정한다. Ricardo의 비교우위론은 국가간 기술의 차이를 강조하는 이론이다. Ricardo 모형에서는 노동이 유일한 생산요소이므로 기술의 차이는 노동생산성(즉, 노동 한 단위가 생산하는 재화의 단위수)의 차이로 표현된다.

④ 노동시장과 재화시장은 완전경쟁을 가정한다. 완전경쟁시장에서는 다수의 공급자와 다수의 수요자가 있으며, 제품은 동질적이며, 공급자나 수요자는 완전한 정보를 갖는다고 가정한다. 불완전경쟁하의 무역은 4장에서 다룬다.

⑤ 생산요소는 국가간 이동이 불가능하나 재화는 국가간 이동이 자유

로우며, 수송비는 없다고 가정한다. 무역장벽이 없고 수송비가 없다는 것은 어느 한 재화의 가격은 세계 모든 곳에서 동일하다는 것을 의미한다. 관세나 수입할당과 같은 무역장벽의 존재는 2부의 무역정책에서 자세하게 다룬다.

3 비교우위론의 고전적 설명

비교우위에 관한 아이디어는 1815년 Torrens의 저서인 「대외곡물무역에 관한 에세이(*Essay on the External Corn Trade*)」에서 처음으로 등장한다. 그러나 1817년 Ricardo가 「정치경제와 과세의 원리에 관하여(*On the Principles of Political Economy and Taxation*)」란 저서에서 단순한 산술적인 예를 이용하여 비교우위론을 보다 공식화하였다. 그 후 1848년 Mill의 「정치경제원리(*Principles of Political Economy*)」에 의해 비교우위론은 국제정치경제의 주요 특징이 되었다.

Ricardo의 산술적인 예를 이용하여 영국과 포르투갈이 어느 재화의 생산에 비교우위를 갖는지 알아보자. 무역 전 두 나라는 포도주와 의류를 생산하고 있다. 그런데 영국과 포르투갈의 포도주와 의류의 단위노동투입량(unit labor requirement), 즉 한 단위의 재화생산에 필요한 노동투입량이 [표 2-1(a)]와 같다면, 영국은 의류생산에 절대우위(absolute advantage)를 가지며 포도주생산에 절대열위를 갖는다. 반면, 포르투갈은 포도주생산에 절대우위를 가지며 의류생산에 절대열위(absolute disadvantage)를 갖는다. 따라서, 영국은 의류를 수출하고 포도주를 수입하며, 포르투갈은 포도주를 수출하고 의류를 수입하는 무역패턴이 된다.

표 2-1(a) **절대우위의 예**

	포 도 주	의 류
영 국	$a_{LG}=120$	$a_{LC}=90$
포르투갈	$a_{LG}=80$	$a_{LC}=100$

표 2-1(b)   **비교우위의 예**

	포 도 주	의 류
영 국 포르투갈	$a_{LG}=120$ $a_{LG}=80$	$a_{LC}=100$ $a_{LC}=90$

그러나 두 나라의 단위노동투입량이 [표 2-1(b)]와 같다면, 포르투갈이 두 재화생산에 모두 절대우위를 갖고 영국이 두 재화생산에 모두 절대열위를 갖는다. 이 경우 포르투갈이 두 재화를 모두 수출하고 영국이 두 재화를 모두 수입하는 무역패턴이 된다. 그러나 이러한 무역패턴은 영국의 생산요소가 모두 포르투갈로 이동해 갈 수 없기 때문에 불가능한 일이다. 여기서 Smith의 절대우위론이 무역이론으로서 한계에 부딪히게 된다.

그러나 Ricardo의 비교우위론이 바로 이러한 한계를 극복하게 해 주었다. 포르투갈은 두 재화생산에 모두 절대우위를 갖지만, 포도주생산에 절대우위가 더 크므로 포도주생산에 비교우위(comparative advantage)를 가지며, 절대우위가 적은 의류생산에 비교열위(comparative disadvantage)가 있다. 반면, 영국은 두 재화생산에 모두 절대열위를 갖지만 의류생산에 절대열위가 더 적으므로 의류생산에 비교우위를 가지며, 절대열위가 더 큰 포도주생산에 비교열위가 있다. 따라서, 포르투갈은 비교우위를 가진 포도주에 특화하여 이를 수출하고 의류를 수입하며, 영국은 비교우위를 가진 의류생산에 특화하여 이를 수출하고 포도주를 수입함으로써 양국은 모두 무역으로부터 이익을 얻을 수 있다.

그러면 무역 후 두 나라는 어떻게 무역으로부터 이익을 얻는가? 여기서는 세계총생산량의 증가를 통해 무역이익을 알아보자. 단순화를 위해 영국의 총노동량은 220명이며, 포르투갈은 170명이라고 가정하자. 무역 전후 영국과 포르투갈의 포도주와 의류의 생산량과 무역 후 세계총생산량의 증가를 나타내면 [표 2-2]와 같다.

그런데 Ricardo는 무역 후 영국과 포르투갈 간에 무역이익이 어떻게 분배되는가에 대해서는 명확히 밝히지 않았다. 다만 포도주와 의류의 교환비율, 즉 교역조건이 1 : 1로 결정될 것이라고만 언급함으로써 무역이익이

표 2-2   비교우위에 의한 무역이익

	무 역 전		무 역 후		무역이익	
	포 도 주	의 류	포 도 주	의 류	포 도 주	의 류
영 국	1	1	0	2.2		
포르투갈	1	1	2.125	0	+0.125	+0.2
세계총생산량	2	2	2.125	2.2		

두 나라 간에 균등하게 분배될 것이라고 주장하였다. 정태적 무역이익의 국가간 분배를 결정하는 교역조건에 대해서는 다음 절에서 다룬다.

4 Ricardo 모형의 현대적 설명

지금까지는 고전파 경제학자들의 저서에 나타난 논리와 이론제시 방법에 따라 Ricardo 모형을 설명하였으나, 이제는 신고전파 경제학자들의 분석도구들을 이용하여 좀 더 체계적으로 Ricardo 모형을 설명할 것이다.

4.1 분석도구

(1) 재화의 상대가격

어느 한 재화의 상대가격(relative price)은 시장에서 그 재화 한 단위를 구하기 위해 포기되어야 하는 다른 재화의 단위수이다. 가령, X 재 1단위는 20원, Y 재 1단위는 10원이면, Y 재 단위수로 나타낸 X 재의 상대가격은 $Y/X = P_X/P_Y = ₩20/₩10 = 2$ 이다.

Ricardo 모형에서는 노동이 유일한 생산요소이므로 재화의 상대가격은 단위노동투입량의 비율로도 나타낼 수 있다. 가령, X 재의 단위노동투입량(a_{LX})이 2이며, Y 재의 단위노동투입량(a_{LY})이 1일 경우 X 재 1단위를 구하기 위해 Y 재 2단위가 포기되어야 하므로 Y 재 단위수로 나타낸 X 재의 상대가격은 2이다.

재화의 상대가격을 좀 더 공식적으로 표현하면 다음과 같다. 즉, 임금이 w일 경우 완전경쟁하에서 재화의 가격은 생산비와 같아질 것이므로 X재와 Y재의 가격은 각각

$$P_X = w \cdot a_{LX}, \ P_Y = w \cdot a_{LY}$$

가 될 것이고, 상대가격은 다음과 같다.

$$P_X/P_Y = a_{LX}/a_{LY} = 1/a_{LY} / 1/a_{LX}$$

즉, Ricardo 모형에서 재화의 상대가격(P_X/P_Y)은 단위노동투입량의 비율(a_{LX}/a_{LY})이며, 동시에 노동생산성($1/a_{LY} / 1/a_{LX}$)의 비율이다. 가령, X재의 상대가격이 비싸다는 것은 X재의 단위노동투입량이 상대적으로 많다는 것이며, 이것은 X재 산업의 노동생산성이 상대적으로 낮다는 것을 의미한다.

(2) 생산가능곡선

생산가능곡선(production-possibilities frontier: PPF)이란 한 나라의 주어진 자원을 효율적으로 사용하여 생산할 수 있는 최대생산량 조합의 궤적을 말한다.

일국의 노동공급이 고정되어 있고(L), 노동이 두 산업에 완전고용될 경우 일국의 생산가능곡선은 다음과 같이 나타낼 수 있다.

$$a_{LX} \cdot X + a_{LY} \cdot Y = L$$

위의 식은 Y를 종속변수로 하여 다음과 같이 바꾸어 나타낼 수 있다.

$$Y = L/a_{LY} - a_{LX}/a_{LY} \cdot X$$

즉, 절편이 L/a_{LY}이고, 기울기가 $-a_{LX}/a_{LY}$인 우하향하는 직선의 생산가능곡선이다.

생산가능곡선의 기울기 a_{LX}/a_{LY}는 한계변환율(marginal rate of transformation: MRT_{XY})인 동시에 기회비용(opportunity cost)을 나타낸다.

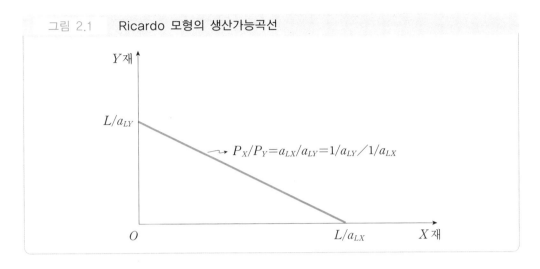

그림 2.1 Ricardo 모형의 생산가능곡선

한계변환율은 X재 한 단위를 추가적으로 생산하기 위하여 포기해야 하는 Y재의 단위수를 나타낸다. 가령, 한계변환율이 1이라는 것은 생산가능곡선상에서 X재 1단위를 더 생산하기 위해 Y재 생산 1단위가 감소되어야 함을 의미한다. 이것은 X재 한 단위의 비용을 실질비용(real cost)으로 나타내지 않고 포기해야 하는 Y재의 단위수로 나타내는 기회비용과 동일한 의미를 갖는다. 따라서, Ricardo 모형에서 PPF의 기울기는 폐쇄경제하의 재화의 상대가격이며, 한계변환율 또는 기회비용이며, 동시에 노동생산성의 비율이다.

Ricardo 모형에서는 생산가능곡선이 직선이므로 한계변환율 또는 기회비용은 불변이다. 직선인 이유는 가정 ②에 근거한다.

(3) 무차별곡선

폐쇄경제(autarky)하에서 한 나라의 후생을 최대로 하는 생산 및 소비의 균형점을 찾기 위해서는 일국의 효용함수에 대한 정보를 알아야 한다. 따라서, 일국의 무차별곡선의 개념을 조사해 보자. 경제학자들은 개별소비자에게 동일한 수준의 만족도(satisfaction), 실질소득(real income), 또는 효용(utility)을 주는 재화의 소비조합의 궤적을 무차별곡선(indifference curve)이라 한다.

〈그림 2.2〉에서 무차별곡선 I_0는 다음과 같은 중요한 특성을 갖는다.

첫째, 무차별곡선은 우하향하는 모양을 갖는다. 이것은 동일한 효용수준을 유지하기 위해서는 어느 한 재화의 소비를 감소시킬 때 다른 재화의 소비를 증가시켜야 한다는 것이다.

둘째, 무차별곡선은 원점에 대해 볼록한 모양을 갖는다. 무차별곡선의 기울기를 한계대체율(marginal rate of substitution: MRS)이라 한다. 즉, 어떤 재화(X재)의 소비를 증가시킬 경우 동일한 효용수준을 유지하기 위해 포기해야 하는 다른 재화(Y재)의 단위수를 한계대체율(MRS_{XY})이라 하는데, 이것은 감소한다. 왜냐하면 어떤 재화의 소비가 증가할수록 그 재화의 효용이 체감하는 '한계대체율 체감의 법칙'이 작용하기 때문이다.

셋째, 무차별곡선은 원점에서 위쪽 방향에 위치할수록 보다 높은 효용수준을 나타낸다.

넷째, 무차별곡선은 서로 교차하지 않는다. 그래야만 비교가 가능하다. 가령, 〈그림 2.2〉에서 L과 M은 동일한 무차별곡선상에 있으므로 동일한 효용수준을 나타낸다. 또한, L과 N 역시 동일한 효용수준을 나타낸다. 따라서, M과 N의 효용수준은 동일하다. 그러나 M점은 N점보다 X재와 Y재를 더 많이 소비하는 조합이므로 동일한 효용수준이 될 수 없다. 따라서, 두 개의 무차별곡선은 결코 교차할 수 없다.

다섯째, 무차별지도를 형성한다. 즉, 재화평면상의 어떠한 소비조합도

그림 2.2   **무차별곡선의 성질**

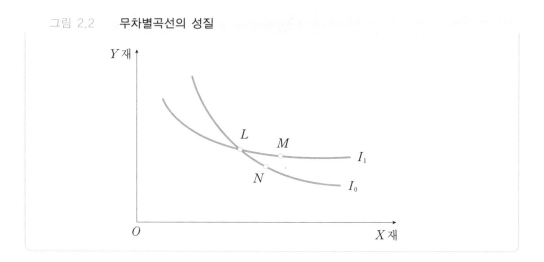

어느 한 무차별곡선상에 위치한다.

여기서 설명한 무차별곡선은 개인의 무차별곡선이다. 그러나 국가도 개인의 무차별곡선과 동일한 성질을 지니는 사회무차별곡선을 그릴 수 있다고 가정하고 무역 전후의 후생수준을 비교한다.

4.2 폐쇄경제하의 균형

Ricardo의 무역세계에서 폐쇄경제(autarky)하에서는 자국의 생산 및 소비가 어떻게 이루어지며, 후생수준이 어떠한가를 알아보자.

다음의 〈그림 2.3〉에서 폐쇄경제하에서 자국의 후생이 가장 높은 생산점과 소비점은 어디일까? 한계변환율(MRT_{XY})과 한계대체율(MRS_{XY}) 그리고 재화의 상대가격(P_X/P_Y)이 일치하는 A점에서 생산과 소비가 이루어질 때 일국의 후생수준이 가장 높은 파레토최적(Pareto optimum)[1]의 상태에 도달한다.

만일 B점에서 생산과 소비가 이루어지면 생산에서는 파레토최적이 달성되지만($P_X/P_Y=MRT_{XY}$), 소비에서는 달성되지 않기 때문에($P_X/P_X \neq$

그림 2.3   **폐쇄경제하의 자국의 생산점과 소비점**

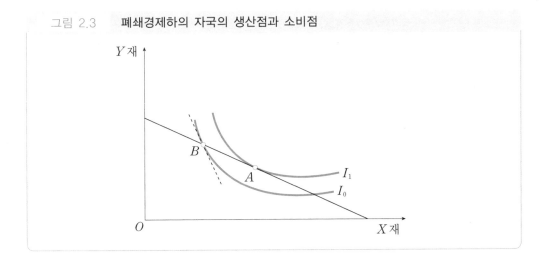

---

1) 자원배분이 가장 효율적으로 이루어진 상태를 말한다. 이탈리아 경제학자 Pareto가 처음 이 개념을 경제분석에 사용하였다.

MRS_{XY}) 일국의 후생은 A점에 비해 떨어진다.

4.3 자유무역하의 균형

무역이 발생하면 일국은 어떤 재화를 수출하고 어떤 재화를 수입하는 가? 그리고 무역이익(gains from trade)은 교역당사국간에 어떻게 분배되는가?

(1) 비교우위와 무역패턴

Ricardo 모형에서 비교우위, 즉 무역패턴을 결정짓는 요인은 무엇인 가? 무역 전 양국의 상대가격을 비교함으로써 알 수 있다. 가령,

$$P_X/P_Y < P_X{}^*/P_Y{}^*$$

이면, 자국은 외국(*)에 비해 X재 가격이 상대적으로 싸며, 외국은 자국에 비해 Y재 가격이 상대적으로 싸다. 재화가격의 상대적 차이는 결국 생산비의 상대적 차이를 의미한다. 즉,

$$a_{LX}/a_{LY} < a_{LX}{}^*/a_{LY}{}^*$$

이면, 자국은 외국에 비해 X재의 단위노동투입량이 상대적으로 적으며, 외국은 자국에 비해 Y재의 단위노동투입량이 상대적으로 적다. 단위노동 투입량의 상대적 차이는 결국 노동생산성의 상대적 차이를 의미한다. 즉,

$$1/a_{LY}\,/\,1/a_{LX} < 1/a_{LY}{}^*\,/\,1a_{LX}{}^*$$

이면, 자국은 외국에 비해 X재 산업의 노동생산성이 상대적으로 높다. 다시 말해, X재 산업의 기술수준이 상대적으로 우위에 있다는 것을 의미한다. 반면, 외국은 자국에 비해 Y재 산업의 노동생산성이 상대적으로 높다. 즉, X재 산업의 기술수준이 상대적으로 우위에 있다는 것을 의미한다. 따라서, Ricardo 모형에서 비교우위의 결정요인은 궁극적으로 국가간 기술의 차이임을 알 수 있다.

(2) 무역이익

Ricardo의 무역세계에서 생산의 특화는 어떻게 이루어지는가? 어떤 재화의 생산비가 세계시장가격보다 비싸면 그 재화의 국내생산은 완전히 중단될 것이다. 그러므로 Ricardo 무역세계에서는 비교우위를 가진 재화의 생산에 완전특화(complete specialization)가 이루어지고 비교열위에 있는 재화는 전적으로 수입하게 된다.

두 나라의 폐쇄경제하의 상대가격이 $P_X/P_Y < P_X^*/P_Y^*$일 경우 자국은 X재 생산에, 외국은 Y재 생산에 비교우위가 있다. 무역이 시작되면 각국

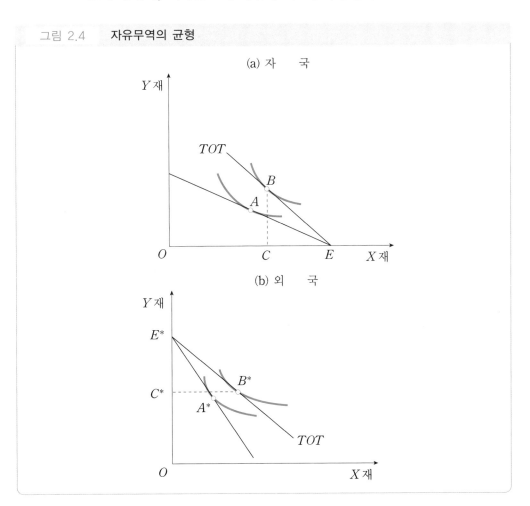

그림 2.4 **자유무역의 균형**

은 비교우위를 가진 재화의 생산에 완전특화하여 세계시장가격, 즉 교역조
건(terms of trade: TOT)으로 교역을 하여 무역이익을 얻는다.

앞의 그림에서 TOT의 교역조건하에서 자국의 Y재 생산비는 Y재의
세계시장가격보다 비싸므로 Y재 생산은 완전 중단되고, 세계시장가격보다
생산비가 싼 X재의 생산은 완전특화가 이루어진다. 즉, 〈그림 2.4〉의 (a)에
서 자국은 비교우위에 있는 X재 생산에 완전특화(E점)하여 새로운 소비가
능선2) 위의 소비점 B에서 소비한다. 즉, CE의 X재를 수출하고, BC의 Y
재를 수입하여 보다 높은 후생수준에 도달한다. 한편, 외국은 C^*E^*의 Y
재를 수출하고, B^*C^*의 X재를 수입하여 역시 보다 높은 후생수준에 도
달한다.

(3) 균형교역조건의 결정

고전파 학자들이 주로 관심을 가졌던 분야는 무역패턴, 무역이익, 교
역조건이었는데, 특히 교역조건은 교역당사국간 정태적 무역이익의 분배를
결정하는 중요한 변수이다.

〈그림 2.4〉에서 두 나라의 무역을 균형시키는 균형교역조건(equilibrium
terms of trade) TOT하에서 자국의 무역삼각형 BCE와 외국의 무역삼각
형 $B^*C^*E^*$의 크기는 동일하다.

Ricardo에 의하면 교역조건은 무역 전 양국의 상대가격 사이가 되며,
대략 중간의 교환비율로 무역이 이루어지며, 무역이익은 교역당사국간에
균등하게 분배된다고 하였다. 그러나 Mill은 수출품과 수입품에 대한 자국
과 외국의 수요가 일치하는 데서 교역조건이 결정된다는 상호수요균등의
법칙에 의해 교역조건의 결정을 설명하였다. 그 후 Meade는 일국의 수요
와 공급의 측면을 모두 고려하여 교역조건의 결정을 설명하여 노벨경제학
상을 받았다.

---

2) 재화의 상대가격을 나타내는 가격선은 주어진 소득으로 소비가능한 조합을 나타내므로
   예산선 또는 소비가능선이라고도 한다.

5 비교우위 개념에 대한 오해

> 고임금국가도 저임금국가와 효율적인 경쟁을 할 수 있다.

우리는 비교우위의 개념을 잘못 이해하여 국제무역정책 분야에서 그릇된 정책을 실시하는 나라가 있음을 가끔 본다. 두 가지 예를 들어 보기로 하자.

첫째, 모든 산업분야에서 절대우위가 있는 나라와 무역을 하게 되면 가격경쟁력이 강한 외국의 수입품이 수입되어 자국의 모든 산업이 크게 피해를 입게 되므로 보호무역정책을 실시해야 한다고 주장하는 경우가 있다.

이것은 비교우위 개념을 잘못 이해한 데서 비롯된 기우이다. 즉, 세계에서 가장 효율적인 산업이라도 자유무역을 하면 소멸될 수 있다. 왜냐하면, 비교우위가 있는 보다 효율적인 산업으로 생산요소가 이동하기 때문이다. 반대로 어느 나라가 세계에서 가장 비효율적인 산업들만 있어도 자유무역에서 살아남는 산업이 있다. 왜냐하면, 그 중에서도 보다 효율적인 산업이 있기 때문이다. 따라서, 모든 산업이 절대열위에 있어도 자유무역으로부터 이익을 얻을 수 있다.

둘째, 고임금국가가 저임금국가와 자유무역을 하면 외국의 값싼 노동력이 자국의 광범위한 산업분야의 경쟁력 지위를 해치지 않을까 염려하여 보호무역정책을 실시하는 경우가 종종 발생한다. 이것 역시 기우이다. 왜냐하면, 임금수준이 낮은 나라는 노동생산성이 낮기 때문에 저임금국가라 하여 재화의 가격이 반드시 싸지는 않다. 다시 말해, 노동생산성이 낮다는 것은 단위노동투입량이 많다는 것을 의미한다.

그러면 두 나라의 임금수준이 어떤 요인에 의해 영향을 받는지 알아보자. 가령, $a_{LX}/a_{LY}<a_{LX}^*/a_{LY}^*$일 경우 자국은 X재에 비교우위가 있어 X재에 완전특화를 하며($a_{LX} \cdot w=P_X$), 외국은 Y재에 비교우위가 있어 Y재에 완전특화를 한다($a_{LY}^* \cdot w^*=P_Y$). 이제 두 나라의 임금비율을 통해 임금수준이 무엇에 달려 있는지 알 수 있다. 즉,

$$w/w^* = (1/a_{LX})/(1/a_{LY}{}^*) \cdot P_X/P_Y$$

이다.

위의 식에서 두 나라의 임금비율은 노동생산성의 비율과 재화의 상대 가격에 달려 있음을 알 수 있다. 따라서, 외국의 임금수준이 자국에 비해 현저히 낮다는 것은 외국이 비교우위를 갖는 Y재의 노동생산성$(1/a_{LY}{}^*)$이 현저히 낮다는 것을 의미하며, 이것은 Y재의 단위노동투입량$(a_{LY}{}^*)$이 현저히 많다는 것을 의미한다. 그러므로 임금수준이 낮다고 하여 반드시 재화가격이 싸다는 것을 의미하지는 않는다.

절대우위(absolute advantage)

비교우위(comparative advantage)

상대가격(relative price)

규모에 대한 수확불변(constant returns to scale: *CRS*)

생산가능곡선(production possibilities frontier: *PPF*)

기회비용(opportunity cost)과 한계변환율(marginal rate of transformation)

한계대체율(marginal rate of substitution)

균형교역조건(equilibrium terms of trade)

연습문제

1. 2국(한국과 칠레), 2재(banana, automobile)의 Ricardo 모형에서 단위노동투입량이 다음과 같다. 즉, $a_{LB}=8$, $a_{LB}^*=4$, $a_{LA}=2$, $a_{LA}^*=4$(*는 칠레)이다. 한국의 노동자가 3,200명이고, 칠레의 노동자가 400명이라고 가정한다. 다음 물음에 답하시오.

   1) 어느 나라가 바나나 생산에 절대우위를 갖는가? 그 이유는?
   2) 어느 나라가 바나나 생산에 비교우위를 갖는가? 그 이유는?
   3) 한국에서 폐쇄경제하의 교역조건은?
   4) 자유무역하의 무역패턴은? 그 이유는?
   5) 무역 후 완전특화가 이루어진다면 칠레는 각 재화를 얼마나 생산하나?
   6) 자유무역하에서 결정될 수 있는 교역조건의 가능한 범위는?

2. WTO체제하에서 선진국들은 공정무역이라는 명분 아래 개도국의 임금수준을 높이려 한다. 여기에 대해 Ricardo 모형을 이용하여 비판하여 보시오.

제 3 장
헥셔-오린 무역이론

개 요

일국은 상대적으로 풍부하게 부존되어 있는 요소를 보다 집약적으로 사용하는 재화를 수출하고, 상대적으로 희소하게 부존되어 있는 요소를 보다 집약적으로 사용하는 재화를 수입한다. 헥셔-오린 무역모형에 속하는 4개의 정리(theorem)를 연구한다.

Ricardo 무역세계에서는 기술의 차이 때문에 무역이 발생한다. 즉, Ricardo의 비교우위는 노동생산성의 상대적 차이에 근거를 둔 생산비의 상대적 차이 때문에 발생한다. 그러나 비교우위는 기술의 차이 때문에만 나타나는 것은 아니다.

노동, 자본과 같은 기초적인 생산요소의 국가간 차이를 강조하는 무역이론이 20C 초 두 명의 스웨덴 경제학자, 즉 헥셔(Eli Heckscher)와 오린(Bertil Ohlin)에 의해 개발되었다. 이들은 국가간 기술이 같아도 요소부존도가 다르면 생산비의 상대적 차이가 발생하며, 즉 비교우위가 발생하며, 무역 후 양국의 요소가격이 균등화된다는 점을 밝혔다.

1 헥셔-오린 모형의 기초적 연구

헥셔-오린($H-O$) 이론을 전개하기 전에 먼저 모형의 가정과 몇 가지 중요한 개념을 정의하고, 재화가격-요소가격-요소집약도 간의 관계를 알아본 후, 생산가능곡선의 모양을 연구한다.

1.1 헥셔-오린 모형의 기본가정

① 2국(자국, 외국), 2재(X재, Y재), 2요소(노동, 자본)를 가정한다.

② 양국의 기술은 동일하며, 즉 생산함수는 동일하며, 규모에 대한 수확불변(constant returns to scale)을 가정한다.

③ 양국의 기호는 동일하다고 가정한다.

④ 두 재화의 요소집약도는 다르며, 요소집약도 역전이 발생하지 않는다고 가정한다.

⑤ 양국의 요소부존도는 다르다고 가정한다.

⑥ 이외에도 Ricardo 모형과 같이 무역장벽과 수송비가 없다고 가정하며, 완전경쟁, 완전고용, 요소의 산업간 자유로운 이동 및 국가간 불이동성을 가정한다.

②, ③, ⑤의 가정은 요소부존도의 차이가 무역발생의 원인이라는 사실을 밝히기 위하여 다른 조건들을 동일하게 상정한 것으로 이해할 수 있다.

가정 ⑤에서 요소부존도란 요소부존량이 아니라 요소부존비율을 의미한다. 따라서, 요소풍부(factor abundance)를 정의할 때 만일 자국(H)이 외국에(F)에 비해 상대적으로 노동이 자본보다 풍부하게 부존되어 있다면 자국은 노동이 '상대적으로' 풍부한 나라이다. 즉, $K_H/L_H < K_F/L_F$이면, 외국은 자본풍부국, 자국은 노동풍부국이다. $H-O$모형에서는 생산요소의 '절대적인' 부존량은 중요하지 않다.

가정 ④에서 요소집약도(factor intensity)란 특정재화의 생산에 고용되는 자본/노동(K/L) 비율을 말하며, 그 비율이 상대적으로 높은 재화는 자본집약재, 상대적으로 낮은 재화는 노동집약재이다. 즉, $K_X/L_X < K_Y/L_Y$이면, X재는 노동집약재, Y재는 자본집약재이다. 이때 X, Y 두 산업이 선택하는 요소집약도는 요소가격에 달려 있다. 가령, 임금이 상승하면 두 산업 모두 보다 자본집약적인 생산방법을 선택하며, 임대료가 상승하면 두 산업 모두 보다 노동집약적인 생산방법을 선택한다. 그러나 두 산업의 요소집약도는 역전되지 않는다고 가정한다.

1.2 재화가격, 요소가격, 요소집약도 간의 관계

헥셔-오린 모형을 이해하는 데 있어서 가장 중요한 개념은 재화가격, 요소가격, 요소집약도 간의 관계일 것이다. 즉, 재화가격이 변화하면 생산량이 변화하며, 생산량이 변화하면 요소의 수요가 변화하게 되므로 요소의 가격이 달라진다. 그리고 요소가격이 달라지면 요소집약도가 바뀌게 될 것이다. 따라서, 재화가격, 요소가격, 요소집약도 간에는 상호 밀접한 관계가 있다. 즉, 1 : 1의 대응관계가 있다.

가령, 자유무역으로 노동집약재인 X재(수출재)의 가격이 상승하고 자본집약재인 Y재(수입경쟁재)의 가격이 하락하면 X재의 생산은 증가하고 Y재의 생산은 감소할 것이다. 그러면 X재 생산에 집약적으로 사용되는 요소인 노동의 수요는 증가하고 Y재 생산에 집약적으로 사용되는 자본의 수요는 감소하게 되므로 임금(w)은 상승하고 임대료(r)는 하락한다. 임금이 상승하고 임대료가 하락하면 경제 내의 두 산업은 모두 보다 자본집약적인 생산방법을 택할 것이다.

1.3 생산가능곡선

헥셔-오린 모형에서 생산가능곡선은 원점에 대해 오목하다. 즉, Ricardo 모형과는 달리 비용체증하의 생산가능곡선이다. 헥셔-오린 모형에서 기회비용이 체증하는 이유는 생산요소가 하나이며 동질적인 Ricardo 모형과는 달리 생산요소가 자본과 노동 두 개이며, 두 재화의 요소집약도가 다르다고 가정하기 때문이다. 가령, X재 생산을 증가시킬 때 X재는 노동집약재이므로 노동을 더 많이 필요로 한다. 그런데 Y재는 자본집약재이므로 자본이 더 많이 방출된다. 따라서, X재 생산을 증가시킴에 따라 보다 많은 양의 노동을 얻기 위해 점점 더 많은 양의 Y재 생산이 포기되어야 하므로 X재의 기회비용은 체증한다. 그래서 원점에 대해 오목한 생산가능곡선을 얻게 된다. 그리고 생산가능곡선이 원점에 대해 오목하기 때문에 Ricardo 모형과는 달리 불완전특화가 이루어지며, 수요가 무역 전 재화의 상대가격을 결정하는 데 중요한 역할을 할 수 있다.

2 | 헥셔-오린 모형의 전개

헥셔-오린 모형은 Heckscher(1919)와 Ohlin(1933)[1]에 의해 그 기본개념이 제시된 후 Samuelson(1941, 1949, 1953), Lener(1953), Stolper(1941), Rybczynski(1955) 등 수 많은 경제학자들의 공헌에 의해 다듬어지고 발전되었다. 이들이 발전시킨 헥셔-오린 모형의 핵심은 다음 4개의 정리로 요약된다.

2.1 헥셔-오린 정리

(1) 헥셔-오린 정리(Heckscher-Ohlin theorem)

> 일국은 상대적으로 풍부하게 부존되어 있는 요소를 보다 집약적으로 사용하는 재화를 수출하고, 상대적으로 희소하게 부존되어 있는 요소를 보다 집약적으로 사용하는 재화를 수입한다.

증명 자국(H)과 외국(F)의 요소부존도가 $K_H/L_H < K_F/L_F$일 경우 자국은 노동풍부국, 외국은 자본풍부국이다. 자국은 노동풍부국이므로 자국은 노동집약재인 X재를 더 많이 생산할 수 있는 PPF를 가지며, 외국은 자본풍부국이므로 자본집약재인 Y재를 더 많이 생산할 수 있는 PPF를 가진다. 다음의 〈그림 3.1〉에서 양국의 폐쇄경제하에서의 생산 및 소비의 균형점은 H와 F이다. 균형점에서 양국의 무역 전 상대가격을 비교하면 $(P_X/P_Y)^H < (P_X/P_Y)^F$와 같다. 따라서, 노동이 풍부한 자국은 노동집약재인 X재에 비교우위가 있고, 자본이 풍부한 외국은 자본집약재인 Y재에 비교우위가 있다.

---

1) Heckscher의 논문은 스웨덴어로 발표되어 주목을 받지 못하였으나 그의 제자인 Ohlin이 기본원리를 정치화하여 1924년 박사학위논문으로 발표하였으며, 1933년에야 하버드대학에서 영어로 번역되어 출간되었다.

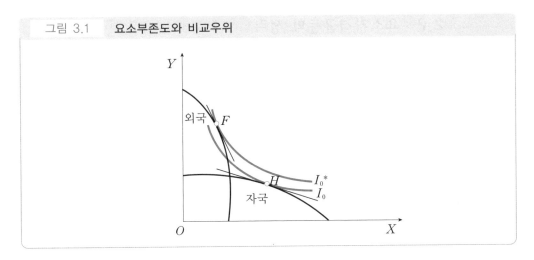

그림 3.1   요소부존도와 비교우위

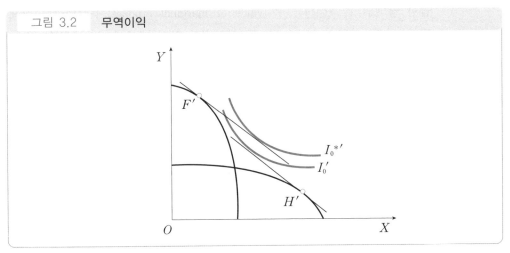

그림 3.2   무역이익

(2) 무역이익

헥셔-오린 모형에서 무역의 이익은 〈그림 3.2〉와 같다. 즉, 무역 전 두 나라의 사회무차별곡선은 I_0와 I_0^*였으나, 무역 후에는 I_0'와 $I_0^{*'}$로 각각 상승하였다.

2.2   요소가격균등화 정리

요소가격균등화 정리(factor price equalization theorem)

> 자유무역에 의해 양국간 재화가격이 균등화되면 양국의 요소가격 또
> 한 균등화된다.

증명 이 정리는 헥셔-오린 모형의 가정 가운데서 가장 비판을 많이
받는 양국의 동일한 생산기술과 완전경쟁시장의 가정에서 나온다. 즉, 완
전경쟁시장에서 어느 한 요소가 받는 보수는 그 요소 한 단위가 생산하는
생산물, 즉 그 요소의 한계생산물(marginal product: MP)과 재화의 가격을
곱한 금액인 한계생산물가치(value of marginal product: VMP)만큼 받게
된다. 가령, 자국의 임금(w)은 두 산업에서 같기 때문에 $P_X \cdot MP_L^X = P_Y \cdot MP_L^Y$가 된다. 무역 후 양국이 직면하는 재화의 가격이 같아지고 동일한 생
산기술하에서 양국의 요소집약도가 같아지면, 양국의 노동의 한계생산물
역시 같아진다. 따라서, 양국의 임금수준은 같아진다. 자본의 보수인 임대
료(r)도 마찬가지 이유로 양국에서 같아진다.

재화의 자유로운 무역에 의해 요소가격이 균등화된다는 사실은, 상품
무역이 요소무역을 완전히 대체함을 의미한다. 그러나 현실세계에서는 무
역 후 요소가격이 국가간에 동일하지 않다. 여기에는 여러 가지 이유가 있
지만 가장 근본적인 이유는 헥셔-오린 모형은 국가간 요소부존도의 차이
가 주는 효과를 강조하기 위해 국가간 기술수준이 동일하다고 가정하기 때
문이다. 그러나 현실세계에서는 국가간 기술수준이 다르다. 따라서, 요소
가격균등화정리를 현실적으로 해석하면, "자유무역은 요소가격을 균등화
시키는 경향이 있다"가 될 것이다.

2.3 스톨퍼 – 사무엘슨 정리

스톨퍼-사무엘슨 정리(Stolper-Samuelson theorem)

> 어느 한 재화가격의 상승은 그 재화생산에 집약적으로 사용되는 요소의 보수를 상승시키고, 그 재화생산에 집약적으로 사용되지 않는 요소의 보수를 하락시킨다.

증명 재화가격, 요소가격, 요소집약도 간의 1 : 1의 대응관계를 생각해 보면 쉽게 이해할 수 있다. 가령, 노동집약재의 가격이 상승하면 노동집약재의 생산이 증가하므로 경제 내에서 노동의 수요가 증가한다. 한편, 자본집약재의 생산은 감소하므로 경제 내에서 자본의 수요는 감소한다. 따라서, 임금은 상승하고 임대료는 하락할 것이다.

스톨퍼-사무엘슨 정리는 원래 관세가 일국의 자본가와 노동자 간의 소득분배에 어떤 영향을 미칠 것인지에 대한 쟁점을 설명하기 위해 개발되었다. 즉, Stolper-Samuelson은 미국이 자유무역으로 노동집약재를 수입함에 따라 미국노동자의 실질소득이 하락하였는데, 이를 막기 위해 노동집약재의 수입에 대해 관세를 부과하여야 한다고 주장하였다. 한편, 이 정리가 무역자유화에 적용될 경우에도 아주 유용한 이론이 될 것이다.

2.4 립친스키 정리

립친스키 정리(Rybczynski theorem)

> 2국 2재 2요소 헥셔-오린 모형에서 재화가격이 불변인 경우(소국 가정) 어느 한 요소가 증가하고 다른 요소는 고정되어 있다면 증가된 요소를 집약적으로 사용하는 재화의 생산량은 증가하고 다른 요소를 집약적으로 사용하는 재화의 생산량은 감소한다.

증명 어느 한 요소가 증가하더라도 재화가격이 불변이면 두 재화의 생산방법, 즉 두 재화의 요소집약도에는 변화가 없을 것이다. 요소집약도

그림 3.3   Edgeworth 상자와 립친스키 정리

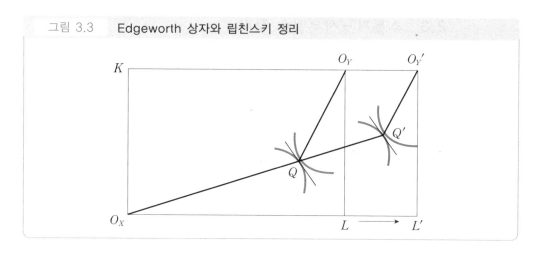

에 변화가 없으면 요소가격이 바뀌지 않으며, 각 요소의 한계생산물에도 변화가 없다. 그런데 가령, 노동이 증가할 경우 요소집약도가 바뀌지 않으려면 노동뿐만 아니라 자본의 재배분이 필요하다. 왜냐하면, 증가된 노동이 양 산업에 어떻게 흡수가 되어도 자본의 배분이 변화하지 않는 한 노동의 한계생산물은 하락하기 때문이다. 노동의 한계생산물이 하락하지 않으려면, 규모에 대한 수확불변의 성질상 양 산업의 요소집약도가 변화하지 않아야 한다. 따라서, 증가된 요소인 노동이 X산업에 모두 투입되고 동시에 어느 정도의 노동과 자본이 Y산업에서 X산업으로 이동해 가야만 양 산업의 요소집약도가 변화하지 않는다. 산업간 요소의 재배분 결과, X재의 생산량은 증가하고, Y재의 생산량은 감소한다.

립친스키 정리를 Edgeworth 상자를 이용하여 설명할 수 있다. 〈그림 3.3〉에서 상자의 크기는 일국의 요소부존량을 나타내며, 상자 내의 한 점은 부존된 생산요소가 두 산업에 어떻게 배분되는가를 나타낸다. 가령, Q에서 배분될 경우 등량곡선은 X, Y재의 생산량을, 등량곡선의 기울기는 요소가격을, 원점에서의 기울기는 요소집약도를 나타낸다.

〈그림 3.3〉에서 노동이 L에서 L'로 증가할 경우 불변의 재화가격 가정 하에서 요소집약도와 요소가격이 변화하지 않도록 하기 위해서는 요소의 배분점이 Q에서 Q'로 조정되어야 한다. 따라서, X재의 생산량은 증가하고, Y재의 생산량은 감소한다.

3 | 헥셔-오린 모형의 검증

3.1 Leontief의 역설

헥셔-오린 정리에 의하면 미국은 자본풍부국이므로 자본집약재를 수출하고 노동집약재를 수입할 것으로 예상된다. 그러나 1953년 Leontief는 1947년 미국의 산업연관표의 자료를 이용하여 50개 산업을 대상으로 수출입품 가운데 각각 100만불을 표본으로 하여 자본/노동 비율을 조사한 결과 $H-O$정리와는 정반대로 미국은 노동집약재를 수출하고 자본집약재를 수입하는 결과가 나왔는데, 이를 레온티에프의 역설(Leontief's Paradox)이라고 한다. 즉, 수출재 1인당 자본비율은 $14,010이고, 수입경쟁재 1인당 자본비율은 $18,180로 나타났다. 이것은 수입경쟁산업이 수출산업에 비해 약 30% 정도 더 자본집약적임을 의미한다.

3.2 Leontief 역설에 대한 해석

Leontief의 역설이 갖는 의미는 여러 가지 관점에서 해석되고 있으나 실증적 분석방법론의 적합성 여부와 헥셔-오린 정리의 기본가정의 현실적 타당성 여부, 이 두 가지 관점에서 역설의 성립 여부가 검토되었다.

(1) 미국 노동자의 효율성

Leontief는 자신의 역설적 검증결과를 해명하기 위해 노동력의 통계상의 문제점을 지적하였다. 그는 미국의 노동력이 생산면에서 무역상대국의 노동력과 비교할 때 3배 정도 더 우월하다는 것을 발견하고 미국의 노동력을 생산성을 감안한 효율적 단위로 환산하면 노동량이 3배로 확대되었다. 결국 미국은 노동이 상대적으로 풍부한 나라로 구분될 수 있기 때문에 헥셔-오린 정리는 그 타당성을 가질 수 있다는 것이다.

그러나 미국 노동자의 생산효율이 타국보다 높다는 주장은 다음 두 가지 문제를 제기한다. 첫째, 노동자의 생산효율이 상대적으로 높다는 것은 미국의 노동생산성이 타국보다도 상대적으로 높다는 것을 의미하며 이는 결과적으로 양국간의 생산기술(생산함수)의 차이를 의미하는 것인데 이는 헥셔-오린 정리의 기본가정에 위배된다. 둘째, 자본의 질도 노동의 질과 같이 생산능률의 관점에서 재평가한다면 미국에서의 자본투입량 역시 증가할 것이므로 미국 자본의 효율성이 상대적으로 높다는 관점에서 보면 미국은 다시 자본풍부국이 될 것이므로 헥셔-오린 정리는 다시 부정된다.

이러한 이유로 결국 Leontief의 주장은 받아들여지지 않았지만 그것은 인적자본의 중요성에 대한 연구를 확대시키는 계기를 만들어 주었다.

(2) 인적자본

Leontief의 검증은 노동을 하나의 동질적인 생산요소로 취급하였다는 데 근본적인 문제점이 있다. 실제로 노동은 단순노동에서부터 교육 및 훈련을 통해서 형성된 엔지니어 및 과학자, 숙련노동 등 다양한 범주를 포함하고 있다. 따라서 이러한 문제점을 보완하기 위해서 두 가지 접근방법이 사용되었다. 즉, 하나는 노동을 그 특성에 따라 물리적으로 세분해 보는 것이고, 다른 하나는 노동에 체화된 인적자본(human capital)을 화폐가치로 환산해 보는 것이었다.

Keesing(1966)은 노동을 단순노동과 숙련노동으로 세분화해서 요소집약도를 추정한 결과 미국은 숙련노동집약적 상품에 비교우위를 가진다는 것을 발견하였다. Baldwin(1971)도 미국의 수출산업에 투입되는 엔지니어 및 과학자의 비율이 수입경쟁산업에 비해 더 높다는 것을 발견하였다.

한편, 노동 자체를 세분화하는 대신에 노동에 체화된 기술이나 지식을 습득하기 위해 투자된 비용을 계산하여 이를 인적자본으로 취급하는 시도가 Kenen(1965), Baldwin(1971) 등에 의해서 이루어졌다. 즉, Kenen은 수출산업과 수입경쟁산업 간의 임금수준의 격차를 인적자본 투자의 차이에 기인된 것으로 보고, 물적자본에 인적자본을 포함시키는 광의의 자본으로 정의하여 요소집약도를 추정해 본 결과 미국 수출상품이 수입경쟁상품보다 더 자본집약적이라는 결과를 얻었다.

결론적으로 미국이 자본풍부국이면서도 노동집약재를 수출한다는 '역설'은 다음과 같이 설명할 수 있다. 즉, 미국이 첨단과학기술인력이 집약적으로 사용되는 제품을 수출하고 있다는 점에서 미국은 숙련노동풍부국이라 할 수 있으며, 한편 자본풍부국인 미국은 인적자본집약도가 높은 제품을 수출하고 있다고 할 수 있다. 따라서 무역패턴 결정요인으로서 요소투입비율을 강조하는 헥셔-오린 정리가 그 타당성이 있다고 할 수 있다.

(3) 천연자원

미국이 비록 자원이 풍부한 나라라고 하지만 희귀한 광물 및 금속은 물론 상당량의 석유 소비까지도 해외수입에 의존하고 있다. 그런데 이러한 천연자원 상품들은 그 생산방식이 매우 자본집약적이라는 특징을 가진다.

따라서 Vanek(1959)은 미국이 주로 수입하고 있는 자본집약도가 높은 천연자원집약재를 수입재에 포함시키게 되면 역설이 성립될 수 있다고 주장하였다. 그러나 만일 미국이 수입상품 중에서 천연자원집약적 상품을 제외시킨다면 미국 수입재의 K/L은 수출재의 K/L보다 낮아서 미국은 자본집약재를 수출하는 것으로 되기 때문에 헥셔-오린 정리는 성립되고 '역설'은 부정된다.

여기서 얻을 수 있는 교훈은 생산요소를 종래와 같이 노동과 자본과 같이 단순한 이분법의 논리에 따라 분류하는 것으로는 무역패턴을 정확히 설명할 수 없다는 사실이다. 다시 말해, 수출재나 수입재의 요소구성을 토지, 숙련노동, 미숙련노동, 물적자본 등으로 세분함으로써 무역패턴을 보다 구체적으로 설명할 수 있다는 것이다.

(4) 수요패턴

헥셔-오린 정리는 두 나라 간의 수요패턴은 동일하다고 가정하고 있다. 그러나 Brown(1957)에 의하면 두 나라 간에 기호가 극단적으로 다를 경우 각국은 오히려 그 나라에 상대적으로 희소하게 부존된 요소를 집약적으로 사용하는 재화에 비교우위를 갖게 될 가능성도 배제할 수 없다고 한다.

그러나 이러한 극단적인 수요편향이 현실적으로 존재할 가능성은 희박한 것으로 알려져 있다. 예컨대, Houthakker(1957)의 연구결과에 의하면 수요패턴은 국가간에 거의 유사한 것으로 나타났다.

(5) 요소집약도 역전

헥셔-오린 정리는 요소집약도가 역전되지 않는다는 가정을 전제로 하고 있다. 그러나 요소집약도가 역전되는 현상을 간혹 관측할 수 있다. 가령, 저임금하에서는 노동집약재이나 고임금하에서는 자본집약재인 상품의 경우 고임금의 미국은 자본집약재를 수입한 것이지만 저임금의 개도국에서는 노동집약재를 수출한 것이 되며, 한편 미국은 노동집약재를 수출한 것이지만 개도국에서는 자본집약재를 수입한 것이 된다. 따라서 요소집약도가 역전되면 어느 한 나라의 무역은 헥셔-오린 정리와 모순된다.

Minhas(1962)는 요소간의 대체탄력성이 산업간에 다른 경우 요소집약도 역전이 발생할 수 있음을 보여 주었다. 그러나 Leontief 역설이 요소집약도 역전에 기인한다는 강력한 실증적 증거가 있다고 말할 수는 없다.

(6) 관세 및 비관세장벽

헥셔-오린 정리는 무역장벽이 없는 상태에서 자유무역이 이루어진다고 가정하고 있다. 그러나 모든 나라에서는 정도의 차이는 있지만 관세 및 비관세장벽을 사용하고 있는 실정이다. 만약 미국의 경우 관세 및 비관세장벽이 노조의 압력에 의해 단순노동집약적 수입재에 상대적으로 높게 부과되고 있다면 단순노동집약적인 수입상품의 상대적 비중이 감소하여 수입상품의 요소집약도가 자본집약적인 방향으로 왜곡될 가능성이 있다고 Travis(1964)는 주장한다.

그러나 Baldwin(1971)의 연구결과에 의하면 미국의 관세 및 비관세장벽이 모두 제거되었을 경우 미국 수입상품의 일인당 자본액이 단지 5% 정도 감소하는 것으로 나타났다. 따라서 미국의 무역장벽은 비록 미국 수입상품의 자본집약도를 증가시키는 방향으로 영향을 미치기는 하지만 Leontief 역설의 주원인이 되는 것으로 볼 수는 없을 것이다.

(7) 새로운 접근방법

Leontief의 검증방법은 미국이라는 1개국에 대해서 그리고 노동과 자본이라는 두 가지 생산요소를 가지고 수출산업과 수입경쟁산업 간의 요소집약도를 비교해 보는 것이었다.

그러나 Leamer(1984)는 Leontief의 검증방식과는 다른 훨씬 일반화된 접근방법에 의해 헥셔-오린 정리를 검증하였다. 즉, 그는 다수의 국가, 다수의 재화, 그리고 다수의 생산요소에 관한 자료를 활용하여 어느 한 나라에 부존된 어떤 특정한 생산요소가 세계 전체에서 차지하는 비중이 상대적으로 높을수록 그 생산요소를 집약적으로 사용하는 재화의 순수출국이 되는가를 검증하였다. 그 결과는 상당히 고무적인 것이었다. 즉, 무역패턴을 결정하는 데 생산요소들의 상대적 부존비율이 중요한 역할을 하고 있음이 입증된 것이다.

주요용어

요소풍부(factor abundance)

요소집약도(factor intensity)

헥셔-오린 정리(Heckscher-Ohlin theorem)

요소가격균등화 정리(factor price equalization theorem)

스톨퍼-사무엘슨 정리(Stolper-Samuelson theorem)

립친스키 정리(Rybczynski theorem)

레온티에프의 역설(Leontief's Paradox)

인적자본(human capital)

연습문제

1. "A국은 최빈국이라서 수출할 상품이 없다. 자본이나 토지 그 어느 것 하나 풍부하지 않으며, 소국이라 노동력조차도 풍부하지 않다" 이 말이 옳은가? 그렇지 않은가? 그 이유는?

2. 2국(A국, B국), 2재(자동차, 직물) $H-O$모형에서 A국의 K/L이 B국의 K/L에 비해 높다. A국은 자동차를 수출하고, B국은 직물을 수출하고 있다. 어느 재화가 자본집약적이고 어느 재화가 노동집약적인가? 그 이유는?

3. 자본이 풍부하고 노동이 희소한 국가가 자유무역을 할 경우 경제 내의 어떤 그룹이 좋아지고 어떤 그룹이 나빠지는가? 그리고 모두 다 좋아지기 위해서는 어떤 정책이 필요한가?

4. 소국 가정하에서 이민으로 인해 노동력이 증가할 경우 일국 내의 생산패턴이 어떻게 변화하겠는가?

5. Leontief 역설의 의미는 무엇인가? 그리고 Keesing과 Kenen의 인적자본설로 Leontief 역설을 해명하여 보시오.

제 4 장
불완전경쟁하의 무역이론

개 요

Kemp는 외부적 규모의 경제가 있는 경우에는 동일한 공급조건을 가진 나라들 간에도 무역이 발생할 수 있음을 보여 주었으며, Krugman은 내부적 규모의 경제를 차별화된 재화의 무역에 적용하여 동종산업 내의 산업내무역 현상을 설명하였다.

Ricardo 모형이나 헥셔-오린 모형과 같은 전통적인 비교우위이론들은 완전경쟁적 시장구조를 가정하고 있다. 그러나 현실적으로는 독점, 과점, 독점적 경쟁 등과 같이 불완전경쟁적 시장구조가 지배적이다. 따라서, 이 장에서는 독점 및 독점적 경쟁을 발생시키는 중요한 원인이 되는 규모의 경제하에서의 무역모형을 연구하기로 한다.

1 규모의 경제와 국제무역

규모의 경제(economies of scale)란 생산규모의 확대에 따라 추가적으로 투입되어야 하는 요소의 투입량, 즉 단위생산비용이 감소하는 현상을 말하는데, 규모의 경제는 외부적 규모의 경제(external economies of scale)와 내부적 규모의 경제(internal economies of scale)로 구분할 수 있다. 내부적 규모의 경제는 개별기업의 수준에서 발생하는 것으로 기업의 크기가 커질수록 추가적으로 투입되어야 하는 요소의 투입량은 줄어든다. 반면, 외부적 규모의 경제는 추가적 요소투입의 감소가 개별기업의 크기와는 상관없이 산업의 크기가 커질 때 생기게 된다. 가령, 미국의 실리콘밸리는 수많은 기업들이 대규모의 IT산업을 형성하여 외부적 규모의 경제 효과를 누리는 대표적인 사례라고 볼 수 있다.

두 가지 형태의 규모의 경제는 시장구조에 대해서 서로 다른 의미를 지닌다. 즉, 내부적 규모의 경제가 있게 되면 기업의 크기가 커질수록 생산에 유리해지므로 그 재화시장은 하나 혹은 몇몇의 기업에 의해 지배되기가 쉽다. 따라서 시장은 완전경쟁이 아닌 불완전경쟁의 형태가 되기 쉽다. 이에 반해 순수하게 외부적 규모의 경제가 있는 경우에는 그 산업 내에서 규모가 큰 기업이라도 작은 기업에 비해 유리할 것이 없으므로 그 산업은 수많은 경쟁적인 작은 기업들로 이루어지게 되고, 따라서 그 산업의 재화시장은 완전경쟁적인 성격을 지니기 쉽다.

2 Kemp 모형

Ricardo 모형과 헥셔-오린 모형과 같은 전통적인 무역모형들은 기술이나 요소부존도의 차이와 같이 공급조건이 서로 다른 나라들 간의 무역을 설명하고 있다. 그러나 현실적으로는 공급조건이 비슷한 나라들 간에도 무역이 활발히 이루어지고 있다. 따라서, 이러한 무역현상을 설명하기 위해서는 전통적인 비교우위이론으로는 한계가 있다.

Kemp는 외부적 규모의 경제가 있는 경우 동일한 공급조건을 가진 나라들 간에도 무역이 발생할 수 있음을 보여 준다. 자국과 외국은 모든 면에서 동일하다고 가정하자. 따라서, 〈그림 4.1〉에서 자국과 외국의 생산가능곡선과 무차별곡선은 동일하다. 생산가능곡선이 원점에 대해 볼록한 것은 기회비용이 체감하는 것을 의미하며, 이것은 두 산업에 외부적 규모의 경제가 있음을 보여 준다. 다시 말해, 산업의 크기가 커질수록 추가적으로 투입되어야 하는 요소의 투입량이 감소한다.

자국과 외국은 모든 면에서 동일하다고 가정하자. 무역 전 폐쇄경제하에서 양국의 생산 및 소비점은 E_A이며, 상대가격은 P_A이다. 무역 전 양국의 상대가격이 동일하기 때문에 무역이 발생하지 않는다. 그러나 외부적 규모의 경제가 존재하기 때문에 양국이 각각 서로 다른 산업에 특화하여

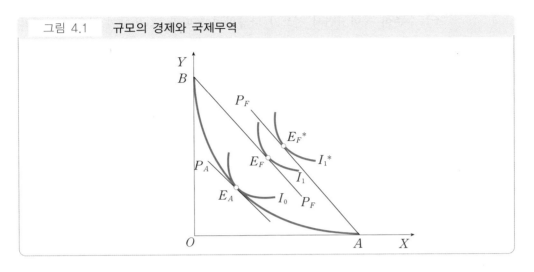

그림 4.1   규모의 경제와 국제무역

무역을 하면 두 나라 모두 무역으로부터 이익을 얻을 수 있다. 가령, 자국은 Y재에 특화하고 외국은 X재에 특화하면(그 반대일 수도 있음) 완전특화가 이루어질 때까지 규모의 경제로 인해 단위생산비가 하락한다.

무역 후 양국은 교역조건 P_F가 폐쇄경제하의 상대가격 P_A와 동일함에도 불구하고 새로운 소비가능선상에서 무차별곡선과 접하는 E_F와 $E_F{}^*$에서 각각 소비가 가능하므로 양국 모두 무역으로부터 이익을 얻을 수 있다.

3 Krugman의 독점적 경쟁모형

3.1 독점적 경쟁과 산업내무역

제품이 동질적이고 완전경쟁시장을 가정하는 전통적인 무역모형은 비교우위를 갖는 재화는 수출하고 비교열위를 갖는 재화는 수입하는 이종(異種)산업 간의 산업간무역(inter-industry trade)을 설명한다. 그러나 현실적으로는 제품차별화로 시장이 독점적 경쟁구조를 띠면서 동종(同種)산업 내에서의 쌍방무역, 즉 산업내무역(intra-industry trade)이 활발히 이루어지고 있다. 이러한 무역현상은 제2차 세계대전 이후 세계 각국이 산업화되고 소득수준이 높아지면서 선호가 다양화됨에 따라 그 비중이 더욱 높아지고 있다.

산업내무역의 예는 현실세계에서 쉽게 발견할 수 있다. 가령, 한국은 세계 각국에 자동차를 수출하면서 동시에 외국산 자동차를 수입하고 있다. 이러한 산업내무역의 존재는 국제무역의 발생원인이 국가간 기술의 차이나 또는 요소부존도의 차이가 아닌 다른 어떤 요인이 있음을 말해 준다. 최근의 연구에 의하면 제품의 차별화, 선호의 다양성, 규모의 경제 등의 역할이 강조되고 있다.

여기서는 산업내무역 현상을 설명하려는 무역모형들 가운데 내부적 규모의 경제원리를 차별화된 재화(differentiated commodity)의 무역에 적용한 Krugman의 독점적 경쟁모형을 소개한다.

3.2 Krugman의 독점적 경쟁모형

(1) 독점적 경쟁모형에서의 가정

① 다수의 기업들이 차별화된 재화를 생산한다.

② 기업의 진입 및 탈퇴가 자유롭다.

③ 한 산업 내에 속한 모든 기업들은 동일한 수요곡선과 동일한 비용곡선을 지닌다.

④ 생산에 있어서 내부적 규모의 경제가 존재한다.

(2) 독점적 경쟁산업에서 무역효과

〈그림 4.2〉는 독점적 경쟁하에서 무역 전 어느 한 대표적 기업의 장기균형을 보여 주고 있다. 기업은 이윤을 극대화하기 위해 $MR=MC$가 일치하도록 가격 P_1과 생산량 Q_1을 결정한다.

독점적 경쟁하에서 기업은 단기적으로는 초과이윤을 얻을 수 있을지 모르지만(즉, $P>AC$), 장기적으로는 기업의 진입이 자유롭기 때문에 초과이윤은 사라진다. 즉, 기업의 진입이 많아지면 개별기업이 직면하는 시장의 크기가 작아진다. 따라서, 시장의 크기를 나타내는 수요곡선 D_1이 왼쪽으로 위축되면서 장기적으로는 〈그림 4.2〉에서처럼 평균비용곡선(AC)과 접

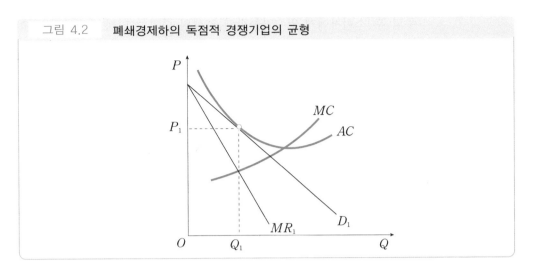

그림 4.2 　폐쇄경제하의 독점적 경쟁기업의 균형

하게 된다. 이것은 Q_1에서의 단위생산비가 가격과 같다는 것을 의미한다. 다시 말해, 장기균형에서 $P_1 = AC$이라는 것은 초과이윤이 없다는 것을 의미한다.

　　이제 무역이 시작되면 국내시장과 해외시장이 하나가 된다. 차별화된 재화의 생산에 규모의 경제가 존재하므로 각국은 국내에서 모든 다양성(varieties)을 다 생산할 필요는 없다. 따라서 산업내특화(intra-industry specialization)가 이루어지며 산업내무역이 발생한다.

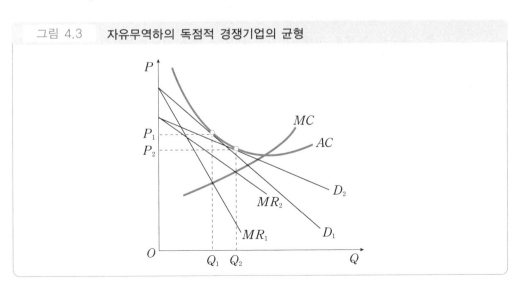

그림 4.3 　자유무역하의 독점적 경쟁기업의 균형

무역 후 소비자에게 입수가능한 다양성의 증가로 인해 개별기업의 수요곡선은 D_1에서 D_2로 보다 탄력적으로(또는, 평평하게) 바뀐다. 그 이유는, 소비자들은 선택 가능한 다양성의 숫자가 많아졌으므로 가격변화에 대해 보다 민감한 수요의 반응을 보이기 때문이다.

무역 후 개별기업은 〈그림 4.3〉에서처럼 $MR_2=MC$가 되도록 가격과 산출량을 결정한다. 즉, 규모의 경제로 인해 평균비용이 하락하므로 가격은 P_1에서 P_2로 하락하고, 산출량은 Q_1에서 Q_2로 증가한다. 그런데 개별기업의 산출량은 증가하였지만 산업내특화로 퇴출되는 기업이 발생하기 때문에 산업 전체의 산출량이 증가하였는지는 Krugman의 모형에서는 정확히 알 수 없다.

(3) 독점적 경쟁모형에서 무역이익

완전경쟁시장을 가정하는 전통적 무역이론은 일반적으로 경제적 효율성, 즉 생산 및 소비의 효율성 개선으로 인한 무역이익을 강조한다. 그러나 불완전경쟁시장을 가정하는 Krugman의 독점적 경쟁모형은 아래와 같이 소비에 있어서 다양성 증가로 인한 이익과 산업내특화로 인한 이익을 강조한다.

① 상품의 다양성이 증가하므로 소비자의 선택의 폭이 넓어진다.

② 자유무역은 시장에서 판매되는 모든 다양성의 가격을 인하시킨다. 즉, 규모의 경제로 인해 각 기업은 보다 낮은 평균비용으로 다양성을 생산하기 때문에 소비자들은 모든 다양성을 무역 전보다 더 싼 가격으로 소비할 수 있다.

③ 산업내특화가 이루어지므로 산업간특화에 비해 구조조정비용이 적게 든다.

④ 산업내특화의 경우 산업간특화와는 달리 생산요소의 소득재분배 문제가 발생하지 않으며, 산업 전체의 생산이 증가할 경우 산업간무역과는 달리 모든 요소의 소득이 증가한다.

주요용어

규모의 경제(economies of scale)

외부적 규모의 경제(external economies of scale)

내부적 규모의 경제(internal economies of scale)

산업간무역(inter-industry trade)

산업내무역(intra-industry trade)

산업내특화(intra-industry specialization)

연습문제

1. 외부적 규모의 경제와 내부적 규모의 경제는 시장구조에 대해서 어떤 의미를 지니는가?

2. 두 나라의 공급 및 수요조건이 완전히 동일한 경우에도 무역이 가능한가? 가능하다면 무역모형을 이용하여 이를 설명하여 보시오.

3. 최근 산업내무역의 비중이 높아지고 있다. Krugman의 독점적 경쟁모형을 이용하여 산업내무역을 설명하여 보시오.

4. Krugman의 독점적 경쟁모형에서의 무역이익은 전통적인 무역모형에서의 무역이익과 어떤 차이가 있는가?

제 5 장
무역정책의 수단과 효과

개 요

무역정책(trade policy)이란 정부가 특정의 경제정책을 추구하기 위해 대외경제거래에 직접적으로 개입하는 정책적 조치이다.

대외경제거래를 상품의 수출입에만 국한하는 경우 협의의 무역정책이라 한다. 대외경제거래에 직접적으로 영향을 주는 정책적 조치로는 협의의 무역정책 이외에 서비스정책, 대외투자정책, 국제수지조정정책, 외환정책 등이 있으며, 특히 오늘날에는 환경정책 심지어 부패방지정책도 무역정책의 범주에 속한다.

이 장에서는 다양한 무역정책의 수단에 대해 연구한 후 무역정책의 대표적 수단인 관세와 수입할당의 경제적 효과를 부분균형방법에 의해 분석한다.

1 무역정책의 목표

통상, 일국의 무역정책의 목표는 완전고용과 물가안정, 국제수지의 균형, 경제성장의 촉진, 소득분배의 개선, 특정산업의 보호, 교역조건의 개선, 자원의 효율적 배분 등이다. 이 중 완전고용과 물가안정을 대내적 균형이라 하고 국제수지의 균형을 대외적 균형이라 하여 일국의 무역정책의 양대 목표로 삼고 있다.

이들 목표의 중요성은 시대에 따라 달라진다. 가령, 산업혁명 이후에는 대내외 균형의 달성이 용이하였다. 왜냐하면, 산업혁명 시기에는 경제가 급속도로 성장하였기 때문에 정부가 대내외 균형의 달성에 개입하지 않아도 자동적으로 달성되었다. 그러나 제2차 세계대전 이후에는 경제성장의 속도가 빠르지 않았기 때문에 정책입안자들은 대내균형의 달성에 초점을 맞추었으며, 이를 달성하기 위한 정부의 적극적 개입 때문에 국제수지의 자동조정메커니즘이 원활하게 작동하지 않았다.

또한, 무역정책의 목표는 국가에 따라 그 중요성이 다르다. 가령, 선진국은 대체로 저성장국이므로 경제성장의 촉진을 중요시하는 편이며, 사회적 안정을 희망하므로 물가안정과 완전고용을 중시한다. 그리고 공평한 소득분배를 선호하므로 소득분배의 개선에 역점을 두는 편이다. 이에 반해, 개도국들은 산업화를 위해 특정산업을 보호하는 데 역점을 두고 있으며, 국제수지의 개선, 효율적 자원배분 등에 역점을 둔다.

2 무역정책의 수단

2.1 개   관

자유무역에 개입하는 무역정책의 수단은 다양하다. 가령, 무역을 제한하는 수단이 있는가 하면, 무역을 촉진시키는 수단이 있다. 관세와 같이 가격메커니즘을 통해 수입을 간접적으로 제한하는 수단이 있는가 하면, 수입할당과 같이 수량이나 금액을 정하여 수입을 직접적으로 제한하는 수단이 있다. 또한, 관세 이외의 무역정책 수단을 비관세장벽(non-tariff barriers: NTBs)이라 하는데, 다자간 무역체제에서 관세수준이 저하됨에 따라 비관세장벽의 상대적 중요성이 높아졌다. 그러나 비관세장벽의 특성인 선별성, 복잡성, 불확실성, 계량곤란성 등으로 인해 철폐 및 완화에 어려움이 있다.

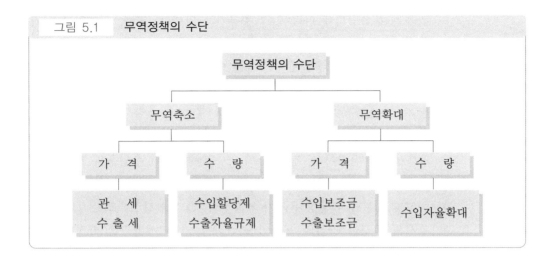

그림 5.1　무역정책의 수단

2.2　관　　세

관세(tariff)는 국가가 재정수입의 확보 및 산업보호 등의 목적으로 관세선을 통과하는 수입물품에 대하여 법률이나 조약에 의거하여 부과하는 조세이다.

이러한 정의를 통해 관세는 다음과 같은 특성을 가진다는 것을 알 수 있다.

① 관세는 국세이다.

② 관세는 특히 재정수입확보와 산업보호를 주목적으로 한다. 따라서, 관세는 대외통상정책의 가장 중요한 수단이다.

③ 조세법률주의(즉, 국민의 기본권인 재산권 침해는 법률에 의한다) 원칙에 따라 관세율의 설정 및 변경은 국회의 동의를 얻어야 한다.

④ 관세선과 국경선은 반드시 일치하지는 않는다. 가령, 자유무역지대로의 수입물품의 반입은 면세된다.

⑤ 관세는 물품세이다. 물품세는 간접세이므로 관세는 전가(轉嫁)[1]된다.

⑥ 관세는 조세이다. 즉, 반대급부적인 성격을 갖지 않는다.

---

1) 관세는 간접세이므로 납세자와 담세자가 다르다. 따라서 관세의 전가가 발생한다. 이때 국내소비자에게 전가되면 내전이라 하며, 외국의 생산자에게 전가되면 역전이라 한다.

관세는 분류방법에 따라서 그 종류가 다양하다. 첫째, 과세입법에 의한 분류로 국정관세와 협정관세가 있다. 국정관세는 일국의 법률에 의해 부과하는 관세이며, 협정관세는 일국이 타국과의 조약에 의해 부과하는 관세이다.

둘째, 과세표준에 의한 분류로 종가세, 종량세, 혼합세가 있다. 종가세(ad valorem tariff)는 수입품의 금액에 대한 고정된 백분비(%)로 부과된다. 즉, 과세표준이 가격이며, 장점으로는 ① 관세부담이 수입품의 가격에 맞추어 균등하고 공평하게 적용되며(공평한 세부담), ② 시장가격의 등락에도 불구하고 과세부담의 균형 유지가 가능하다. 그러나 단점으로는 ① 과세표준으로서의 적정한 가격의 포착이 곤란하며, ② 과세가격을 확정하는 데 번잡한 절차와 다액의 경비가 필요하다.

이에 반해, 종량세(specific tariff)는 수입품 단위당 고정된 금액으로 부과된다. 즉, 과세표준이 수량 또는 중량이며, 장점으로는 과세방법이 간단하여 행정상 편리하다. 그러나 과세의 공평성이 결여되어 있고 인플레하에서 재정수입확보가 어렵다는 점을 들 수 있다.

혼합세(mixed tariff or compound tariff)는 선택세(alternative tariff)와 복합세(double tariff)가 있는데, 선택세는 수입상품에 대해 종가세 및 종량세를 선택적으로 적용하며, 복합세는 수입상품에 대해 종가세와 종량세를 동시에 적용한다. 이들은 종가세와 종량세의 단점을 보완하려는 목적이 있다.

셋째, 과세방향에 의한 분류로 수입세, 수출세, 통과세가 있다. 물품이 관세선을 통과하는 방향에 따라서 수입세, 수출세, 통과세로 나눌 수 있다. 오늘날은 무역을 촉진하기 위해 특별한 경우를 제외하고는 수출세를 부과하는 나라가 별로 없으며, 중개무역을 장려하기 위해 통과세를 부과하는 나라도 없다. 따라서 일반적으로 관세라 함은 수입세를 지칭한다.

2.3 수입할당

수입할당(import quota) 또는 수입쿼터란 수입을 양적으로 또는 금액으로 제한하여 수입을 직접 규제하는 무역정책수단이다.

수입쿼터에는 자유무역수준 이하로 수입을 제한하는 제한쿼터(binding

quota), 일정기간 특정수준으로 수량을 제한하는 절대적 쿼터(absolute quota), 쿼터별로 서로 다른 관세율을 적용하는 할당관세(tariff quota), 국가를 제한하지 않는 총량쿼터(global quota), 국가별로 수입량을 할당하는 국별쿼터(allocated quota)가 있다.

수입할당은 최초에 1931년 프랑스에서 시작되었다. 당시 곡물생산이 흉작이어서 호주로부터 밀이 수입되었는데, 높은 관세에도 불구하고 계속 수입되자 수입을 양적으로 제한한 것이 유래가 되었다. 그 후 다른 나라로 그리고 다른 재화로 확산되어 오늘날 가장 강력한 수입제한 수단이 되었다.

2.4 수출자율규제

수출자율규제(voluntary export restraint: VER)는 수입국의 요청에 따라 수출국이 일정기간 수출물량을 일정수준으로 자발적으로 제한하는 쌍무협정이다.

VER은 특정 수출국으로부터 수입물량이 과다하게 수입될 때 수입경쟁산업을 보호하기 위해 사용된다. 수출국의 입장에서 보면 VER은 수입국을 달래고 수입국측에서 무역을 제한할 가능성을 사전에 회피할 목적으로 사용된다. 그러므로 VER은 엄밀한 의미에서 자발적이지 않다. 그래서 '양의 탈을 쓴 늑대(a wolf in sheep's clothing)'라는 별명을 가지고 있다.

VER은 선별성 때문에 선진국이 가장 선호하였던 비관세장벽이며, GATT/WTO 테두리 밖에서 이루어졌기 때문에 '회색지대(grey area)'라고도 불리운다. 그러나 1994년 UR협상에서 GATT 제19조 safeguard조항에 선별성을 넣는 것을 조건으로 VER을 사용하지 않기로 타결하였다. 이에 근거하여 우리나라도 관세법 제67조 제2항에 특정국 물품에 대해 긴급관세를 부과할 수 있도록 규정하고 있다.

1981년 미국은 제2차 석유파동의 충격을 겪으면서 연료 효율성이 높은 일본차 수요가 급증하였다. 이에 미국 무역대표부는 일본 자동차산업에 자발적으로 수출을 제한할 것을 여러 차례 요구한 결과 VER을 실시하였다. 즉, 1981년 190만대를 수출하던 자동차를 1981~1983년 연간 168만대로 제한하였으며, 그 후 1990년대 초까지 여러 차례 연장되어 왔다.

그러나 일본은 VER은 수량제한이지 가격제한이 아니므로 고급화효과 (upgrade effect), 현지조립공장건설, 제3국으로의 녹다운수출에 의한 우회 수출전략으로 수출감소의 손실을 슬기롭게 헤쳐 나갔다.

2.5   수출보조금

수출보조금은 특정 상품의 수출을 촉진시킬 목적으로 수출산업이나 또는 수출업자에게 제공되는 정부의 재정적 지원을 의미한다.

WTO 보조금·상계관세협정은, 무역왜곡의 정도에 따라 보조금을 금지보조금(prohibited subsidies), 상계가능보조금(actionable subsidies), 허용보조금(non-actionable subsidies)으로 분류하고 있다. 수출보조금 및 수입대체보조금은 무역왜곡의 정도가 가장 큰 금지보조금에 해당되며 원천적으로 사용을 금지하고 있다. 상계가능보조금은 특정한 산업, 기업 또는 지역에 공여됨으로써 타 회원국의 이익에 부정적 효과를 초래하는 보조금이다. 이 경우 상대국은 WTO 분쟁해결절차에 따라 대응조치를 취할 수 있다. 허용보조금은 일정한 객관적 기준에 따라 일반적으로 공여되어 특정성이 없는 보조금이다. 또한 특정성이 있더라도 연구개발, 환경, 지역개발 관련 보조금은 일정 요건하에서 허용보조금에 해당된다.

오늘날 대부분의 국가는 농민에 대한 소득지지정책을 가진다. 가령, 최저가격(floor price)을 설정하고, 공급과잉으로 최저가격 이하로 내려가면 정부가 매입하거나, 또는 수출보조금을 지불하여 수출을 증대시켜 정부구매를 대신하고 있다. 통계에 의하면 1980년대 후반 농산물의 세계총무역액은 3,000억불이었는데 선진국이 지불한 보조금은 무려 2,000억불에 해당하였다.

2.6   수입자율확대

수입자율확대(voluntary import expansion: VIE)는 수출국의 요청에 따라 수입국이 일정기간 수입물량을 일정수준으로 자발적으로 확대하는 쌍무협정이다.

1980년대 말 VIE는 미국의 수출을 일본시장에 증대시키는 한 방안으로 미국에 의해 제안된 무역정책 수단이다. 일본이 미국 수출품의 진입을 제한하였다는 가정하에서 일본은 반도체, 자동차, 자동차부품, 의료장비 등을 포함한 특정 제품에 관해 수입량을 증가시키라는 요청을 받았다.

2.7 기타의 무역정책 수단

(1) 국가조달

국가조달정책(national procurement policies)은 정부나 지방자치단체가 물품을 구입할 때 외국상품보다 국산품의 구입을 특정 비율로 할 것을 요구한다.

(2) 위생 및 안전기준

미국은 의약품과 같은 특정 제품의 사용을 관리하는 데 다른 나라에 비해 더 많은 규제를 한다. 이러한 규제는 동 정책이 무역의 변화에 영향을 미칠 것을 염두에 두고 마련된 것은 아니지만 결과적으로 무역패턴에 영향을 미칠 수 있다.

(3) 관료적 형식주의 장벽

관료적 형식주의 장벽(red-tape barriers)은 외국상품을 수입할 때 정부가 불필요하고 복잡한 절차나 많은 서류를 요구하기 때문에 생기는 고비용의 행정절차를 말한다. 이 장벽은 여러 가지 형태로 나타난다. 가령, 과거 프랑스 정부는 일본으로부터의 VCR 수입시 프랑스 남부지방의 작은 항구로부터의 통관만을 허용하였기 때문에 VCR 수입량을 효과적으로 제한할 수 있었다. 또한 외국상품을 수입하기 전에 여러 정부기관으로부터 수많은 허가를 받도록 정부가 요구할 경우 발생한다.

3 │ 무역정책의 효과

3.1 분석방법

이 절에서는 완전경쟁시장하에서의 무역정책의 가격 및 후생효과를 분석한다. 무역정책의 효과는 국가의 크기에 따라 상당히 다르게 나타나므로 대국과 소국으로 구분하여 정책효과를 분석한다. 대국과 소국의 구분기준은 시장점유율(market share)이다. 일국이 국제시장에서 대국일 경우 당해 재화의 세계시장가격에 영향을 미친다. 즉, 가격인도자(price maker)가 된다. 반면에 소국일 경우 당해 재화의 세계시장가격에 영향을 미치지 못한다. 즉, 가격순응자(price taker)가 된다.

일반적으로 경제의 분석방법에는 두 가지가 있다. 즉, 부분균형분석 (partial equilibrium analysis)과 일반균형분석(general equilibrium analysis)이다. 전자는 경제 내의 한 산업부문에만 미치는 무역정책의 효과를 분석한다. 수요와 공급곡선으로 균형을 설명하고, 생산자잉여와 소비자잉여로 후생을 측정한다. 반면, 일반균형분석은 경제 내의 2부문(다수부문의 가장 단순한 형태임)에 미치는 무역정책의 효과를 분석한다. 오퍼곡선[2]을 이용하여 균형을 설명하며, 사회후생함수를 이용하여 후생을 측정한다. 이 장에서는 부분균형분석에 의해 무역정책의 경제적 효과를 분석한다.

관세의 경제적 효과를 분석하기 전에 부분균형분석에서 후생의 측정을 위해 필요한 소비자잉여와 생산자잉여의 개념을 먼저 연구한다.

(1) 소비자잉여

소비자잉여(consumer surplus)란 소비자가 한 단위의 재화를 얻기 위해 기꺼이 지불하려는 가격과 시장에서 실제로 지불한 가격과의 차이이다. 가령, 〈그림 5.2〉에서 시장가격이 P일 경우 P_1이면 구입할 의사가 있는 소비

---

2) 오퍼곡선(offer curve)는 일국의 후생을 극대로 하는 수출입 조합을 의미한다. Meade 는 이를 고안하여 고전파 학자들이 관심을 가졌던 교역조건의 결정과 무역균형을 설명 한 공로로 노벨경제학상을 수상하였다.

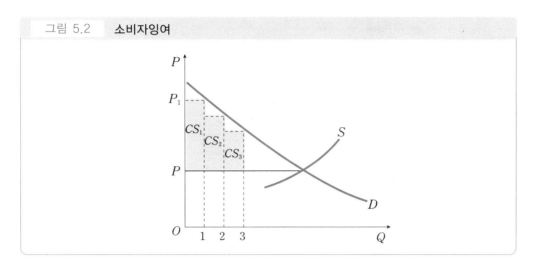

그림 5.2   소비자잉여

자의 잉여는 CS_1이며, P_2이면 구입할 의사가 있는 소비자의 잉여는 CS_2이며, P_3이면 구입할 의사가 있는 소비자의 잉여는 CS_3이다. 따라서, 시장가격이 P일 경우 소비자잉여를 모두 합치면 $CS_1+CS_2+CS_3+\cdots+0$이 된다. 즉, 시장가격에서 그린 수평선과 수요곡선 사이의 삼각형부분이 총소비자잉여에 해당한다. 그런데 공급의 증가로 인해 공급곡선 S가 우측으로 이동하여 시장가격이 하락하게 되면 총소비자잉여는 증가하게 된다.

(2) 생산자잉여

생산자잉여(producer surplus)란 생산자가 한 단위의 재화를 시장에 팔 때 시장에서 실제로 받는 가격과 생산자가 받았으면 하는 가격과의 차이이다. 가령, 〈그림 5.3〉에서 시장가격이 P일 경우 P_1이면 생산하겠다는 생산자의 잉여는 PS_1이며, P_2이면 생산하겠다는 생산자의 잉여는 PS_2이며, P_3이면 생산하겠다는 생산자의 잉여는 PS_3이다. 따라서, 시장가격이 P일 경우 생산자잉여를 모두 합치면 $PS_1+PS_2+PS_3+\cdots+0$이 된다. 그런데 소비의 증가로 인해 수요곡선 D가 우측으로 이동하여 시장가격이 상승하게 되면 생산자잉여는 증가하게 된다.

그림 5.3   생산자잉여

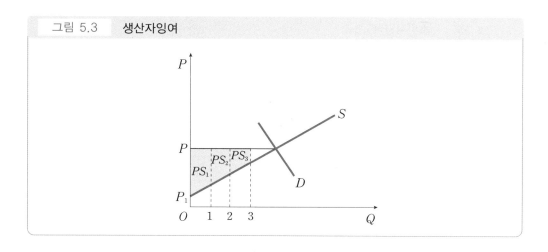

3.2 관세의 경제적 효과

관세의 부과는 한 나라의 경제에 보호효과, 소비효과, 재정수입효과, 소득재분배효과, 교역조건개선효과, 경쟁효과, 국제수지개선효과, 고용효과 등 여러 가지 영향을 미친다. 그러나 이러한 효과들은 근본적으로 가격의 변화에서 생기는 것이므로 여기서는 관세의 가격효과와 후생효과에 초점을 맞추어 분석한다.

(1) 관세의 가격효과

관세부과국이 대국인 경우 관세의 부과가 수입국과 수출국의 가격에 어떤 영향을 미치는가? 가령, 자국이 수입재에 대해 관세를 부과하면 수입비용이 관세로 인해 높아지기 때문에 자국의 수입재(및 수입경쟁재)[3] 가격은 상승하고, 이에 따라 자국의 수입수요가 감소한다.

한편, 수입국인 자국이 대국이기 때문에 자국의 수입수요가 감소함에 따라 수출국인 외국시장에는 수출재의 초과공급 현상이 나타난다. 이에 따라 외국의 수출재 가격은 하락하고, 수출공급이 감소하게 된다. 따라서, 수입국이 대국인 경우 관세부과가 수입재의 가격을 하락시키는 교역조건 개선효과가 나타나는데, 이것은 자국이 국제무역에서 독점력(monopsony

---

3) 수입재와 국내 수입경쟁재는 완전대체재라고 가정한다.

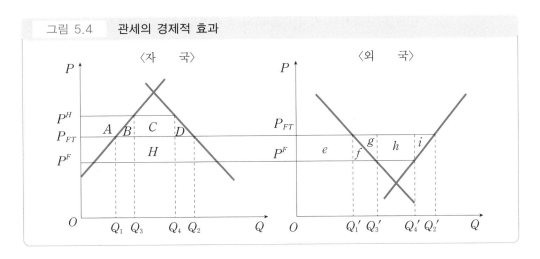

그림 5.4 　　관세의 경제적 효과

power)[4]을 가지고 있기 때문이다.

　이번에는 〈그림 5.4〉에서 자국과 외국의 수요와 공급곡선을 이용하여 관세의 가격효과를 설명하여 보자. 자유무역하에서 균형가격 P_{FT}에서 균형무역량은 $Q_1Q_2=Q_1'Q_2'$이다. 즉, P_{FT}에서 자국은 Q_1Q_2를 수입하고 외국은 $Q_1'Q_2'$를 수출한다. 그런데 자국이 수입품 단위당 $T(=P^H-P^F)$의 종량세를 부과할 경우 수입국인 자국의 국내가격이 P^F로 상승하여 Q_3Q_4로 수입이 감소하고, 수출국인 외국의 가격은 P^F로 하락하여 $Q_3'Q_4'$로 수출이 감소한다. 즉, 관세부과 후 균형무역량은 $Q_3Q_4=Q_3'Q_4'$가 된다.

　관세부과 후 수입국의 국내가격은 P^H, 수입가격은 P^F가 되어 교역조건이 개선되었으며, 외국은 수출가격이 P^F로 하락하여 교역조건이 악화되었다. 만일 관세부과국이 소국이면 수입가격이 P_{FT}로 고정되어 있기 때문에 관세를 부과한 만큼 국내가격이 상승하고 교역조건 개선효과는 나타나지 않는다.

(2) 관세의 후생효과

　〈그림 5.4〉에서 관세부과국이 대국인 경우 관세의 부과가 수입국(자국)과 수출국(외국)의 후생에 어떤 영향을 미치는지 알아보자.

---

4) 'monopsony power'는 수요에 있어서의 독점력을 의미하며, 공급에 있어서의 독점력은 'monopoly power'로 나타낸다.

관세를 부과하면 자국(수입국)의 소비자잉여가 $-(A+B+C+D)$ 감소한다. 그러나 이 가운데서 A는 생산자에게 재분배되고, C는 재정수입이 되어 일반국민에게 재분배된다. 그러나 B와 D는 경제 내의 그 누구에게도 귀속되지 않는 사중손실(deadweight loss)이 된다. 즉, B는 비교열위에 있는 수입경쟁재의 생산증가로 인한 생산왜곡비용이며, D는 소비의 감소로 인한 소비왜곡비용이다. 따라서, 생산왜곡비용과 소비왜곡비용은 관세의 보호비용이 되며 일국의 후생을 하락시킨다.

그러나 관세부과국이 대국이므로 관세수입 $+(C+H)$ 가운데 H는 교역조건 개선으로 인한 이익이다. 따라서, 국가 전체의 후생을 측정할 때 $H>B+D$이면 자국의 후생은 증가하고, $H<B+D$이면 후생이 감소한다 (물론, 관세부과국이 소국이면 P_F가 고정되어 있으므로 H의 교역조건 개선효과가 발생하지 않는다. 따라서, 관세의 부과는 수입국의 후생을 감소시킨다. 그리고 수출국의 가격에는 아무런 영향을 미치지 않으므로 수출국의 후생효과에 변화가 없다).

한편, 수출국인 외국의 경우는 가격이 하락하므로 수출국 소비자들은 좋아지고 생산자는 나빠진다. 그리고 국가후생은 h의 교역조건악화의 손실과 g와 i의 생산 및 소비왜곡비용이 발생하기 때문에 나빠진다.

끝으로, 세계 전체의 후생은 나빠진다. 즉, 수출국의 교역조건악화 손실 h는 수입국의 교역조건개선 이익 H이므로 세계 전체로 보아서는 소득의 국가간 재분배에 해당한다. 따라서, 양국의 생산 및 소비왜곡비용이 세계 전체의 손실이다.

표 5-1   **관세의 후생효과**

	수입국(자국)	수출국(외국)
소비자잉여	$-(A+B+C+D)$	$+(e+f)$
생산자잉여	$+A$	$-(e+f+g+h+i)$
정부재정수입	$+(C+H)$	0
국가후생	$+H-(B+D)$	$-(g+h+i)$
세계후생	$-(B+D)-(g+i)$	

수입국과 수출국의 후생효과를 요약하면 앞의 [표 5-1]과 같다. 색칠한 부분은 부(負)의 효과, 흰바탕은 양(陽)의 효과를 나타낸다.

3.3 수입할당의 경제적 효과

관세는 가격메커니즘을 통해 수입을 간접적으로 제한하는 무역정책수단이며, 수입할당 또는 수입쿼터는 수입을 양적으로 제한하여 직접적으로 규제하는 무역정책수단이라는 점에서 관세와 근본적으로 다르다. 그러나 일반적인 경제적 효과는 관세와 거의 비슷하지만 쿼터를 관리하는 문제 및 관세수입에 해당하는 부분의 행방에 관한 문제 등에서 몇 가지 차이점이 있다.

(1) 수입할당의 가격효과

자국이 수입재에 대해 수입할당을 실시하면 수입이 제한되므로 수입재의 초과수요가 발생하여 수입재 가격이 상승한다. 한편, 외국에는 수출이 제한되므로 수출재의 초과공급이 발생하여 수출재 가격이 하락하며, 따라서 수출공급이 감소한다.

〈그림 5.5〉에서 자유무역하의 균형가격은 P_{FT}이며, 균형무역량은 $Q_1Q_2 = Q_1'Q_2'$이다. 이때 자국이 $\overline{Q} = Q_3Q_4$의 수입할당을 실시할 경우 자국의

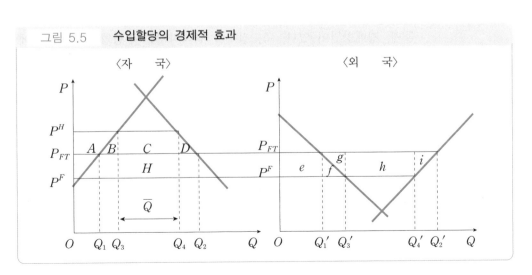

그림 5.5　　수입할당의 경제적 효과

국내가격은 $P^H(=P^F+$쿼터렌트$)$, 외국은 P^F가 되며, 균형무역량은 $Q_3Q_4=Q_3'Q_4'$가 된다.

관세와 마찬가지로 수입할당 후 수입국의 교역조건은 P^F가 되어 교역조건이 개선되었으며, 외국은 수출가격이 하락하여 교역조건이 악화되었다. 만일 수입할당을 실시하는 나라가 소국이라면 수입가격이 P_{FT}로 고정되어 있기 때문에 수입국의 교역조건 개선효과는 나타나지 않는다.

(2) 수입할당의 관리

그런데 수입할당을 실시할 경우는 관세와는 달리 초과이윤에 해당하는 쿼터렌트(Quota Rent: QR)가 발생한다. 즉, 쿼터렌트는 수입국시장가격과 수출국시장가격의 차이에 해당하며, 관세부과의 경우 이것은 관세수입에 해당한다. 다시 말해, 수입업자는 수출국시장가격(P^F)으로 수입하여 국내 소비자에게는 수입국시장가격(P^H)으로 판매할 수 있으므로 수입품 단위당 쿼터렌트를 얻게 된다. 그러나 수입국 정부가 관세로 수입을 제한한다면 이것은 관세로 납부해야 할 것이다.

따라서, 수입국 정부가 쿼터를 어떻게 할당하느냐에 따라 쿼터렌트의 행방이 달라진다.

첫째, 선착순방법이 있다. 이 방법의 경우 쿼터렌트는 수입상에게 귀속된다. 그리고 쿼터가 조기에 소진될 가능성이 높으며, 연중 수입품의 가격파동이 심하게 나타날 수 있다.

둘째, 경매방법이 있다. 즉, 정부가 쿼터티켓을 수입업자에게 경매에 의해 판매하는 것이다. 그러면 최고의 입찰가는 쿼터렌트만큼 될 것이다. 그렇게 되면 쿼터렌트는 정부의 재정수입이 되며, 관세와 효과가 같아진다.

셋째, 배분방법이 있다. 즉, 수입업자의 시장점유율 등을 고려하여 배분하거나 또는 정치적 지지자에게 배분하는 방법이 있다. 이 경우에도 쿼터렌트는 수입업자에게 귀속될 것이다.

(3) 수입할당의 후생효과

[표 5.2]에서 수입할당을 실시하는 나라가 대국일 경우 수입할당이 수입국(자국)과 수출국(외국)의 후생에 어떤 영향을 미치는지 알아보자.

표 5-2   **수입할당의 후생효과**

	수입국(자국)	수출국(외국)
소비자잉여	$-(A+B+C+D)$	$+(e+f)$
생산자잉여	$+A$	$-(e+f+g+h+i)$
쿼터렌트(QR)	$+(C+H)$	0
국가후생	$+H-(B+D)$	$-(g+h+i)$
세계후생	$-(B+D)-(g+i)$	

수입할당의 경우도 관세와 마찬가지로 수입국의 소비자는 후생감소, 생산자는 후생증가, 수입업자는 QR로 인해 후생이 증가한다. 한편, 소비자잉여의 감소분 가운데서 누구에게도 귀속되지 않는 B와 D의 사중손실(deadweight loss), 즉 생산 및 소비의 왜곡비용이 역시 발생한다. 그러나 수입할당을 실시하는 나라가 대국이면 쿼터렌트 가운데 H는 교역조건 개선으로 인한 이익이므로 국가 전체의 후생을 측정할 경우 $H>B+D$이면 후생은 증가하고 $H<B+D$이면 후생은 감소한다. 물론, 소국일 경우에는 P^F가 고정되어 있으므로 H가 생기지 않는다.

수입국과 수출국의 후생효과를 요약하면 위의 표와 같다. 색칠한 부분은 부(負)의 효과, 흰바탕은 양(陽)의 효과를 나타낸다.

3.4 관세와 수입할당의 비교

관세와 수입할당은 대표적인 무역정책수단이다. 이들의 차이점은 무엇일까?

첫째, 관세는 가격메커니즘을 통해 간접적으로 수입을 제한하고, 쿼터는 수량제한에 의해 직접적으로 수입을 제한한다. 따라서, 국내수요 및 공급이 비탄력적이거나 외국의 공급이 비탄력적인 경우 쿼터의 수입제한 효과는 확실하다. 또한, 소득증가로 인해 수입재의 수요가 증가할 경우 관세는 수입을 증가시킬 수 있지만 쿼터는 수입을 증가시킬 수 없다. 따라서,

쿼터가 관세보다 보호의 비용이 크게 나타난다.

둘째, 관세는 재정수입이 생기지만 쿼터는 관세수입에 해당하는 부분이 수입업자의 초과이윤으로 돌아간다. 그러나 경매방법에 의해 배분할 경우에는 재정수입효과가 생긴다.

셋째, 수입경쟁재의 생산자가 독점기업일 경우 관세의 경우는 독점력을 행사할 수 없지만, 쿼터의 경우에는 수입이 묶여 있기 때문에 독점기업은 생산을 줄이고 가격을 올려서 독점력을 행사할 수 있다. 따라서, 독점기업은 정부가 관세보다는 쿼터로 수입을 제한해 주기를 내심 바랄 것이다.

넷째, 관세는 조세법률주의 원칙에 따라 입법부의 동의를 구해야 부과할 수 있지만 쿼터는 행정부가 임의로 실시할 수 있기 때문에 실시상의 신축성이 높다.

종가세(ad valorem tariff)와 종량세(specific tariff)
수출자율규제(VER)
부분균형분석(partial equilibrium analysis)
수요에 있어서 독점력(monopsony power)
소비자잉여(consumer surplus)와 생산자잉여(producer surplus)
사중손실(deadweight loss)
쿼터렌트(Quota Rent)

1. 포도주에 대한 한국의 국내수요 및 공급곡선은 다음과 같다.

$S = 10P - 300$

$D = 3,000 - 20P$

자유무역가격은 $50이며, $10의 관세가 부과되며 한국은 소국이라고 가정한다.

1) 자유무역하의 균형수입량은?
2) 한국의 수요와 공급곡선을 이용하여 관세의 가격효과를 설명하시오.
3) 국내 후생효과를 계산하시오.
4) 관세와 동일한 가격효과를 발생시키기 위해서는 얼마나 수입할당을 해야 하는가?

2. 관세와 수입할당(Import Quota)의 차이점을 설명하시오.

제 6 장
무역자유화를 위한 노력

개 요

WTO는 차별 없는 무역, 보다 자유로운 무역, 예측가능성, 공정경쟁의 촉진, 경제개발 및 개혁 장려를 기본원칙으로 한다.

제2차 세계대전 이후 범세계적으로 무역자유화를 달성하려는 노력이 두 가지 차원에서 이루어져 왔다. 즉, GATT/WTO체제하에서 자유무차별 원칙을 모든 국가에 적용시키려는 다자간 무역자유화의 노력을 들 수 있다.

그러나 다자간 무역자유화를 위한 노력은 여러 가지 장애요인으로 인해 만족스런 실현이 어려웠다. 그래서 뜻을 같이 하는 국가들끼리 지역적으로 무역자유화를 달성하려는 노력이 동시에 이루어져 왔다.

1 다자간 무역자유화 노력

1.1 WTO란 무엇인가

2016년 7월 현재 164개 회원국을 가진 세계무역기구(World Trade Organization: WTO)는 국가간 범세계적인 무역규범을 다루는 유일한 국제기구이다. WTO의 핵심에는 회원국들에 의해 협상되고, 서명되고, 그리고 비준된 WTO 협정문들이 있다. 이들 협정문의 목표는 재화 및 서비스의 생산자, 수출업자, 수입업자들로 하여금 상행위를 하는 데 도움을 주는 것이다. 다시 말해, WTO 협정문의 목표는 무역의 흐름을 원활하게, 예측가능하게, 그리고 자유롭게 하도록 보장해 주는 것이다.

1.2 WTO의 기본원칙

첫째, '차별 없는 무역'을 기본원칙으로 한다. 이를 실현하기 위해 최혜국대우(most favored nation: MFN)와 내국민대우(national treatment) 조항을 두고 있다.

WTO협정하에서 각국은 일반적으로 교역상대국들을 차별할 수 없다. 가령, 어떤 나라가 특정국가에 대해 특혜를 부여한다면, 다른 모든 WTO 회원국에게도 그와 동등하게 대우해야 한다. 이러한 원칙을 최혜국대우라 하며, 상품교역을 관장하는 관세 및 무역에 관한 일반협정(General Agreement on Tariffs and Trade: GATT) 제1조에 명시되어 있으며, 서비스교역에 관한 일반협정(General Agreement on Trade in Services: GATS) 제2조와 무역관련 지적재산권(Trade-Related Aspect of Intellectual Property Rights: TRIPs) 제4조에도 명시되어 있다.

내국민대우는 적어도 외국상품이 국내시장에 수입된 이후에는 수입품과 국산품은 동등하게 취급되어야 함을 말한다. 이러한 원칙은 서비스, 상표, 저작권 및 특허권에 대해서도 똑같이 적용된다. 이는 GATT 제3조, GATS 제17조, TRIPs 제3조에 명시되어 있다.

둘째, '보다 자유로운 무역'을 기본원칙으로 한다. 협상을 통해 무역장벽을 낮추는 것은 무역을 장려하는 가장 확실한 수단이다. 1948년 GATT 설립 이후 8차례의 다자간 협상이 이루어졌으며, 2001년 11월부터 WTO체제하에서 첫 번째 다자간 협상인 도하개발아젠다가 진행중이다.

셋째, '예측가능성'을 기본원칙으로 한다. 무역장벽을 높이지 않겠다는 약속은 기업들이 미래의 기회에 대한 보다 명확한 전망을 할 수 있게 하기 때문에 때때로 무역장벽을 낮추는 것만큼 중요할 수 있다. 안정성과 예측가능성이 있을 경우 투자가 장려되고 일자리가 창출되며 소비자들은 경쟁의 이익, 즉 선택과 저렴한 가격을 향유할 수 있다. 즉, 다자간 무역체제는 기업의 경영환경을 보다 안정적이고 예측가능하게 하기 위한 각국 정부의 시도에서 비롯된 것이라고 할 수 있다.

넷째, '공정경쟁의 촉진'을 기본원칙으로 한다. WTO는 간혹 '자유무역' 기구로 표현되기도 하지만 아주 정확한 표현은 아니다. 즉, 다자간 무역체제는 관세를 허용하고 있으며, 제한된 상황하에서는 다른 형태의 보호를 허용하기도 한다. 보다 정확하게 표현하면, 동 체제는 개방적이고 공정하며 비왜곡적인 경쟁을 위한 규범체제이다.

다섯째, '경제개발 및 개혁의 장려'를 기본원칙으로 한다. WTO체제가 개발에 공헌한다는 사실은 널리 인식되어 있다. 또한, 개도국들이 WTO체제의 협정을 이행하는 데 소요되는 시간에 융통성이 필요하다는 사실도 인식되어 있다. 뿐만 아니라, WTO협정들은 개도국들에 대한 특별지원 및 양허 등을 허용하고 있다.

1.3 WTO의 출범배경

(1) GATT의 출범

제 2 차 세계대전 이후 서방 50여 개 국가들은 자유무역의 확대를 위하여 국제무역기구(ITO)의 설립을 추진하고 ITO헌장까지 작성하였다. 그러나 ITO헌장의 초안은 세계교역의 규율 차원을 넘어서 고용, 상품협정, 제한적 기업관행, 국제투자 및 서비스 등에 관한 규범까지 포함하는 매우 광범위한 분야를 다루었으며 공산국가의 참여를 허용하는 등 당시로서는 지나치게 이상적이어서 주도국인 미국마저도 의회의 비준을 얻지 못해 무산되고 말았다.

ITO의 설립은 무산되었으나, 전후 ITO의 설립과 함께 추진된 GATT는 23개 체약국들에 의해 1948년 1월에 발효하였다. 그런데 GATT는 문자 그대로 협정에 불과하였으나, 1948년부터 1995년 1월 WTO가 출범하기까지 국제무역을 관장하는 유일한 다자간 수단으로 남게 되었다. 즉, GATT는 법적 기구로서의 성격은 없었으나, 불완전한 제도적 형태로 인하여 발생되는 문제들을 현실적으로 협정을 통하여 해결함으로써 사실상의 국제기구로서의 역할을 수행하였던 것이다. 우리나라는 1967년에 회원국이 되었다.

(2) WTO의 출범

1948년부터 1994년까지 47년간 국제무역질서를 규율하여 온 GATT체제가 사라지고 왜 WTO체제가 출범하였는가?

GATT출범 이후 그 동안 총 7차례의 다자간 협상을 개최하면서 범세계적인 무역자유화 노력을 경주하였다. 그러나 1980년대에 들어오면서 주요 선진국들은 자국산업과 국제수지를 보호하기 위해 비관세 보호무역 수단을 남용하기 시작하였다. 이와 함께 GATT체제를 우회하는 반덤핑제도가 남용되었으며, 수출자율규제(VER) 등 GATT 울타리를 벗어나는 회색지대가 성행하였다.

또한, 농산물, 섬유 등 일부 품목의 경우 국제무역에서 차지하는 비중이 높음에도 불구하고 사실상 GATT의 규율을 받지 아니하거나, GATT 규정의 폭넓은 예외조치가 인정되었다. 더구나, 서비스와 지적재산권과 같은 새로운 분야의 경우는 국제무역에서 차지하는 비중이 높음에도 불구하고 이를 규율하는 국제법적 규범이 없었다.

따라서, GATT체제는 법적 구속력이 제한되어 있기 때문에 강대국들의 불공정 및 자의적 행위를 효율적으로 규제하는 데 부적절하였다. 그리고 이로 인한 통상마찰 심화에도 불구하고 GATT는 단지 중재자로서의 역할만을 할 뿐 실효성 있는 분쟁해결절차를 갖추지 못하였다.

이러한 배경하에서 GATT체제의 유지와 보완을 위하여 새로운 다자간 협상이 필요하다는 공통된 인식을 바탕으로 1986년 8번째 다자간 협상인 우루과이라운드(UR)가 출범하였고, 8년간의 협상을 거쳐 1995년 1월 GATT를 대체하는 항구적이고 강력한 새로운 세계무역기구(WTO)가 설립되었다.

1.4 GATT의 무역자유화 노력

GATT의 무역자유화 노력은 성공적이었는가? GATT는 행동범위가 제한된 상태에서 임시적으로 존재하였으나, 47년 동안 세계무역의 상당부분에 대한 무역자유화의 촉진 및 확보에 성공적으로 기여하였다는 데에는 논란의 여지가 없다.

즉, GATT는 지속적인 관세인하만으로도 1950년대 및 60년대에 걸쳐 연평균 8%에 달하는 고도의 세계무역성장률을 시현하는 데 기여하였다. 뿐만 아니라 무역자유화의 전기를 마련함으로써 GATT 전 기간에 걸쳐 세계의 생산증가율을 지속적으로 상회하는 세계무역증가율을 시현하는 동시에 교역국 상호간에 무역능력을 신장시키는 조치를 통해 모든 국가가 무역으로부터 혜택을 누리도록 기여하였다.

UR 협상기간에 새로운 회원국이 급증한 것을 보아도 다자간 무역체제가 경제발전의 기초가 되는 동시에 경제 및 무역제도 개혁의 수단으로 인식되고 있음을 입증한 것이었다.

그러나 GATT가 관세를 낮은 수준으로 인하하는 데에는 성공하였지만 1970년대 및 80년대 초반에 일련의 경제침체가 발생하자 각국 정부는 외국의 경쟁압력에 직면한 분야에 대해 다른 형태의 보호조치를 고안해 내기 시작하였다. 서유럽 및 북미의 각국 정부는 높은 실업률과 지속적인 공장폐쇄를 극복하고자 그들의 경쟁국들과 쌍무적인 시장분할협정을 모색하고 농산물무역에서 그들의 지분을 유지하고자 보조금을 경쟁적으로 지급하기 시작하였다. 그와 같은 변화는 GATT의 신뢰성과 효율성을 저해하였다.

이러한 문제는 단순히 무역정책 환경이 악화되는 것만은 아니었다. 1980년대 초반경의 GATT는 분명히 1940년대의 경우와 같이 세계무역의 현실에 더 이상 적합하지 않았던 것이다. 우선 세계무역은 훨씬 복잡하고 중요해졌으며, 세계경제의 지구촌화가 전개되고 서비스무역이 많은 국가의 주요 관심대상이 되었으며, 국제투자도 신장되었다. 이외에도 GATT는 다른 개선이 요구되고 있었는바, 농산물분야에서 다자체제의 허점이 악용되어 농산물무역의 자유화 노력이 큰 성과를 보지 못하였던 것이다. 또한, 섬유 및 의류분야에서는 GATT의 보편적 규율에 대한 예외로서 다자간 섬유협정(Multi-Fiber Agreement: MFA)이 체결되어 있었다. 그리고 GATT의 제도적 구조와 분쟁해결체제까지도 우려의 대상이 되었다.

이러한 문제점을 포함한 다수의 요소가 GATT 회원국들로 하여금 다자간 체제를 강화하고 확대하기 위한 노력을 시도해야 한다는 확신을 갖게 했다. 그와 같은 노력이 우루과이라운드를 통해 마라케쉬 선언으로 이어졌

표 6-1	GATT체제하의 다자간 무역협상		
연 도	개 최 지	협상분야	참여국가수
1947	Geneva	관 세	23
1949	Annecy	관 세	13
1951	Torquay	관 세	38
1956	Geneva	관 세	26
1960-1961	Geneva(딜론라운드)	관 세	26
1964-1967	Geneva(케네디라운드)	관세 및 반덤핑	62
1973-1979	Geneva(동경라운드)	관세, 비관세, '프레임워크' 협정	102
1986-1994	Geneva (우루과이라운드)	관세, 비관세, 규범, 서비스, 지적재산권, 분쟁해결, 섬유, 농업, WTO 창설 등	123

으며, WTO 창설에까지 이르게 되었다.

1.5 GATT와 WTO의 차이점

WTO와 GATT는 동일한가? 한마디로 다르다. WTO는 GATT보다 훨씬 많은 것을 포괄하고 있다. 기구로서의 GATT는 임시적이었고 법률상 국제기구로 인정받지도 않았으며, 지금은 WTO로 대체되었다. 협정문으로서의 GATT는 여전히 존속하고 있으나, 상당부분 개선되어 WTO협정문 속에 포함되어 있다.

GATT와 WTO의 주요 차이점을 요약하면 다음과 같다.

① GATT는 임시적이고 잠정적이었다. 일반협정은 회원국의 의회에서 비준되지 않았으며, 기구의 창설에 관한 어떠한 규정도 없다.

② 반면, WTO와 그 협정문들은 영구적이다. WTO의 모든 회원국들이 WTO 협정들을 비준하였고, 협정문들이 WTO의 기능을 규정하고 있

다는 점에서 WTO는 국제기구로서 튼튼한 법적인 근거를 가지고 있다.

③ WTO는 구성원들을 "회원국"이라고 부르는 반면, GATT는 공식적으로는 법률문서라는 사실을 강조하기 위해 구성원들을 "체약국"이라고 불렀다.

④ GATT는 상품무역만을 다루었는 데 비해, WTO는 서비스와 지적재산권까지 포함한다.

⑤ WTO의 분쟁해결절차는 GATT에 비해 매우 신속하며 자동적이다. 그리고 WTO의 판결은 저지될 수 없다.

1.6 WTO체제하의 다자간 무역협상

(1) 도하개발아젠다

도하개발아젠다(Doha Development Agenda: DDA)는 2001. 11. 14 카타르 도하에서 개최된 제 4 차 WTO 각료회의의 결정에 의해 새로이 출범한 9번째 다자간 무역협상이다.

WTO는 UR 이후의 새로운 다자간 무역협상을 명명하면서 개도국들의 주장을 받아들여 라운드라는 이름 대신 도하개발아젠다라고 부르기로 하였다. 이것은 '라운드'가 과거 GATT체제하에서의 용어로서 WTO체제에서 열리게 되는 다자간 무역협상에서는 이 용어를 사용하지 않기로 회원국간에 양해된 데서 비롯된 것이다.

DDA협상은 1995년 WTO체제 출범 이후 최초의 대규모 다자간 무역협상이며, 2002년부터 3년간 협상을 진행하여 2005년 1월 1일까지 종료하기로 되어 있었다. 그러나 협상 의제 자체가 광범위하며, 회원국들간의 이해관계가 복잡하게 엇갈려 있기 때문에 아직까지 협상이 계속되고 있다.[1]

(2) DDA협상의제와 협상방식

DDA협상은 과거 어느 다자간 무역협상보다 폭넓은 의제를 다루고 있

---

1) 제1장 각주4) 참고 바람. 다만, 각료회의가 채택한 공동성명에서 "다자간 협상으로 구체적인 성과를 내기 위해선 새로운 접근법이 필요하다"는 내용을 담는 한편 "대다수국가가 도하라운드를 바탕으로 한 협상을 계속하는 것을 재확인했다"는 내용도 표현하였다.

다. 특정 분야만을 다룬다면 각국간 이익과 손실의 균형을 맞추기가 어렵기 때문에 회원국들이 관심을 가지고 있는 모든 분야를 망라했다.

이에 따라, DDA협상에서는 농산물 및 서비스시장의 추가개방, 비농산물분야(공산품과 임수산품)의 시장개방, 반덤핑협정과 보조금협정 등 기존 무역규범의 개정과 같은 친숙한 의제뿐만 아니라 무역과 환경, 무역과 투자, 무역과 경쟁정책, 정부조달의 투명성, 무역원활화와 같은 새로운 무역의제들이 다루어진다.

또한, DDA협상에서는 무역차원에서 개도국의 경제개발을 지원하는 방법도 중요한 주제로 논의되고 있다. 개도국들은 과거의 GATT나 지금의 WTO로 대표되는 다자간 무역체제가 선진국에게만 유리하게 되어 있어 개도국의 경제발전을 가로막고 있다고 주장하면서 DDA협상에서는 이를 시정해야 한다고 주장하고 있다. WTO 회원국들은 개도국의 이러한 주장을 받아들여 UR협상 결과를 이행하는 과정에서 나타난 문제점을 시정하고, 개도국에 대한 우대조치를 강화하며, 기술협력사업을 확대하는 방안을 DDA협상에서 논의하고 있다.

이처럼 시장개방 문제와 함께 다수의 무역규범 관련 문제를 다루고 있으며, 개도국의 경제발전 지원에 초점을 두는 것이 DDA협상이 과거의 다자무역협상과 구별되는 중요한 특징이다.

DDA협상방식과 관련하여서는 모든 의제에 대한 협의를 동시에 진행, 동시에 종결하고, 모든 참가국이 협상 결과를 수용하는 일괄타결방식(single undertaking)이 적용된다. 일부 분야의 협상결과만을 선별적으로 받아들인다면, 협상자체가 의미가 없기 때문에 UR협상과 마찬가지로 일괄타결방식이 채택된 것이다. 다만, 특정사안에 대해 조기에 합의가 이루어질 경우 조기 시행이 가능하도록 합의하였다.

1.7 다자간 무역협상에 대한 우리의 자세

다자간 무역협상을 통한 무역자유화의 확대와 안정적인 무역질서의 수립은 우리 경제에 큰 긍정적인 효과를 가져 올 것으로 기대된다. 그러나 다자간 무역협상은 2016년 7월 현재 164개 WTO 회원국들이 참여하는 만큼 우리가 모든 측면에서 혜택만 얻기를 기대할 수는 없다. 협상결과에 따라 피해를 입는 분야가 생기는 것은 불가피하다.

따라서, 정부는 농업이나 일부 서비스업 등 어려움이 예상되는 분야에 대해서는 충격을 최소화할 수 있도록 자유화의 폭과 속도를 적절히 조절해 나가야 할 것이다. 그리고 정부는 지역개발, 기술개발, 환경보호 등 WTO 체제에서 허용되는 허용보조금을 발굴하여 제품의 경쟁력 강화를 위해 최대한 지원해야 할 것이다. 그리고 피해를 입는 분야의 종사자들도 개방을 두려워하기보다는 개방이 경쟁력 향상의 계기가 될 수 있도록 적극적인 자세를 보여야 할 것이다.

2 지역적 무역자유화 노력

WTO의 다자간 무역체제하에서 범세계적인 무역자유화가 가속화되고 있는 가운데 지리적으로 인접한 국가들끼리 경제적 지역주의가 강화되고 있다.

이것은 GATT 시기에 통보된 지역무역협정(regional trade agreements: RTAs)의 숫자가 123개인 데 반해 1995년 1월 WTO 출범 이후 WTO에 통보된 RTAs의 숫자가 2017년 6월 현재 500개 이상이나 된다는 사실에서도 알 수 있다.

2.1 지역주의의 개념

지역주의(regionalism)란 지리적으로 인접하며, 공통의 역사적·문화적 배경을 가지며, 경제적 긴밀도가 높은 특정 국가들끼리 광역시장권을 형성하여 자유무차별원칙을 국지적으로 적용하려는 국제경제상의 흐름을 말한다.

지역주의에 상반되는 개념으로 다자주의(multilateralism)가 있다. 즉, 다자주의란 WTO체제하에서 자유무차별원칙을 모든 국가에 적용시키려는 범세계적인 무역자유화의 노력이다. 따라서, 지역주의는 다자주의와 상반되는 개념이다.

그러면 지역주의란 용어와 함께 사용되는 경제통합(economic integration)이란 무엇인가? 원래 지역주의란 협의로 해석하면 주로 사적 이윤을 추구하는 민간기업의 국제적 경영활동 결과 야기되는 기능적 통합을 의미한다. 이에 반해, 경제통합은 시장통합의 조건과 형태를 사전에 상호 조정하여 광역시장권에 관한 공동운영규칙을 설정하는 제도적 통합을 말한다. 이들은 엄밀히 보면 차이가 있지만 공동의 경제권으로 접근한다는 점에서는 동일한 의미를 갖는다. 따라서, 요즈음은 지역주의를 광의로 해석하여 기능적 통합과 제도적 통합을 포함하는 포괄적 의미로 사용하고 있다.

그런데 블록경제 또는 경제적 블록화란 용어는 지역주의와 동일한 의미로 사용되기도 하지만 원래의 의미와는 상당한 차이가 있다. 즉, 블록경제는 제2차 세계대전 이전 제국주의에 의한 식민주의적인 배타적 경제통합을 말한다. 배타적이라는 의미에서는 오늘날의 경제통합과 유사한 성격을 갖지만 종주국의 식민지 수탈을 위한 일방적 · 비대칭적 결합이라는 점에서는 오늘날의 지역주의 또는 경제통합과는 본질적인 차이가 있다. 즉, 오늘날의 지역주의는 개방적(open)이다.

2.2 지역주의의 형태

지역주의는 하나의 동일한 실체가 아니다. 즉, 다양한 수준의 지역적 통합을 내포하고 있다. 따라서, 지역주의에 대한 개념적 혼란을 피하기 위해 여러 가지 형태의 지역주의를 구분할 필요가 있다.

Balassa는 경제통합의 결속도에 따라 자유무역지역, 관세동맹, 공동시장, 경제동맹, 완전경제통합의 5단계로 분류하였다. [표 6-2]에서는 Balassa의 5단계 분류를 일반화하여 6가지로 분류 · 소개하였다.

(1) 부문별 협력(Sectoral Cooperation)

Balassa는 부문별 무역협정을 통합(integration)과 대비되는 개념으로서 협력(cooperation)으로 분류하였다. 통합은 몇 가지 형태의 차별을 완전히 제거하는 일에 관심을 갖는 데 반해, 협력은 경제 내의 어떤 부문의 차별을 완화시키는 것만을 목표로 한다. 이러한 형태의 협력은 높은 통합수준을 포괄할 수 없는 국가들이 선호하는 옵션이다. 다시 말해, 자국 경제의

표 6-2   **다양한 수준의 지역적 통합**

특성 \ 형태	대내적인 쿼터 및 관세 제거	공동의 대외적인 관세	토지, 노동, 자본 및 서비스의 자유로운 이동	경제정책의 조화 및 초국가적 기구의 전개	강력한 정치적 초국가기구의 완성
부문별 협력	◐				
자유무역지대	●				
관세동맹	●	●			
공동시장	●	●	●		
경제동맹	●	●	●	●	
정치동맹	●	●	●	●	●

대부분의 산업부문들을 경쟁에 노출시키기를 꺼려하는 국가들에게 아주 매력적인 옵션이다.

대표적으로 ECSC(1952, 유럽석탄철강공동체)와 PTA(1981, 동남아프리카 특혜무역지역)를 들 수 있다. PTA는 1993년 COMESA(동남아프리카공동시장)로 발전하였다.

(2) 자유무역지역(Free Trade Area: FTA)

FTA는 참여국들로 하여금 관세 및 수량제한을 완전히 제거할 것을 요구한다. 그러나 회원국들은 어떤 수준의 제한을 비동맹국에게 부과할 것인지를 각국이 개별적으로 결정할 주권을 보유한다.

따라서, FTA는 높은 수준의 제도적 협정을 요구하지는 않는다. 즉, FTA는 참여국들 간에 강한 정치적 결속력을 가지지 않아도 설립될 수 있다. 다시 말해, 무역정책을 결정하고 수립하는 데 독립성을 가지며, 국가주권이 크게 침해되지 않는다. 이것은 느슨한 지역적 구조를 선호하는 국가들에게는 아주 매력적이다.

그러나 FTA의 경우 FTA 내의 낮은 관세장벽을 가진 회원국으로 값싼 상품이 수입되어 관세장벽이 높은 다른 회원국으로 무관세로 이동하는 무역굴절현상(trade deflection)이 발생한다. 이러한 현상을 막기 위해 원산지규칙(rules of origin)을 두고 있다.

대표적으로 NAFTA(1994), US-Israel FTA(1985), AFTA(1992, 2008) 등을 들 수 있다.

(3) 관세동맹(Customs Union: CU)

관세동맹은, 동맹국들이 비동맹국으로부터의 수입품에 대해 공동의 관세 및 수량제한을 적용한다는 점을 제외하고는 FTA와 유사하다. 그러나 무역굴절현상과 관련된 문제점을 회피하기 위해 보통 공동의 무역장벽을 갖는다.

관세동맹 협정은 주권의 공공연한 양보를 요구하지는 않는다. 그러나 공동의 무역장벽을 확립하기 위해서는 공동의 의사결정 수행이 요구된다. 따라서, 회원국들이 독립적으로 자국의 무역정책을 결정하는 능력은 자유무역지역에 비해 약화된다.

대표적으로 EEC(1958), 안데스협정(1988), 카리브 공동시장(1973), 중부 아프리카 관세동맹(1966) 등을 들 수 있다.

(4) 공동시장(Common Market: CM)

공동시장의 단계에서는 동맹국 내에서 생산요소가 자유롭게 이동된다. 다시 말해, 상품의 자유로운 이동뿐만 아니라 이를 생산하는 데 필요한 생산요소의 자유로운 이동까지도 허용된다.

더구나, 설립의 자유 또한 공동시장의 본질적인 구성요소이다. 그러므로 회원국 가운데 어떤 한 나라에 속하는 시민은 고용신청권을 가지며, 다른 회원국 내에서 기업을 설립할 권한도 가진다.

그러므로 공동시장은 부문별 협력, 자유무역지역, 또는 관세동맹에 비해 훨씬 더 높은 정도의 정치적 · 경제적 협력을 요구한다. 다시 말해, 주권의 상당한 감소를 의미한다.

대표적으로 MERCOSUR(1991, 남미공동시장), CACM(1960, 1990, 중미 공동시장) 등을 들 수 있다.

(5) 경제동맹(Economic Union)

경제동맹은, 가맹국들 사이에 관세·수량제한 등 무역장벽을 철폐하고 자유무역을 추진할 뿐만 아니라 노동력·자본 등 생산요소의 이동까지 자유화하고 나아가서는 재정·금융정책도 조정하며, 궁극적으로는 단일통화를 전제로 한다. 따라서, 경제동맹은 회원국의 의사결정을 구속하는 초국가적 기구의 형성을 요구한다.

초국가적 기구는 모든 회원국의 영토 내에서 입법권을 가지면서 일국의 주권 토대를 상당히 침해한다. 유럽연합(EU)이 경제동맹의 단계에 들어와 있다고 할 수 있다.

(6) 정치동맹(Political Union)

정치동맹은 경제동맹의 모든 특징을 포함하면서 순수하게 경제적인 문제를 초월하여 초국가적인 의사결정을 한다. 즉, 정치동맹은 국방 및 외교정책과 같이 국가주권의 바로 핵심 부분에 이르기까지 초국가주의를 확대한다. 정치동맹의 회원국들은 초국가적 수준에서 관련 문제를 다루며, 국가주권을 보존하려고 하는 목표를 포기한다.

현재 EU가 정치동맹의 단계로 나아가고 있다.

2.3 지역주의의 추세

(1) RTAs의 숫자로 본 추세

지역무역협정(Regional Trade Agreements: RTAs)은 최근 다자간무역체제(Multilateral Trading System: MTS)의 매우 중요한 특징이 되고 있다. 2017년 6월 현재 약 659건의 RTAs가 GATT/WTO에 통보되었는데 이 가운데 445건의 RTAs가 발효 중에 있다.

〈그림 6.1〉을 보면 발효 중인 RTAs의 숫자는 1990년대 초 이후 조금도 수그러들지 않고 확대되어 왔다. 이러한 추세는 현재 협상중인 RTAs가 다수인 점을 감안한다면 앞으로 더욱 강화될 것으로 보인다. 또한 흥미롭게도 RTAs는 1995년 WTO 출범 이후 급속히 확산되고 있다. 더구나 도하개발아

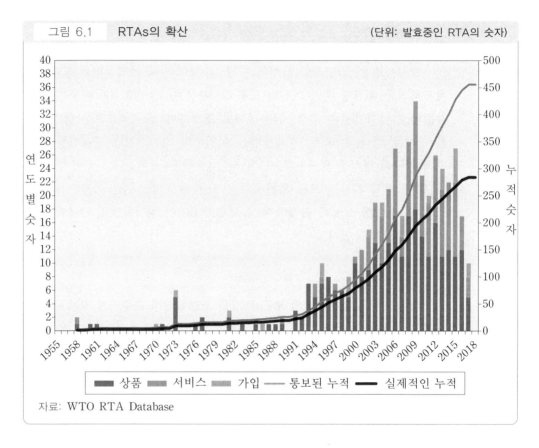

그림 6.1   RTAs의 확산   (단위: 발효중인 RTA의 숫자)

자료: WTO RTA Database

젠다(DDA)의 난항은 WTO회원국들로 하여금 지역무역협정을 체결케 하는
원인을 제공하였다.

　　그리고 GATT체제에서는 주로 상품무역을 커버하는 RTAs였지만 1995
년 이후의 WTO체제에서는 서비스무역을 커버하는 RTAs의 숫자가 점차 증
가하고 있다. 즉, 2018년 1월 9일 현재 발효 중인 455개의 RTAs 가운데 286
개가 상품 RTAs이고, 144개가 서비스 RTAs이다. 그리고 455개 가운데는
기존의 RTAs에의 가입(accessions) 25개도 포함되어 있다. 엄밀히 말해 발효
중인 RTAs의 총 숫자(455개)에서 상품협정과 서비스협정을 각각 따로 체결
하여 중복 계산된 RTAs의 숫자(146개)와 현존하는 RTAs에의 가입(25개)을
뺀 숫자가 실제적인(physical) 협정의 숫자(284개)인 셈이다.

(2) RTAs의 내용별 추세

첫째, 현존하는 지역무역협정이 내용면에서 심화(deepening)되고 있다. 즉, RTAs는 내용면에서 다양하다. 과거 공산품 및 농산품에 대한 무역제한에 초점을 맞춘 지역무역협정이 오늘날에는 건강 및 환경기준, 서비스 및 지적재산권, 투자 및 자본의 이동성과 같은 다른 범주로 제한이 확대됨에 따라 현존하는 지역무역협정도 심화되었다. 가령, EU는 EEC→EC→EU로 심화되었다.

둘째, 현존하는 지역무역협정이 확대(widening)되고 있다. 즉, 이전에는 어떤 지역무역협정의 회원국이 아니었던 국가들이 하나 또는 그 이상의 지역무역협정에 가입하였다. 가령, CUSFTA(미·캐나다자유무역협정)가 NAFTA(북미자유무역협정)로, EFTA(유럽자유무역협정)이 EU(유럽연합)로 확대되었다.

셋째, 새로운 RTAs가 신설(creation) 되거나 또는 동면상태였던 RTAs가 재출발(relaunching)하였다. 가령, 새로운 지역무역협정 중 가장 활발한 것은 1991년에 창설된 MERCOSUR(남미공동시장)이다. 중미공동시장(CACM)은 1960년에 창설되었으나 80년대에 동면상태였다가 1993년 개방적인 무역블록으로 재출발하였다.

2.4 지역주의의 경제적 분석

경제통합의 후생효과를 부분균형으로 분석하여 보자. 일반적으로 경제통합의 후생효과를 분석할 때 경제통합의 대표적 유형인 관세동맹을 분석대상으로 한다.

세계는 A국(자국), B국(동맹국), C국(역외국)으로 구성되어 있다고 가정한다. D_H와 S_H는 자국의 수요와 공급곡선이다. 동맹 전 C국은 P_C의 가격으로 수입품을 생산하고 B국은 P_B의 가격으로 생산한다. 따라서, 세계시장가격은 가장 효율적으로 생산하는 C국의 공급가격인 P_C이다.

동맹 전 $t\%$의 관세가 부과될 경우 국내시장가격은 $P_C(1+t)$가 된다. 한편, B국의 공급가격은 P_B이고 동일한 $t\%$의 관세가 부과될 경우 국내시장가격은 $P_B(1+t)$가 된다. 따라서, 동맹 전 자국은 B국으로부터 수입하지

그림 6.2 　　**관세동맹의 후생효과**

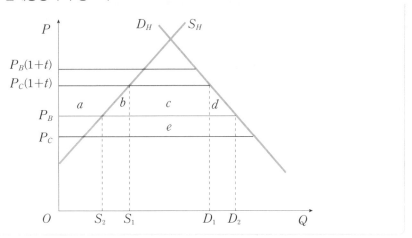

않고 C국으로부터 P_C의 가격으로 D_1-S_1을 수입한다.

　이제, B국과 동맹을 결성하면 비동맹국(C국)으로부터의 수입에는 여전히 관세 $t\%$가 부과되므로 동맹국(B국)으로부터 P_B의 가격으로 D_2-S_2를 수입하게 된다.

　자국은 B국과의 관세동맹 후 S_1S_2의 생산감소와 D_1D_2의 소비증가로 인해 수입이 증가하는 무역창출(trade creation) 효과가 발생한다. 즉, B국과의 관세동맹으로 관세가 제거되어 b와 d의 이익이 발생한다. 역으로, 관세를 부과할 경우에는 비효율적인 생산증가와 소비의 감소로 인해 생산왜곡비용과 소비왜곡비용이 발생한다.

　한편, D_1-S_1의 수입이 동맹 전에는 P_C의 가격으로 수입되던 것이 동맹 후 P_B의 가격으로 수입되기 때문에 교역조건악화로 인해 e의 손실이 발생한다. 다시 말해, e는 효율적인 공급국인 C국에서 비효율적인 공급국인 B국으로 수입이 전환되기 때문에 발생하는 후생의 감소효과, 즉 무역전환(trade diversion) 효과이다.

　그러므로 동맹 후 $b+d>e$이면 동맹국의 후생은 증가하고, $b+d<e$이면 후생이 감소할 것이다. 달리 표현하면, 소비자잉여는 $+(a+b+c+d)$만큼 증가하며, 생산자잉여는 $-a$만큼 감소하며, 정부의 재정수입은 $-(c+e)$만큼 감소한다. 따라서, 일국의 후생은 $+(b+d)-e$이다.

위의 분석에서 자국이 경제통합으로부터 얻는 이익이 크려면, ① 자국의 수요와 공급곡선이 보다 탄력적이어야 한다. 그래야만 가격변화에 대해 생산과 소비가 보다 민감하게 변화하여 무역창출의 이익(a와 b)이 커진다. ② 동맹국과 비동맹국 간의 생산비 차가 보다 작아야 한다. 왜냐하면, 동맹국이 효율적인 공급원일수록 무역전환의 손실(e)이 작아지기 때문이다.

2.5 지역주의의 배경

지역주의의 배경을 통해 지역주의는 다자주의와 상호 보완적인 관계에 있는지 또는 지역주의는 다자주의에 대한 반발로서 나타났는지 알아보자. 다시 말해, 지역주의가 다자주의를 위한 건축재(building block)인지 장애물 (stumbling block)인지 알아보자.

(1) 자유무역의 결함

자유무역은 경제적 효율성을 제고시키고, 시장의 확대로 규모의 경제를 실현하여 생산비를 절감시킨다. 또한, 시장의 통합을 통해 일련의 비효율적인 기업경영활동이 개선되어 기업의 X-비효율성(X-inefficiency)[2]이 사라진다.

그런데 왜 지역무역블록이 형성되는가? C.F. Scheepers(1979)의 말을 인용하면 다음과 같다.

"자유무역 관행은 경제성장의 열매를 지리적인 관점에서 바람직하게 분배하지 못하였다. 다시 말해, 무역이익의 불공평한 배분문제가 발생한다. 따라서 이를 조정하기 위한 하나의 반응으로서 지역주의가 대두된 것이다."

그러므로 자유무역이 최선이긴 하지만 분배적인 측면에서 결함을 갖기 때문에 이를 보완하기 위해 지역주의가 등장한 것으로 볼 수 있다. 따라서 지역주의는 다자주의에 대한 반발로서 나타났다고 볼 수 있다.

---

2) 기업의 조직과 경영이 철저하지 못해 발생하는 비효율성을 의미한다.

(2) GATT의 규범상의 결함

GATT/WTO의 기본원칙은 무차별주의이다. 그러나 GATT 제24조와 GATS 제5조에는 자유무역지역과 관세동맹의 설립을 허용하고 있다. 그러므로 지역주의는 GATT와 양립하고 있다고 할 수 있다. 이것은 지역주의가 차별성을 지니고 있지만 역내국간에는 자유무역을 실현시켜주기 때문이다. 즉, GATT 제24조만을 놓고 보면 지역주의는 다자주의와 보완관계에 있다고 할 수 있다.

그러나 지역주의가 다자주의와 보완관계에 있다 하더라도 지금까지 GATT/WTO에 보고된 지역무역협정이 462개(2010년 2월 현재)나 된다는 사실은 GATT의 규범적 결함이 지역주의를 남발시켰다고 볼 수 있다.

가령, GATT 제24조를 보면, "대체로 더 높거나 더 제한적이어서는 안 된다." 또 회원국간 "실질적으로 모든 무역"에 대해 관세를 제거해야 한다는 모호한 표현을 쓰고 있기 때문이다. 따라서 현 시점에서 이들 조항을 적절히 개선한다면 보완관계를 유지하면서 지역주의의 남발을 막을 수 있을 것이다.

(3) GATT 능력의 취약점

1948년 이후 GATT는 8차례의 다자간 협상 노력을 통해 많은 결실을 거두었다. 그러나 다자간 무역자유화를 달성하는 데 GATT는 무능력하였다고 할 수 있다. 가령, GATT체제에서 VER과 같은 회색조치가 만연하였으며, 선진국에 의해 덤핑방지관세나 상계관세와 같은 비관세장벽이 남용되어 왔다. 이로 인해, GATT 울타리 밖에서 이루어지는 무역이 50% 이상으로 추정된다. 더욱 중요한 것은 무역분쟁이 발생하였을 때 GATT체제는 분쟁해결능력이 없었다는 점이다. 왜냐하면 GATT는 기구로서의 역할을 못하였기 때문이다.

이처럼 비관세장벽을 제거하지 못하고, 회색조치를 효과적으로 통제하지 못하고, 분쟁해결 능력이 부족한 GATT의 무능력은 역설적으로 지역주의의 이점을 강조해 준다. 따라서 동일한 마인드를 가진 국가들끼리 자유무역을 하는 것이 훨씬 더 효과적일지 모른다. 다시 말해, 무역자유화를 달

성하는 데 지역무역협정이 GATT체제보다 훨씬 신속한 메커니즘이라고
인식하게 되었던 것이다. 더구나, 자국이 GATT체제의 외곽에서 찬밥 신
세가 된다고 생각하면 지역주의는 더욱 강화될 것이다.

요약하면, GATT의 무능력으로 인해 다자주의에 대한 반발로서 지역
주의가 대두되었음을 알 수 있다.

(4) 지역주의의 경제적 장점

경제통합은 가맹국의 후생을 증대시킨다는 고전파의 견해와는 달리
1950년 Viner는 무역창출효과가 무역전환효과보다 커야만 가맹국의 후생
수준이 상승한다는 다소 회의적인 주장을 하였다. 그러나 Viner 이후 국제
경제학자들의 계속된 연구에 의해 경제통합의 이익발생 가능성이 높아졌다.

예를 들면, Cooper-Massel(1965)은 규모의 경제와 이에 따른 산업내
특화의 이익을 강조하였으며, Kemp-Wan(1976)은 역내의 재분배 효과에
의해 지역무역협정의 이익이 증대된다고 하였다. 또한 비동맹국에 대한 적
절한 관세인하는 역외국에게도 보상을 해 주는 셈이다. 따라서 동맹국과
비동맹국 모두 후생이 증대된다고 하는 이론적 낙관주의가 대두되었다.

또한 Krugman(1990)에 의하면, 지리적으로 인접한 국가들끼리 평소
무역이 활발하게 이루어지는 편이므로 경제통합 후 무역전환의 위협이 그
만큼 감소된다고 한다. 따라서 지역주의의 경제적 장점이 더욱 강조되고
있다.

2.6 지역주의에 대한 우리의 대응

최근 강화되고 있는 지역주의의 추세, 지역주의와 다자주의와의 보완
적 관계, 그리고 지역주의의 경제적 장점 등을 감안할 때 우리는 지역무역
협정의 추진에 적극 참여하는 것이 바람직할 것이다.

참여한다면 어떤 국가와 지역무역협정을 체결하는 것이 좋은가? 앞의
연구결과를 정리하여 보면 동맹국이 효율적인 생산국일수록(Viner), 동맹
전에 자국과 무역이 활발하게 이루어졌던 국가일수록(Krugman) 무역전환
의 손실이 작게 나타날 것이며, 동맹 후 산업내특화가 많이 이루어질 수 있

는 국가일수록 통합의 이익이 클 것이다(Cooper-Massel).

그리고 정부는 경제통합으로 피해를 입는 집단에게 적절한 보상정책을 실시해야 할 것이다. 손해를 입는 집단 또한 경쟁에서 살아남을 수 있도록 자구노력을 해야 한다. 가령, 경쟁에 노출되는 기업은 R&D지출을 확대하고, 생산 및 마케팅에 있어서 글로벌 경영을 추구해야 한다. 특히, 농업부문은 앞으로 가격경쟁만으로는 살아남기 어려울 것이므로 비가격경쟁을 통해 경쟁력을 갖추어야 할 것이다.

주요용어

최혜국대우(most favored nation: MFN)

내국민대우(national treatment)

도하개발아젠다(Doha Development Agenda: DDA)

지역주의(regionalism)

자유무역지역(free trade area: FTA)

관세동맹(customs union: CU)

무역창출(trade creation)

무역전환(trade diversion)

연습문제

1. WTO의 기본원칙은 무엇인가?

2. GATT와 WTO의 차이점을 설명하시오.

3. 47년간 국제무역질서를 규율하여 온 GATT체제가 사라지고 왜 WTO체제
   가 출범하였는지 그 이유를 설명하시오.

4. 경제통합의 후생효과를 설명하고 경제통합으로부터 얻는 이익이 크려면 어
   떤 조건이 충족되어야 하는가? 그 이유는?

5. 지역주의와 다자주의와의 관계를 논하시오.

2부

국제수지와 국제금융

제 7 장
국제수지와 환율: 기초 개념

개 요

국제수지(balance of payments)는 일정기간 동안 한 나라의 거주자와 비거주자 사이에 발생한 상품·서비스, 각종 금융자산 등의 모든 경제적 거래에 따른 수입과 지급의 차이를 말한다.

환율은 각국이 사용하는 통화들 간의 교환비율을 말하는데, 국민경제에 미치는 영향이 너무나 큰 변수이다.

1 국제수지의 개념

1.1 국제수지와 국제수지표

일정기간동안 한나라의 거주자와 비거주자 사이에 발생한 상품·서비스, 자본 등의 모든 경제적 거래에 따른 수입과 지급의 차이를 국제수지(balance of payments)라 하며 이를 체계적으로 분류 정리한 것이 국제수지표이다. 우리나라를 비롯한 대부분의 국가는 IMF가 국제수지통계의 포괄범위, 분류, 평가 등에 대해 정해놓은 국제기준 즉 국제수지매뉴얼 제6판(BPM6)에 따라 작성하고 있다. 이에 따르면 한나라의 국제수지는 크게 경상수지(current account), 금융수지(financial account), 자본수지(capital account) 등 세 가지 항목으로 이루어져 있다.

경상수지(current account)는 다음 4가지 거래대상의 거래결과이다.

① 상품거래: 상품 수출입

② 서비스거래: 운송, 여행, 보험 등 서비스거래

③ 소득거래: 노동과 자본 등 생산요소의 이용 대가(임금 및 이자)

④ 경상이전거래: 아무런 대가없이 제공되는 무상원조, 가족송금 등

자본수지(capital account)는 특허권, 저작권, 상표권 등 비금융자산의 거래와 자산소유권 이전, 채권자에 대한 채무면제 등도 여기에 포함된다. 대가없이 제공되는 금융자산의 국가간 이전의 경우도 여기에 기록한다.

금융수지(financial account)는 거주자와 비거주자간 금융자산을 거래한 결과이다. 금융자산은 국내자산과 해외자산으로 구분할 수 있다. 구체적으로 주식, 채권 등 장기증권, 주식지분, 파생금융상품 뿐 아니라 현금이나 예금 대출 등과 같은 자산 등을 포함한다. 또 중앙은행이 국제유동성 확보를 위해 보유하고 있는 준비자산(international reserve)도 금융자산에 포함된다.

국제수지의 기록은 거래대상이 국외로 수출될 경우 (+)로 기록하고, 국내로 수입될 경우 (−)로 기록한다. 경상수지의 경우 상품/서비스의 수출은 (+)로 수입거래는 (−)로 기록하며, 생산요소의 수출도 (+), 수입은 (−)로 기록한다. 그 결과 합계가 (+)이면 경상수지 흑자라 하고, 합계가 (−)이면 경상수지 적자라고 한다. 세부적으로 상품거래의 결과를 상품수지(trade balance), 서비스거래의 결과를 서비스수지(service balance), 소득거래의 결과를 소득수지(income balance), 경상이전거래의 결과를 경상이전수지(unilateral transfer balance)라 한다. 더 세부적으로 서비스수지 항목을 운송수지, 여행수지 등으로 부르고 있다.

자본수지 또한 비금융자산의 수출(유출, 즉 해외 판매)을 (+)로 기록하고 수입(국내 유입)을 (−)로 기록한다. 다만 일반적으로 전체 국제수지 규모에 비해 이 자본수지 항목의 규모는 상대적으로 무시할 수 있을 정도로 작다.

한국은행 국제수지표에서는 금융수지라는 용어 대신 금융계정이란 용어를 사용한다. 금융계정은 금융자산과 부채의 변동으로 파악하여 금융자산이 부채보다 많이 증가하면 +로, 금융부채가 자산보다 많이 증가하면 −로 계상한다.

금융수지의 경우 국내금융자산의 수출(해외 유출), 외국금융자산의 수출(유출)은 (+)로 기록하고, 반면 국내자산의 수입(국내 유입)이나, 해외 금융자산의 수입(유입)은 (−)로 기록한다. 여기서 국내자산의 유출로 인한 외

그림 7.1　　**국제수지의 구성**

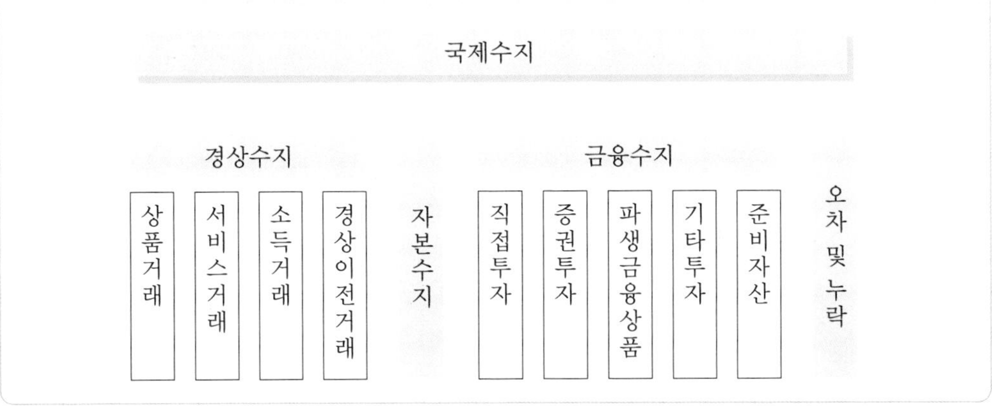

국의 국내자산 보유를 대외 채무라 하고, 해외자산의 국내 유입은 대외자
산이라 한다. 물론 합계가 (+)이면 금융수지 흑자, (−)이면 금융수지 적자
라 한다.

1.2　국제수지표의 이해

　　한 나라의 국제수지를 체계적으로 분류 정리한 것이 국제수지표이다.
이제 2016년도 우리나라의 국제수지표를 중심으로 국제수지의 현실을 간략
히 살펴보자. 다음 [표 7–1]은 2000년 이후의 우리나라 국제수지 추이를 보
여주는 표이다. 거래대상이 유출된 거래와 유입된 거래의 수치를 합한 국
제수지를 보여주고 있다.

　　이를테면 2016년의 국제수지 현황을 보면 경상수지는 992.4억 달러의
흑자를 기록하였는데, 구체적으로 보면 상품의 수출이 수입보다 많아서 상
품수지가 1189.0억 달러의 흑자, 서비스수지가 177.4억 달러 적자, 소득수
지 38.5억 달러 흑자, 경상이전수지 57.7억 달러 적자를 보여주고 있다. 한
편 금융수지는 총 1,025.7억 달러의 적자를 기록하였으며, 자본수지는 0.5
억달러 적자를 기록하였다.

　　금융수지 적자는 +로 표시된 금융계정에서 알 수 있다. 금융수지 적자
는 금융자산의 유입이 유출보다 많다는 것을 의미하고, 금융계정이 +인 것

표 7-1   우리나라 국제수지의 추이   (단위: 1억 달러)

	2000	2005	2010	2012	2013	2014	2015	2016
경상수지	104.4	126.5	288.5	508.4	811.5	843.7	1,059.4	992.4
상품수지	156.3	323.1	479.2	494.1	827.8	888.9	1,222.7	1,189.0
서비스수지	−9.7	−91.3	−142.4	−52.1	−65.0	−36.8	−149.2	−177.4
본원소득수지	−40.0	−72.7	4.9	121.2	90.6	41.5	35.7	38.5
이전소득수지	−2.1	−32.6	−53.2	−54.7	−41.9	−49.8	−49.9	−57.7
자본수지	0.4	0.0	−0.6	−0.4	−0.3	−0.1	−0.6	−0.5
금융계정	+96.2	+187.7	+231.9	+515.8	+801.0	+893.3	+1,063.0	+1,025.7
직접투자	−66.7	−53.1	+187.8	+211.4	+155.9	+187.7	−196.6	+178.6
증권투자	−121.8	+35.2	−423.6	−67.5	+93.4	+306.1	+495.3	+669.7
파생금융상품	+1.8	−17.9	−8.3	−26.3	−44.1	−38.3	+17.9	−34.4
기타투자	+45.1	+25.5	+206.3	+266.4	+432.8	+259.0	+232.7	+135.6
준비자산	+237.7	+198.1	+269.7	+131.8	+163.0	+178.9	+120.5	+76.2
오차 및 누락	−8.6	61.2	−56.0	7.9	−10.2	4.2	4.2	33.7

자료: 한국은행경제통계시스템(ecos.bok.or.kr)

은 금융자산의 증가가 부채의 증가보다 많다는 것을 의미한다.

자본수지를 무시한다면, 경상수지 흑자에 해당하는 만큼 금융자산이 국내로 유입되었음을 알 수 있다. 그래서 2016년 우리나라 경상수지 992.4억 달러와 자본수지 −0.5억 달러를 합하여 총 991.9억 달러의 금융자산이 국내로 유입되어야 한다. 실제 금융자산의 유입 1,025.7억 달러와의 차이 33.7억 달러는 '오차 및 누락' 항목으로 나타난다.

1.3 국제수지 균형의 의미

국제수지표에 기록하는 방식이 유출일 경우 (+), 유입일 경우 (−)로 기록하기 때문에 모든 경제적 거래의 결과는 0이 되어야 한다. 즉

경상수지+금융수지+자본수지 = 0

이 항등식은 대외 거래의 결과를 기록하는 방식의 결과일 뿐이다. 우리가 통상적으로 국제수지 흑자 또는 적자라고 하는 것은 모든 대외 경제적 거래의 어느 부분을 꼬집어서 언급하는 용어이다. 그래서 경상거래만을 염두에 두고 국제수지 균형을 언급할 경우에는 경상수지 균형을 말하게 되며, 경우에 따라서는 무역수지를 의미하기도 하고, 심지어 여행수지를 말하기도 한다. 국내 언론 등에서 국제수지 흑자 적자를 언급할 경우, 통상적으로 이 경상수지 흑자 또는 적자를 지칭한다.

국제수지를 보는 다른 관점은 국제수지를 국민소득이나 지출과의 연관성을 보는 것이다. 국민소득 계정과 관련하여 다음 항등식을 생각해보자.

□ 준비자산과 외환보유고 □

준비자산은 중앙은행이 국제유동성 확보를 위해 보유하고 있는 외환보유액을 말한다. 외환보유고는 통화당국(정부 및 중앙은행)이 보유한 대외지급준비 외화자산을 의미하는 것으로 공적보유액이라고도 한다. 외환보유고는 정부(외국환평형기금: 전액 한국은행이 관리, 운용) 및 한국은행이 보유하고 있는 보유외환(외국통화, 해외 예치금, 외화증권 등), 해외 및 국내 보유금, SDR(특별인출권), IMF리저브 포지션으로 구성되어 있으며, 통화당국의 대외외화 자산 중 유동성이 결여되어 있는 국제기구대출 및 출자, 출연자산은 외환보유고에서 제외된다.

표 7-2	외환보유고 추이			(단위: 1억 달러)
합 계	금	특별인출권	IMF포지션	외환
1970	6.1	0.0	0.1	0.1	5.8
1980	65.7	0.3	0.1	0.0	65.3
1990	148.2	0.3	0.1	3.2	144.6
2000	962.0	0.7	0.0	2.7	958.6
2010	2,915.7	0.8	35.4	10.2	2,869.3
2015	3,679.6	47.9	32.4	14.1	3,585.1
2016	3,711.0	47.9	28.8	17.3	3,617.0

2 국제수지와 국민계정과의 관계

$$Y = C + I + G + X - M \qquad \cdots (1)$$

여기서 Y는 국민소득으로서의 GDP, C는 재화와 서비스에 대한 소비지출, I는 공장 건물, 장비 등에 대한 투자지출, G는 재화와 서비스에 대한 정부의 소비지출, X와 M은 재화와 서비스의 수출과 수입을 나타낸다. 특히 X는 경상수지와 관련한 모든 항목의 수출입으로 생각하면 $(X-M)$은 경상수지가 된다.

이 항등식에서 저축은 가처분소득에서 소비하고 남은 부분이므로 즉 세금을 T라 할 때 $S = Y - T - C$인 점을 고려하여 다시 정리하면

$$S = I + (G - T) + (X - M) \qquad \cdots (2)$$
$$X - M = (S - I) + (T - G) \qquad \cdots (3)$$

$(T-G)$는 정부의 수입, 즉 세금 T에서 정부의 지출 G를 뺀 것이므로 정부저축 또는 재정수지라 한다. 이런 관점에서 S는 민간저축이라 불러야 할 것이다. 그래서 민간저축과 정부저축을 합한 총저축에서 투자를 뺀 금액만큼이 경상수지와 같음을 알 수 있다.

우리나라는 원화를 사용하며, 일본은 엔, 중국은 위안, 미국은 달러라는 통화를 사용하고 있다. 국가간의 경제적 거래가 원만히 이루어지기 위

□미국의 쌍둥이 적자□

80년대 이후 미국경제를 보면 미국은 엄청난 재정수지 적자와 동시에 경상수지 적자를 겪고 있다. 그 적자 규모가 비슷하여 일명 '쌍둥이 적자'라고 한다. 위 식(3)을 보면 $S = I$일 때 경상수지 적자 규모가 재정수지 적자 규모와 비슷해짐을 알 수 있다. 미국의 재정적자는 세수감소와 엄청난 국방비 증가 등 때문에 발생한 것인데, 만일 정부가 적자재정을 운용할 때, 민간이 저축을 증가시킨다면 경상수지 적자는 그만큼 발생하지 않을 것이다.

3 환율의 개념

3.1 환율의 개념

해서는 이러한 통화들간의 교환이 필요하다. 이와 같은 다른 국가 통화간의 교환비율을 환율(exchange rate)이라고 한다.

3.2 환율의 표시방법

환율을 표시하는 방법으로는 다음 두 가지가 있다.

(1) 자국통화표시환율

① 외국통화 1단위와 교환되는 자국통화 단위

② 1달러 = 1,180 원

③ 외국통화 1단위를 획득하기 위해 지불해야 하는 국내통화단위수란 의미로 지급환율이라고도 한다.

(2) 외국통화표시환율

① 자국통화 1단위와 교환되는 외국통화단위

② 1원 = 1/1,180 달러

③ 자국통화 1단위로 수취할 수 있는 외국통화단위수(수취환율)

따라서 영국 통화 1파운드는 미국 1.91달러와 교환된다고 표현한다면, 이는 미국입장에서는 자국통화표시환율인 반면, 영국 입장에서는 외국통화 표시환율이 된다. 국제금융시장에서 통상적으로 적용되는 각국 통화와 환율에 대한 표기방법은 관행적으로 정해져 있다. 각국 통화에 대한 기호(이를 테면 ₩)보다는 국제표준기구(ISO)가 정한 ticker를 중심으로 표기한다.

즉, 통화기호로 환율을 표시할 때와 ISO ticker로 환율을 표시할 때의 방법이 서로 다름을 알 수 있다. 원 − 달러 환율은 관행적으로 ₩/$ = 1,170

표 7-3   **통화기호와 ISO ticker**

	통화기호	ISO ticker
한국 원화	₩	KRW
미국 달러화	$	USD
일본 엔화	¥	JPY
영국 파운드	£	GBP
유 로 화	€	EUR

표 7-4   **환율 표기방법**

	통화기호	ISO ticker
원 – 달러 환율	₩ / $	USD / KRW
달러 – 엔 환율	¥ / $	USD / JPY
유로 – 달러 환율	$ / €	EUR / USD
달러 – 파운드 환율	$ / £	GBP / USD

으로 표시하고, ISO ticker로는 USD/KRW＝1,170으로 표시한다.

다음 [표 7-5]는 서울외국환중개(주)가 발표하는 외환시장정보에서 주요 환율을 날짜별로 나타낸 것이다. 이 표를 보면 다음 몇 가지를 알 수 있다.

① 원화의 환율은 자국통화 표시환율로 표기된다.
② 일본 엔화와의 교환비율은 관행적으로 100엔에 대한 교환비율로 표시된다.
③ 원/달러의 환율은 매매기준율 이외에 마치 주가처럼 시가, 종가, 최고가, 최저가가 있다.

표 7-5	최근 일자별 환율 추이			
	2018-01-02 [화]	2018-01-03 [수]	2018-01-04 [목]	2018-01-05 [금]
원/달러(매매기준율)	1,071.40	1,064.30	1,065.40	1,065.50
원/달러(시가)	1,066.00	1,063.60	1,065.00	1,062.00
원/달러(고가)	1,067.70	1,067.60	1,068.40	1,063.90
원/달러(저가)	1,061.20	1,062.70	1,061.70	1,060.200
원/달러(종가)	1,061.20	1,064.50	1,062.20	1,062.70
원/일본 엔(100엔)	951.05	948.11	946.64	944.72
원/유로	1,286.91	1,283.76	1,279.81	1,286.17
원/영국 파운드	1,447.30	1,446.86	1,439.83	1,444.23
원/중국 위안(元)	163.65	163.82	163.90	163.92

자료: 서울외국환중개주식회사 홈페이지(www.smbs.biz)

그림 7.2	2018년 1월 5일 시간대별 환율 추이

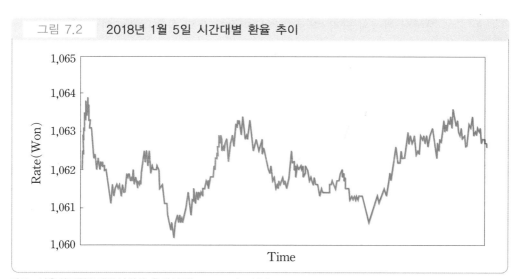

자료: 서울외국환중개주식회사 홈페이지(www.smbs.biz)

3.3 재정환율

[표 7-5]를 보면 알 수 있겠지만, 원-달러 환율은 매일매일 변동하며 그것도 마치 주가의 변동처럼 하루 중에도 수시로 변한다. 이것은 원-달러가 거래되는 시장에서 그 가격이 결정되기 때문이다. [표 7-5]에서 원-달러 환율에 대해서만 시가, 종가 등이 나타나 있는 것은 현재 우리나라에서 외국환이 거래되는 시장으로 활성화되어 있는 시장이 원-달러 시장이기 때문이다. 원-위안 시장도 개설되어 있어나 아직 활성화되어 있다고 보기 어렵다.

그렇다면 시장이 개설되어 있지 않은 나머지 통화와의 환율은 어떻게 결정될까? 사실 국제금융시장에서는 국제거래에 자주 사용되는 통화간의 거래가 활발하게 이루어지고 있다. 이를 테면 엔-달러, 유로-달러, 달러-파운드 등 국제화된 통화간의 거래가 주류를 이루고 있다. 그래서 공식적인 시장이 형성되어 있지 않는 통화간의 환율 이를테면 원-유로, 원-파운드 등의 환율은 국내 원-달러시장에서 결정되는 원-달러 환율과 국제금융시장에서 형성된 달러-유로, 달러-파운드 등의 환율을 참조하여 결정된다.

예를 들어 보자. 모월 모일 원-달러 환율은 USD/KRW=1200.0이고 국제금융시장에서 EUR/USD=1.20이라면, 1 유로=1.20 달러=1.20*1,200.0원 즉 1,440.0원이 된다. 그래서 중앙은행은 EUR/KRW=1,440.0으로 고시한다. 다른 주요 통화와 원화와의 환율도 이와 유사하게 결정된다.

만약 중앙은행이 이와 다른 환율을 고시한다면 어떤 일이 벌어질까? 예를 들어 EUR/KRW=1,500.0으로 고시하였다면, 외환거래자는 1유로를 1,500원으로 교환하고 이를 다시 달러로 교환한다면 1,500.0/1,200.0=1.25 달러를 얻게 된다. 이 달러를 국제금융시장에 가져간다면 1.25/1.20=1.0417유로를 얻을 수 있다. 즉 외환거래자는 외환에 대한 거래만으로 유로당 0.0417 유로의 이익을 남길 수 있게 된다. 이처럼 양 시장에서 서로 다른 환율을 이용하여 매매차익을 남기려는 거래를 재정거래(arbitrage)라고 한다. 설사 환율이 달리 결정되더라도 이 같은 재정거래가 발생하기 때문에 최종적으로는 위의 예와 같이 결정될 수밖에 없을 것이다. 이렇게 결정된 환율을 재정환율이라고 한다. [표 7-5]에 나타난 원-엔 환율, 원-유로 환율, 원-파운드 환율, 원-중국

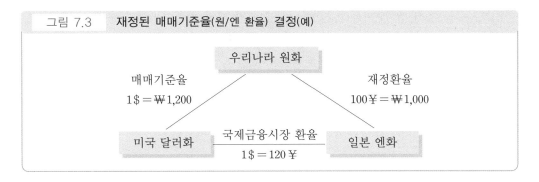

그림 7.3	재정된 매매기준율(원/엔 환율) 결정(예)

우안 환율 등이 이렇게 결정된 환율이다. 〈그림 7.3〉은 재정환율로서 원-엔 환율이 결정되는 것을 보여주고 있다.

3.4 고객환율

외국 통화를 취급하는 은행(이를 외국환은행이라 함)에서 고객에게 외국 통화를 교환해 줄 때 적용하는 환율을 예시한 것이 [표 7-6]이다. 이는 농협은행이 2018년 1월 5일 최초 고시한 환율이다. 이 표에 의하면,

표 7-6	농협은행이 2018년 1월 5일 최초 고시한 환율

통 화 명	현 찰		송금(전신환)		T/C 사실 때	매매 기준율
	사실 때	파실 때	보내실 때	받으실 때		
미국 USD	1,084.14	1,046.86	1,075.80	1,055.20	1,075.95	1,065.50
일본 JPY 100	961.25	928.19	953.97	935.47	950.61	944.72
유럽연합 EUR	1,311.89	1,260.45	1,299.03	1,273.71	1,297.11	1,286.17
영국 GBP	1,473.11	1,415.35	1,458.52	1,429.94	1,456.89	1,444.23
중국 원화 CNY	173.75	154.09	165.54	162.30	166.00	163.92

① 고객이 외국통화를 살 때와 팔 때의 환율이 다르다.

② 현찰, 전신환, 여행자수표(T/C) 등에 따라 적용하는 환율이 다르다.

③ 살 때와 팔 때 적용하는 환율은 매매기준율을 중심으로 얼마를 더 하던가 빼던가 한다.

④ 최초 고시한 매매기준율은 한국은행이 발표한 기준환율이다.

⑤ 이 고시 환율도 하루 동안 여러 번 바뀐다.

여기서 고객이 살 때의 환율을 매도율이라 하고, 팔 때의 환율을 매입율이라고 하는데, 매입율과 매도율은 은행을 기준으로 정한 용어로서 통상적으로 사용되는 용어이다. 그래서 국제금융시장에서 EUR/USD 1.2305－1.2311 로 제시되어 있다면, 이는 금융기관이 1 유로를 매입할 때(고객이 1 유로를 팔 때) 1.2305달러를 지급하며, 매각할 때(고객이 살 때)에는 1.2311달러를 수취하겠다는 표시이다.

□기준환율과 매매기준율□

은행간 원/달러 시장에서 외국환중개회사의 중개로 거래된 전 영업일의 현물환거래 환율을 거래량으로 가중평균하여 외국환중개회사가 매일 고시하는 환율이 기준환율이다. 이 기준환율은 외국환은행들이 대고객환율을 결정하는 기준 즉 매매기준율에 참고가 되는 환율이다. 다른 통화와의 매매기준율은 재정환율로서 정하는 재정된 매매기준율이다. 결국 외국환은행들은 고객과의 거래에서 적용하는 각종 환율을 결정하고자 할 경우 중심환율로서 매매기준율이 있어야 하는데 기준환율을 참고로 하여 매매기준율을 정한다.

3.5 우리나라 주요 환율 요약

우리나라에서 사용되는 환율은 다음과 같다.

① 원-달러 시장에서의 매매환율

② 원-달러 매매기준율

③ 재정환율로서의 매매기준율

④ 외국환은행의 대고객환율

그래서 ① 매일매일 원-달러 시장에서 원-달러가 주로 은행을 중심으로 거래되고 있다. ② 이 환율을 근거로 다음날 아침 원-달러 매매기준율이 결정된다. ③ 동시에 이 원-달러 매매기준율과 국제금융시장에서의 주요 통화간의 환율을 이용하여 주요 국제통화와 원화와의 환율이 재정환율로 결정된다. ④ 매매기준율을 참조하여 외국환은행은 대고객환율을 결정한다.

국제수지
경상수지
소득수지
금융수지
자본수지
준비자산
자국통화표시환율과 외국통화표시환율
재정환율
기준환율과 대고객환율

연습문제

1. 다음거래는 2018년 국제수지에 어떻게 기록되겠는가?
   1) A회사는 2018년 9월 자동차 100만 달러에 판매하고 그 대금을 2019년 3월에 받기로 하였다.
   2) B회사는 2018년 6월 선박용품을 50만 달러에 수입하고, 대금을 2018년 12월에 지급하였다.
   3) C군은 2018년 6-8월 방학을 이용하여 동남아를 여행하고 총 1500달러를 지출하였다.
   4) 2017년 미국소재 회사에 취업한 D씨는 2018년 연봉으로 10만달러를 받아 국내 송금하였다.
   5) 미국의 E투자회사는 한국 증권시장에 2018년 총 30만달러를 투자하였다.
   6) 2018년 자연재해로 큰 피해를 입은 모 국가에 의약품 10만달러 어치를 무상으로 제공하였다.
   7) F회사는 2018년 100만달러를 투자하여 중국에 공장을 건설하였다.
2. 북한에 제공하는 쌀은 국제수지에 어떤 영향을 주겠는가?
3. 대고객환율은 왜 매도율이 매입율보다 높은가?

제 8 장
국제수지와 환율의 결정

개 요

환율은 주로 국제수지 불균형 때문에 변화한다. 국제수지를 결정하는 핵심적인 요인은 환율, 소득 및 통화량이다. 실제 환율과 국제수지는 소득, 물가 이자율 등과 동시에 결정되는 변수이다.

1 환율결정이론

1.1 국제수지와 환율

앞서 지적하였듯이 다른 통화와의 교환비율 즉 환율은 외환의 매매가 이루어지는 시장에서 결정된다. 논의를 간단히 하기 위하여 당분간 외국통화는 달러만 존재한다고 하자. 그래서 원-달러 환율을 중심으로 논의를 계속하기로 한다.

국내통화로 표시되는 원-달러 환율은 말하자면 달러라는 금융상품의 가격이라고도 볼 수 있다. 그래서 원-달러간의 거래가 이루어지는 시장에서 달러의 가격 즉 원-달러 환율이 결정된다. 달러의 가격 환율이 달러시장에서 결정된다면 다른 상품의 가격과 마찬가지로 달러에 대한 수요와 공급에 의해 가격이 결정될 것이다.

결국 환율이 어떻게 결정될 것인가를 보는 것은 달러에 대한 수요와 공급이 어떻게 결정될 것인가를 보는 것이 된다.

(1) 달러에 대한 수요와 공급

달러가 거래되는 시장에서 달러를 구매하려는 이유는 즉 달러에 대한 수요의 원인은 먼저 상품 수입을 결제하는데 있다. 그 밖에도 서비스의 구매, 투자수익의 해외 이전, 송금 등과 같은 경상이전이 있다. 결국 국제수지의 경상수지의 세부항목 중 외화지급을 수반하는 경제거래는 모두 달러를 필요로 할 것이다. 또한 해외투자 등과 같은 금융 항목에서도 달러의 수요가 발생한다.

국내 달러시장에서 달러를 내다팔려는 사람으로는 상품이나 서비스를 수출하고 수취한 달러를 원화로 교환하려는 수출업자를 먼저 생각할 수 있다. 그 밖에도 해외에서 벌어들인 투자수익을 원화로 교환하려는 사람이나 해외교포로부터 받은 달러를 원화로 교환하려는 사람들도 있다. 즉 경상수지의 세부항목 중에서 외화수취와 수반하는 거래는 모두 국내 달러시장에서 달러공급을 필요로 한다. 또한 외국인이 국내에 직간접 투자를 위해 도입한 달러도 국내 달러시장에 공급될 것이다.

① 달러수요
경상수지에서 달러지급거래, 금융자산의 대외 유출거래
② 달러공급
경상수지에서 달러수취거래, 금융자산의 국내 유입거래

(2) 균형환율의 결정

환율이 어떻게 결정되는지를 보기 위해 우선 달러 수요와 공급에서 자본수지와 관련한 항목의 거래는 일어나지 않는다고 가정하자. 경상거래에서 달러수취거래는 환율에 의해 영향을 받을 것이다. 환율이 올라가면 달러로 표시 된 재화와 서비스의 원화표시 가격이 올라가 수입이 줄어들 것이므로 달러수요가 줄어들 것이며, 환율이 내려가면 반대로 재화와 서비스의 수입이 늘어나 달러수요가 늘어날 것이다. 이처럼 달러수요는 환율에 의해 역의 영향을 받는다.

달러 공급도 환율에 영향을 받는다. 환율이 올라가면 1달러 수출 때 지

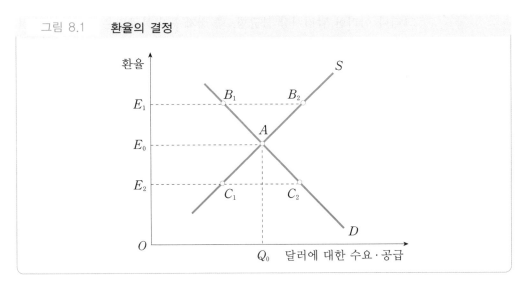

그림 8.1   환율의 결정

급 받는 원화의 금액이 올라가므로 수출을 늘리려고 할 것이므로 달러공급
이 증가할 것이며, 반대로 환율이 내려가면 달러공급이 줄어들 것이다. 이
처럼 달러의 공급은 환율에 순응하면서 변화할 것이다.

　　이러한 사정이 아래 〈그림 8.1〉에 나타나 있다. 가로축에 달러에 대한
수요와 공급을, 세로축에는 달러의 가격인 환율을 표시하는 그림에서 S는
달러 공급을 나타내며, 환율이 올라갈수록 공급이 늘어나므로 양의 기울기
를 가진 우상향하는 모습을 보일 것이며, 달러수요를 나타내는 D는 환율이
올라갈수록 줄어들므로 음의 기울기를 가진 우하향하는 모습으로 나타나
있다.

　　그래서 이 수요공급곡선이 만나는 점 A에서 환율은 E_0로 달러에 대한
수요와 공급은 Q_0로 결정된다. 이 환율수준을 균형환율이라 한다. 달러시
장의 균형점에서는 달러에 대한 수요와 공급이 일치하고 있음을 주목하자.
즉, 국제수지(경상수지)가 균형을 이루고 있다.

　　만약 환율이 균형환율보다 높은 E_1에서 결정된다면 그림에서 보듯이
달러에 대한 공급이 달러에 대한 수요를 초과하게 되어 국제수지는 B_1B_2만
큼 흑자를 기록하게 된다. 반면 균형환율보다 낮은 E_2에서 결정된다면 달
러에 대한 수요가 공급을 초과하게 되어 국제수지는 C_1C_2만큼 적자를 기록
하게 된다.

그러나 이러한 달러시장 불균형, 즉 국제수지 불균형은 유지되기 어려울 것이다. 시장의 법칙에 따라 환율은 균형을 찾아갈 것이다. 이를테면 국제수지 흑자, 즉 달러에 대한 공급초과는 달러가격인 환율을 떨어지게 할 것이며 국제수지 적자, 즉 달러의 수요초과는 환율을 올라가게 할 것이므로 다시 균형인 A점으로 돌아갈 것이다.

(3) 균형환율의 변화

여기서 달러에 대한 수요나 공급의 변화가 있으면 환율은 변하게 된다. 이러한 사정은 〈그림 8.2〉에 나타나 있다. 이를테면 달러에 대한 수요가 증가하여 수요곡선 D가 D'으로 이동하였다고 하자. 그러면 환율 E_0 수준에서 달러에 대한 수요가 공급을 초과하여 환율은 올라갈 것이며 새로운 균형은 A'점의 E_1환율수준에서 결정될 것이다.

공급의 증가가 있다면 별도의 그림을 제시하지 않았지만 반대로 달러에 대한 초과공급이 발생하여 환율은 하락할 것이다. 이처럼 환율은 달러에 대한 수요와 공급에 의해 결정된다. 이러한 사정은 자본거래를 포함하여도 타당할 것이다.

그림 8.2	환율의 변화

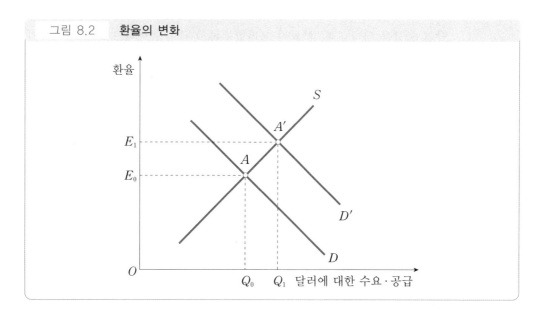

(4) 환율에 영향을 주는 근본요인

지금까지의 논의에서 달러의 가격으로서의 환율은 달러에 대한 수요와 공급 즉 국제수지에 의해 결정된다는 것을 알 수 있었다. 그렇다면 환율에 영향을 주는 요인은 당연히 달러에 대한 수요와 공급에 영향을 주는 요인일 것이다. 달러에 대한 수요가 바로 달러지급을 필요로 하는 거래에서 발생하며, 달러에 대한 공급은 달러수취를 동반하는 거래에서 발생한다. 미리 간단히 정리한다면 다음과 같은 요인이 환율에 영향을 준다.

① 소득의 변화

한 국가의 수입은 주로 소득에 의해 영향을 받는다. 따라서 소득의 증가는 수입의 증가를 낳고, 달러수요를 증가시켜 환율을 상승시킨다. 예를 들면 90년대 중반 독일의 불황으로 수입이 줄어들게 되었고, 이에 따른 독일의 국제수지 흑자가 독일통화 마르크의 환율(DM/$)이 떨어지게 하였다.

② 물가의 변화

우리나라 상품에 대한 외국의 수요는 우리 상품의 가격에 의해 영향을 받는다. 우리 상품의 가격이 올라간다면 우리 상품에 대한 해외수요가 떨어져 수출이 줄어들게 된다. 이에 따른 달러공급의 감소로 달러환율은 올라가게 된다.

③ 이자율의 변화

사람들은 조금이라도 더 높은 수익을 보장하는 자산에 투자할 것이므로 이자율의 변화는 자본거래에 영향을 준다. 자본거래에 대한 규제가 없다면 우리나라 이자율이 올라가든가 외국의 이자율이 떨어진다면 국내외 투자가는 외국 채권보다 우리나라 채권에 투자하게 되고 이에 따라 자본수지 흑자가 나타난다. 이러한 달러공급 증가는 달러가격을 떨어지게 한다.

(5) 환율변화와 관련한 용어 정리

환율은 자국통화로 표시하기도 하며, 외국통화로 표시하기도 하기 때문에 단순히 환율이 오른다, 내린다는 표현으로는 정확한 의미를 전달하기 어려운 경우가 발생한다. 예를 들어 보자. ₩/$=1,200이라고 할 때, 우리나라 입장에서는 자국통화표시환율이고 $/₩=1/1,200이라 표현하면 외국통화표시환율이다. 그래서 이 환율이 오른다고 할 때 그 환율이 어떤 방식으로 표현되었는지를 공유할 때만 의사전달이 가능할 것이다.

다행히 환율의 표기는 관행적으로 이루어지므로 우리나라에서 $/₩=1/1,200 식의 표기는 찾아보기 힘들고 항상 ₩/$=1,200 식의 표기가 사용되고 있어서 환율이 오른다 내린다는 표현이 혼란을 주지는 않을 것 같다. 그러나 관행적 표현을 사용하더라도 이를테면 ¥/$=120, $/£=1.88처럼 표기하고 있는데, 미국입장에서 환율이 오른다 내린다는 표현이 혼란을 야기할 것은 분명하다. 국제금융기관은 필요에 따라 $/£=1.88, £/$=0.53처럼 심지어 두 가지 표현이 같이 사용되는 경우마저 있다. 따라서 이러한 혼란을 피하기 위한 환율변화에 대한 다른 표현이 필요하다.

₩/$=1,200에서 ₩/$=1,300으로 환율이 변화하였다고 하자. 이 경우 달러의 가치는 1,200원에서 1,300원으로 올라간 반면 원화의 가치는 1/1,200에서 1/1,300으로 떨어졌다. 그래서 이 경우 원화 가치하락(depreciation), 달러 가치상승(appreciation)과 같이 표현하면 그 의미 전달이 명확하다. 우리나라에서는 이를 원화 평가절하, 달러 평가절상이라고 관행적으로 표현하고 있다.

그런데 환율이 국제수지 등에 미치는 영향이 너무나 크기 때문에 국민경제에 미치는 영향도 크다. 그래서 각국은 환율의 결정을 제도적으로 운용하게 된다. 따라서 환율결정과 관련한 제도적인 측면을 살펴보기야 하지만 지금과는 다른 각도에서 환율결정을 바라보는 몇 가지 중요한 이론을 검토하기로 한다.

□ 평가절하와 평가절상 □

원래 평가절하(devaluation)와 평가절상(revaluation)은 고정환율제도를 운영할 시기에 정착된 용어이다. 각국의 통화가치는 모두 금에 고정시켜 두었는데, 이를테면 1£=금 2g, 1$=금 1g 으로 고정시켜두었다고 하자. 이것을 금평가(gold parity)라고 하였다. 이 평가에 따라 환율은 1£=2$ 로 결정된다. 여기서 파운드화의 평가가 1£=금 1.5g으로 변경되었다고 하자. 즉 파운드화는 평가절하되었다. 그러면 환율은 1£=1.5$로 바뀌게 된다. 파운드화의 평가를 금이 아니라 달러로 계산하여도 파운드는 평가절하되었다. 반면 이러한 환율변화에 대해 달러화의 금에 대한 평가가 변경된 것은 아니지만 달러는 파운드에 대해 평가절상되었다고 표현한다.

고정환율제도에서는 고정된 평가가 절상, 절하되었다고 표현할 수 있다. 하지만 고정환율제도가 폐지되고 변동환율제도로 이행하면서 평가 그 자체가 사라졌다. 변동환율제도에서 환율이 1£=2$에서 1£=1.5$로 변화하였을 때 이를 파운드 가치하락(depreciation), 달러 가치상승(appreciation)이라 다르게 표현하고 있다.

그러나 우리나라에서는 가치하락(depreciation)과 가치상승(appreciation)을 관행에 따라 평가절하와 평가절상으로 사용하고 있다.

1.2   구매력평가와 환율

장기균형환율을 추정하는 방법으로 구매력평가이론(purchasing power parity; PPP)이 자주 사용된다. 이 PPP이론의 출발점은 일물일가의 법칙(law of one price)이다. 국제무역에서 관세와 같은 무역장벽이 전혀 없으며, 운송비용도 들지 않는다고 하자. 이 경우 양 국가에서 판매되는 상품의 가격은 완전히 동일할 것이다. 이를테면 볼펜 한 자루의 가격이 한국에서는 2,400원인 반면 미국에서는 2$라고 하자. 양국에서의 가격이 일물일가의 법칙에 따라 동일해야 하므로(2$=2,400원) 환율은 ₩/$=1,200이 된다. 이것이 PPP환율이다.

만일 ₩/$=1,300이라면 한국에서 볼펜을 구매하여 미국에서 판매할 때마다 200원의 이익을 남길 것이므로, 한국에서는 볼펜 수요가 폭증하는 반면 미국에서는 볼펜 공급이 급증할 것이다. 그 결과 한국에서는 볼펜 가격이 상승하고 미국에서는 볼펜가격이 하락하여 다시 일물일가가 성립할 것이다. 양 시장에서의 가격차이를 이용하여 이익을 취하려는 이 가격차취득거래(아비트라지) 때문에 양국의 가격은 동일하게 결정될 수밖에 없다.

그런데 하나의 상품이 아니라 거래되는 모든 상품의 가격에 대해 이를 일반화해야 한다. 양국의 물가지수를 비교하여 일물일가의 법칙을 적용한다면 다음 식이 성립할 것이다. P와 P^*는 한국과 미국의 물가지수이고 E

를 환율이라 하면 다음이 성립한다.

$$P = EP^* \quad 혹은 \quad E = P/P^* \qquad \cdots (1)$$

이를 절대적 구매력평가(absolute purchasing power parity)라 한다.

□ 빅맥환율(Big Mac exchange rate) □

　　빅맥지수(the big mac index)라고도 한다. 빅맥지수는 전세계적으로 팔리고 있는 맥도널드 빅맥 햄버거 값을 비교해서 각국의 통화가치와 각국 통화의 실질 구매력을 평가하는 지수로서 영국 이코노미스트지가 발표한다. 빅맥환율 또한 구매력평가설을 근거로 한 균형환율이라고 생각할 수 있다. 이를테면 2017년 7월 한국에서 빅맥의 가격은 4,400원이고, 같은 날 미국에서 팔린 빅맥의 평균 가격은 5.3달러이다. 일물일가의 법칙이 성립한다면, 4,400원이 5.30달러와 같아야 하므로 빅맥환율은 830.19이다. 이 빅맥환율과 실제 환율을 비교하여 실제 환율이 적정수준인가를 평가해 볼 수 있다.

　　한편 한국의 빅맥가격을 미국 달러화로 환산하면(환율이 1,100이라면) 3.84달러가 되어 한국의 빅맥가격이 미국의 빅맥가격보다 27.5% 정도 싸다. 이것은 그만큼 원화가 저평가 되어 있다고 볼 수 있다.

표 8-1	2017년 7월 빅백환율지수				
국가	자국통화가격	대달러환율	달러표시가격	PPP환율	평가
스위스	6.50	0.96	6.74	1.23	27.20
노르웨이	49.00	8.29	5.91	9.25	11.59
스웨덴	48.97	8.42	5.82	9.24	9.79
미국	5.30	1.00	5.30	1.00	0.00
캐나다	5.97	1.28	4.66	1.13	−12.16
호주	5.90	1.30	4.53	1.11	−14.57
영국	3.19	0.78	4.11	0.60	−22.43
한국	4,400.00	1,144.65	3.84	830.19	−27.47
일본	380.0	1 13.06	3.36	71.70	−36.58
중국	19.80	6.79	2.92	3.74	−44.96

자료: www.economist.com/contents/big−mac−Index

    그러나 절대적 구매력평가가 현실을 설명하는 데 적절치 못하다고 보는 몇 가지 이유가 있다.

    ① 현실에서는 관세를 비롯한 각종 무역장벽이 존재하며, 양국가간 수송비를 무시할 수 없다. 관세나 수송비가 있다면 그 만큼 가격차이가 발생하게 되어 일물일가의 법칙이 성립하지 않는다.
    ② 양 국가간에 거래될 수 없는 상품(특히 서비스)도 있는데, 이 상품의 경우 일물일가가 성립하지 않을 것이지만, 물가지수를 계산할 때에는 그 가격을 반영한다.
    ③ 양국에서 물가지수를 계산할 때 고려하는 품목이 다를 수 있다.
    ④ 동일하게 고려하는 품목이라고 해도 그 중요도는 다를 수 있다. 물가지수를 계산할 때 대상이 되는 가격을 가중 평균하는데 그 가중치가 나라마다 다르다. 이를테면 한국에서는 쌀의 소비비중이 높아 가중치가 높은 반면 쌀의 소비비중이 낮은 미국에서는 그 가중치가 낮다.
    ⑤ 특히 독과점 품목일 경우 생산자는 지역별로 가격을 차별할 수 있다.

    이러한 다양한 요인 때문에 동일한 상품의 양국간에 가격차이가 발생하며, 가격차이가 일시적인 것이 아니라 지속적인 현상이라면 절대적 구매력평가설은 타당한 이론이라고 보기 어렵다. 그러나 절대적인 가격 수준에서의 이러한 일치는 성립하지 않는다고 하더라도 그 변화율은 안정적인 관계를 갖는다는 이론이 바로 상대적 구매력평가설이다. 이를 수식으로 표현하면 다음과 같다. π와 π^*를 양국의 물가상승률이라 하고 μ를 환율변화율이라 할 때,

$$\pi = \mu + \pi^* \quad \text{혹은} \quad \pi - \pi^* = \mu \qquad \cdots (2)$$

    그래서 물가가 더 빨리 상승하는 국가의 통화가치는 떨어진다. 또 인플레이션율 격차에 해당하는 만큼 인플레이션율이 높은 국가의 통화 가치가 떨어진다고 본다. 또 기준년도의 환율이 주어졌을 때, 몇 년 후 상대적 구매력평가에 의한 균형환율은 양국의 물가변화율에 의해 결정된다.
    구체적으로 2010년을 기준년도로 했을 때, 2017년의 물가지수를 각각 P_{17}, P_{17}^*, 또 2010년과 2017년 환율이 E_{10}, E_{17}라 할 때, 2017년 상대적 PPP 환율은 다음과 같이 결정된다.

$$E_{17} = E_{10} \cdot P_{17}/P^*_{17} \qquad\qquad \cdots (3)$$

이를테면 2010년 물가수준을 100으로 했을 때 우리나라 2017년 물가지수는 113.0, 미국의 2017년 물가지수는 110.8이며, 2010년 환율이 1,156.3원이므로, 2017년 상대적 PPP 환율은 1,156.3×113.0/110.8=1,179.3원이 된다. 그래서 2010년 환율이 균형환율이라면 2017년 균형환율은 1,179.3으로 추정할 수 있다. 2017년의 실제 평균환율이 1,130.8이므로 균형환율에 비해 실제 환율이 높아 우리 원화의 가치는 낮게 평가되고 있다.

그러나 역사적으로 보아 추정한 PPP 환율과 실제 환율은 엄청난 괴리를 보여주고 있어 구매력평가이론이 환율이론으로서의 한계를 갖고 있다. 그럼에도 구매력평가설에 따른 균형환율의 추정은 전쟁과 같은 위기를 격은 이후 적정한 환율수준을 다시 산정하는 데 좋은 기준이 될 수 있다.

> ☐ 고평가와 저평가 ☐
>
> 균형환율에 해당하는 특정 통화의 가치와 비교하여 실제 환율이 보여주는 통화의 가치가 높은가 낮은가를 말하는 용어이다. 이를테면 2017년 균형환율이 ₩/$=1,180으로 적정한 달러의 가치는 1,180원(원화의 적정가치는 1/1,180)인데, 2017년 실제 환율이 ₩/$=1,190이라면 달러는 고평가되어 있다고 말하고, 원화의 가치는 저평가되어 있다고 말한다. 이러한 저평가/고평가는 균형환율을 어떻게 볼 것인가와 관련되어 있다.

1.3 이자율평가와 환율

국가간에는 상품과 서비스 이외에도 다양한 자산이 거래되고 있다. 주식이나 채권 뿐 아니라 통화에도 현물, 선물, 퓨쳐, 옵션 등 다양한 금융자산의 거래가 자본자유화 시대의 개막과 더불어 활발히 이루어지고 있다. 국가간의 이러한 금융상품의 거래에도 외국환의 유출입이 동반된다. 외국환시장 즉 달러시장에서도 과거에는 상품과 서비스의 거래가 중요한 관심의 대상이 되었지만, 최근의 금융자산 거래의 급증과 더불어 달러시장에서도 금융자산 거래의 중요성이 부각되고 있다. 거의 매일매일의 달러시장을 금융자산 거래가 지배하고 있을 정도이다.

이자율평가(interest rate parity)는 금융자산 거래에서 투자의 기대수익율이 동일한 통화로 계산했을 때 양국에서 같아진다는 것을 의미한다. 그런데 금융자산 투자에는 위험이 뒤따르는데 위험여부에 따라 위험을 커버하지 않은 이자율평가(uncovered interest rate parity; UIRP)와 커버한 이자율평가(covered interest rate parity; CIRP)로 나누어 볼 수 있다.

이제 달러로 표시된 채권과 원화로 표시된 채권을 중심으로 이를 살펴보기로 하자. 물론 국가간에는 자본이동에 대한 제약이 없고, 자본거래에 따른 부대비용이 없으며, 표시통화를 제외한 다른 조건이 모두 동일한 채권이라고 가정한다. 그래서 국내외투자가가 우리나라 채권에 투자할 경우의 기대수익율과 미국 채권에 투자할 경우의 기대수익율이 같아져야 한다.

국내채권의 명목이자율이 i라고 1억원을 우리 채권에 투자할 경우 만기에 $(1+i)$억원을 지급받게 된다. 반면 미국채권의 명목이자율이 i^*라고 하고 원-달러 환율이 S라 할 때, 1억원을 미국채권에 투자한다면 우선 달러로 환전하면 $(1/S)$억 달러가 되므로 만기에 $(1+i^*)/S$억 달러를 받게 된다. 이 만기지급액 $(1+i)$억원과 $(1+i^*)/S$억 달러가 같아져야 한다. 그런데 만기가 되었을 때의 환율은 S가 아닐 것이다. 국내 투자가가 미국채권에 투자할 경우 받게 되는 $(1+i^*)/S$억 달러는 원화로 다시 환전할 경우 불확실한 금액이 된다. 즉 위험이 뒤따르게 된다. 만기에 예상할 수 있는 환율을 Se라 할 때, 만기에 예상할 수 있는 원화 금액은 $(1+i^*)S^e/S$억원이 되므로 이 위험을 커버하지 않은 이자율평가 UIRP에 따르면 이 두 금액이 같아져야 한다. 즉

$$(1+i)=(1+i^*)S^e/S \quad \text{혹은} \quad (1+i)/(1+i^*)=S^e/S \qquad \cdots (4)$$

좀 더 현실적인 의미를 찾기 위해 $(1+i)/(1+i^*) \simeq (1+i-i^*)$인 점을 이용하여 다시 쓰면,

$$(i-i^*)=(S^e-S)/S \qquad \cdots (5)$$

그래서 이자율 격차만큼 원화의 평가절하기대가 형성된다. 다시 말하여 이자율이 높은 국가의 통화는 향후 가치가 떨어질 것이라는 기대가 있

을 때 양국 기대수익율은 같아지게 된다.

한편 투자에 수반되는 위험을 커버하기 위해 선물환시장을 이용하여 미국채권에 대한 투자와 동시에 한다면 $(1+i^*)/S$억 달러를 선물환율 F에 선물 매각한다(계약을 지금 체결하지만 실제 결제는 일정기간이 지난 후에 이루어지는 거래를 선물거래라고 한다)고 하면 만기에 받을 수 있는 원화 금액은 $(1+i^*)F/S$억원이 된다. 이 경우 국내투자 수익률과 미국투자 수익률이 같게 되어야 하는 조건이 위험을 커버한 이자율평가 CIRP이다. 이를 표현하는 식은 (5)에서 기대환율 대신 선물환율을 대입하면 된다. 즉

$$(i - i^*) = (F - S)/S \qquad\qquad \cdots (6)$$

그러나 이자율평가를 적용해 본 결과에 의하면 실제 환율은 위험을 커버하지 않은 이자율 평가가 제시하는 방향으로 움직이지 않고 있다. 커버한 이자율평가도 마찬가지이다. 다만 유로통화시장에서는 커버한 이자율평가가 어느 정도 성립하고 있음을 보여주고 있다. 이러한 이자율평가가 제대로 성립하지 못하게 하는 몇 가지 이유가 있다.

① 해외 금융자산 투자에는 해당 정부의 자산동결이나 몰수, 송금 제한 등과 같은 정치적 위험이 있다. 최근 미국 정부의 이라크 자산 동결조치 등이 그 예이다.

② 나라마다 금융자산 수익에 대한 세금제도가 다르다. 투자가가 관심을 갖는 것은 세전 수익율이 아니라 세후 수익율이기 때문에 세금을 고려하여야 한다.

③ 국가간에 동일한 조건을 갖는 금융자산을 찾는 것 또한 쉽지 않다. 모든 채권은 채무불이행과 같은 위험이 있기 때문에 투자가는 이 경제적 위험도 고려하여 투자한다. 물론 이 점은 정부채권처럼 무위험 자산을 염두에 둔다면 사소한 것일 수 있다.

2 국제수지 결정이론

국제수지가 어떻게 결정되는가는 오래 전부터 중요한 관심사이었다. 국제수지 결정과 관련한 이론은 탄력성접근방법, 소득접근방법, 통화접근방법 등 세 가지로 요약해 볼 수 있다. 그 중 탄력성접근과 소득접근은 주로 자본수지를 제외한 경상수지의 결정과 관련한 이론이며, 통화접근방법은 자본수지를 포함한 국제수지 결정을 설명하는 이론이다. 근본적으로 경상수지 균형이야말로 장기적인 국제수지 균형을 의미하기 때문에 탄력성접근과 소득접근은 자본이동과 관련한 규제 때문에 자본거래의 비중이 크지 않는 경우에만 의미있는 이론이 아니다.

2.1 탄력성접근방법(환율과 국제수지)

이 탄력성 접근방법의 핵심은 환율의 역할이다. 다시 말하여 환율이 경상수지를 결정하는 가장 중요한 변수라고 본다. 그러나 환율의 상승(자국통화 가치의 하락)이 반드시 국제수지를 개선시키는 것은 아니다. 환율변화가 국제수지에 미치는 영향은 양국의 수요조건 및 공급조건에 따라 다르게 결정될 수 있는데, 복잡한 과정을 생략하고 환율의 상승이 경상수지를 개선시키기 위한 조건을 유도하면, 그 결과는 탄력성으로 표시할 수 있다. 즉 우리 수출품에 대한 외국의 수입수요탄력성은 η^*이라 하고 수입품에 대한 우리의 수입수요탄력성은 η라 할 때,

$$\eta + \eta^* > 1 \qquad\qquad \cdots (7)$$

즉 양국 수입수요탄력성의 합이 1보다 클 경우에, 환율의 상승(원화의 평가절하)는 경상수지를 개선하게 된다. 이처럼 환율이 국제수지에 미치는 영향이 탄력성으로 표시한 조건에 의해 다르게 나타나므로 이 국제수지 결정이론을 탄력성접근이라고 한다.

국제수지결정에서 환율의 중요성 때문에 많은 국가에서 환율을 정책적으로 결정하는 사례를 보게 된다. 그런데 자국통화를 평가절하하였지만 국

제수지가 개선되지 못하는 국가도 있을 것이다. 주로 농산물을 비롯한 1차 상품 교역국의 경우 수출입 탄력성이 작기 때문에 위 (7)의 탄력성 조건을 만족하지 못하게 되고, 따라서 평가절하로서 국제수지를 개선할 수 없게 된다. 이러한 상황을 탄력성비관론이라 하였다.

한편 탄력성 조건이 만족한다고 하여 환율의 상승이 국제수지를 개선한다고 하더라도, 단기적으로는 국제수지를 악화시키고 시간이 지나서야 국제수지가 개선되는 상황이 발생하기도 한다. 이것은 환율의 변화에 따라 가격의 변화는 즉각적으로 발생하나 수출입 물량의 변화에는 시간이 걸리기 때문이다. 예를 들어 환율상승에 따라 수출가격이 즉시 하락하지만 수출물량의 증가는 즉시 발생하지 않는 경우가 있다. 시간 경과에 따른 국제수지 개선을 그래프로 나타내면 알파벳 J자 형태를 보인다고 하여 이러한 현상을 J곡선효과라고 한다.

2.2 소득과 국제수지

다시 국민계정과 경상수지를 연결하는 앞의 (1)식을 생각해 보자.

$$Y = C + I + G + X - M \qquad \cdots (8)$$

이를 경상수지에 해당하는 부분을 중심으로 다시 정리하면,

$$(X-M) = Y - (C+I+G) \qquad \cdots (9)$$

여기서 $(C+I+G)$는 우리 재화에 대한 국내총지출이므로 이를 간략히 A라 표현하면,

$$X - M = Y - A \qquad \cdots (10)$$

그래서 경상수지는 국내총생산, 즉 소득 Y에서 국내총흡수 A를 뺀 것과 같다. 이 이론에 의하면 경상수지를 결정하는 요인은 소득 Y가 되므로 소득접근방법이라 부른다. 국내총지출을 흡수(absorption)라고 하므로 소득접근방법을 흡수접근방법이라고 부른다.

2.3 통화량과 국제수지

국제수지에 대한 통화접근방법은 한 나라의 통화에 대한 수요공급의 차이에 착안하여 통화량의 변동이 국제수지를 결정한다고 보는 이론이다. 통화당국이 결정하는 통화공급량과 국민들이 보유하고자 하는 통화수요량이 일치할 때 통화시장은 균형이 된다.

통화시장이 균형을 이루고 있을 때, 당국이 통화량을 추가로 증가시키게 되면, 국민들이 보유하고자하는 수요량보다 많아지게 되므로, 국민들은 여분의 통화를 처분하려고 한다. 이 과정에서 소비도 증가하게 되겠지만, 수입재에 대한 소비도 증가하게 될 것이므로 경상수지는 적자가 된다. 통화의 처분은 소비 형태로만 이루어지는 것이 아니고, 주식이나 채권 등을 매입으로 이루어지기도 한다. 이 과정에서 국내 채권이나 주식의 매입만 있는 것이 아니라 자본거래가 자유롭다면 외국 주식이나 채권을 구입하기도 한다. 그래서 자본수지도 적자가 된다.

분명한 것은 이러한 경상수지 및 자본수지 적자에 해당하는 만큼 달러가 해외로 유출될 것이므로 그 만큼 국내통화가 줄어들어 되어 다시 통화시장은 균형을 이루게 된다. 통화시장의 균형이 이루어지고 나면 더 이상의 적자는 발생하지 않는다. 그래서 통화량의 변화가 국제수지를 결정하지만 변화가 있은 후의 조정과정에서 일시적으로 국제수지 불균형이 발생하는 것일 뿐이라는 점을 강조한다.

2.4 환율과 국제수지의 동시 결정

환율결정이론을 소개할 때, 환율을 결정하는 가장 중요한 요인은 국제수지이고, 그 밖에 소득이나 가격 등의 변수가 국제수지에 영향을 주어 환율에 영향을 준다고 하였다. PPP 이론 등을 보면 물가의 변동은 직접적으로 환율에 영향을 주기도 한다. 반면 국제수지 결정이론에서는 또 환율을 비롯한 소득과 통화량이 중요한 요인이라고 하였다.

결국 환율과 국제수지는 서로가 서로를 결정하는 핵심적인 변수라는 것을 알 수 있다. 사실 환율과 국제수지뿐만 아니라 소득이나 물가 이자율

등 모든 거시경제변수는 서로가 서로에게 영향을 주는 변수들로 하나가 먼
저 결정되고 나머지가 연쇄적으로 결정되어가는 것은 아니고, 국민경제 전
반의 조건 속에서 이들 변수는 동시에 결정된다고 보아야 한다.

주요용어

균형환율

평가절하와 평가절상

일물일가의 법칙

절대적 구매력평가와 상대적 구매력평가

고평가와 저평가

위험을 커버한 이자율평가

위험을 커버하지 않은 이자율평가

탄력성 접근방법

탄력성비관론

흡수접근방법

통화론적 접근방법

연습문제

1. 국내 물가가 상승한 경우 이것이 환율에 미치는 영향을 구매력평가이론
   을 적용하여 설명해 보라.

2. 독일통일 이후 독일은 동독지역의 복구자금을 마련하기 위하여 금리를
   인상하였다. 이것이 당시 독일통화 마르크의 가치에 어떤 영향을 주었
   겠는가?

3. 국내 이자율이 5%이고 미국 이자율이 4%라고 하자. 지금 원-달러 환율
   이 1,200원이라면 원-달러 환율은 향후 올라갈 것으로 예상되는가? 떨어
   질 것으로 예상되는가? 또 현재 원-달러 선물환율은 얼마가 될 것인가?

4. 환율이 상승(자국통화 가치의 하락)하였는데도 국제수지가 개선되지 않았
   다면 왜 그런 일이 발생하는가?

제 9 장
환율제도

개 요

고정환율제도는 외국통화의 수요공급에 관계없이 환율을 제도적으로 일정 수준에 묶어 두는 환율제도이며, 변동환율제도는 환율을 외국통화의 수요공급에 의해 결정되도록 즉 시장에 의해 자유롭게 결정되도록 하는 환율제도이다.

환율이 국제수지를 비롯하여 국민경제에 미치는 영향이 매우 크다. 더구나 환율의 갑작스런 변동이나, 불안정한 움직임은 국민경제를 불안하게 한다. 이 때문에 각국은 정도의 차이는 있으나 환율을 안정시키려는 노력을 하고 있다. 외국통화의 가격으로서 환율은 외국통화에 대한 수요공급에 의해 결정되는데, 정부당국이 어떻게 환율에 영향을 줄 수 있을까? 이 문제에 답하기 전에 환율결정과 관련한 제도적인 측면을 살펴보고자 한다.

1 고정환율제도와 변동환율제도

국제수지 등의 영향으로 외국통화에 대한 수요와 공급이 변하는데도 어떻게 환율을 고정시킬 수 있을까? 다시 달러에 대한 수요공급곡선을 이용하여 살펴보기로 하자.

처음 달러시장 균형이 A에서 이루어지고 있어 환율은 E_0에서 결정되어 있다. 앞의 예와 마찬가지로 어떤 이유로 달러수요가 증가하여 〈그림 9.1〉에서 수요곡선이 D에서 D'으로 이동하였다고 하자. 그러면 달러수요 증가에 힘입어 환율은 E_0에서 E_1로 올라가 A'에서 다시 균형을 이루게 된다.

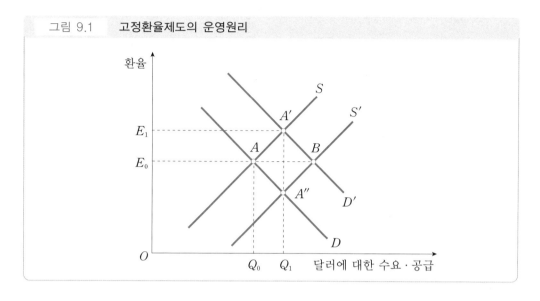

그림 9.1   고정환율제도의 운영원리

정부당국은 어떻게 환율을 E_0 수준에서 고정시킬 수 있을까? 당국이 강제로 환율을 고정시킨다면 어떤 일이 벌어질까? E_0와는 다른 환율의 달러거래를 불법으로 규정하는 등의 방법으로 환율을 E_0에 묶어 둔다면, 달러수요가 증가한 후 달러공급은 E_0A이지만 달러수요가 E_0B이어서 초과수요 즉 국제수지 적자에 처하게 된다. 이 초과수요가 남아있는 한 달러시장 균형은 유지될 수 없다. 아마도 이런 경우에 달러에 대한 암시장이 형성되어 불법거래가 나타나게 될 것이다. 당국이 이 초과수요를 제거하는 방법은 없을까? 통화당국 이를테면 중앙은행이 AB만큼의 달러를 내다 판다면 초과수요는 제거될 것이다. 이러한 중앙은행의 달러 매매를 외환시장 개입이라고 한다. 즉 중앙은행이 초과수요에 해당하는 만큼의 달러를 매각하면 초과수요는 사라지고 굳이 정부당국이 환율을 법으로까지 규제할 필요는 없게 된다. 달리 말하면 AB만큼의 국제수지 적자가 발생할 경우 중앙은행이 보유하고 있던 달러를 달러시장에 공급하므로 중앙은행 보유 외환보유고가 AB 만큼 줄어들게 된다.

반대로 달러시장 균형 A에서 어떤 이유로 달러공급이 증가하여 공급곡선이 S에서 S'으로 변하였다고 하자. 이 경우 달러시장의 균형은 A''이 되어 환율이 떨어지게 된다. 환율을 E_0에서는 달러공급 E_0B와 달러수요 E_0A의 차이 AB만큼 초과공급이 발생하므로 환율을 E_0에서 유지하려면 초과공급에 해당하는 만큼의 달러를 중앙은행이 매입하는 외환시장 개입을 실시하여야 한다. 즉 국제수지 흑자에 해당하는 만큼 외환보유고가 늘어나게 된다.

달러에 대한 수요공급의 변화에 대해 자유롭게 환율이 변동하도록 내버려두는 제도를 변동환율제도(floating exchange rate system)라고 하고, 달러 수요공급의 변화에도 불구하고 환율수준을 일정 수준에서 고정시키는 제도를 고정환율제도(fixed exchange rate system)라고 한다. 국제수지 흑자 또는 적자가 발생하는데도 환율을 유지하려면 중앙은행이 그에 해당하는 만큼 달러를 매입 또는 매각하여야 한다. 여기서 이러한 중앙은행의 외환시장 개입으로 환율을 고정시킬 수 있을지라도 국제수지 균형을 유지할 수는 없다. 그래서 이러한 개입을 오랫동안 계속할 수 없다. 국제수지 적자가 계속된다면 외환보유고가 바닥이 날 것이며, 흑자가 계속된다면 외환보유고는 늘어날지 몰라도 그에 따른 인플레이션 위협에 시달리게 된다.

이같이 오래 지속되는 국제수지 불균형 달리 말하여 근본적인 불균형이 발생할 경우, 당국은 환율을 최초 수준에서 고정시킬 수 없게 되고 환율변화를 인정해야 한다. 이것이 앞서 말한 고정환율제도에서의 평가절상 또는 평가절하이다.

한편 고정환율제도와는 비슷하게 운영되는 연동환율제도(pegged exchange rate system)가 있다. 이는 한 국가 통화의 환율은 특정 국가의 통화가치에 고정시켜 두는 방법이다. 예를 들면 1970년대 우리나라의 환율은 1달러당 480원으로 고정시켜 두었다. 그러나 달러화와 다른 통화 이를 테면 엔화나 파운드화 등과의 환율이 매일 변화하므로 원화와 엔화, 파운드화와의 환율은 매일 변하게 된다. 즉 원화의 대외가치를 달러가치에 연동시켜 두는 환율제도이다. 따라서 연동환율제도는 특정통화가치에 연동시켜 두었다는 점에서 고정환율제도로 볼 수 도 있지만, 매일매일 대외 가치가 변한다는 점에서 보면 변동환율제도이다.

2 관리변동환율제도

환율의 갑작스런 변동이나 지나친 변동이 국민경제에 미치는 좋지 않는 영향을 배제하기 위하여 모든 나라는 정도의 차이는 있지만 어느 정도 외환시장에 개입하고 있다. 이 때문에 요즘 엄격한 의미의 자유변동환율제도를 채택하고 있는 국가는 없다라고 말하는 학자들도 있다. 이와 같이 통상적인 환율변화는 자유롭게 인정하지만 국민경제에 미치는 지나친 영향을 제거하기 위해 달러시장에 개입하는 환율제도를 관리변동환율제도 (managed floating exchange rate system)라고 한다.

〈그림 9.2〉는 이러한 모습을 보여준다. 최초균형 A에서 환율은 E_0인데, 달러수요의 증가로 수요곡선이 다시 D에서 D'으로 이동하였다. 가만히 두면 환율은 E_1까지 올라갈 것이지만, 당국이 판단할 때 이것이 너무 지나친 환율변화라고 생각하여 환율증가를 E_2까지로 제한하고자 한다.

환율을 E_2이상 상승하지 못하게 하려면 중앙은행은 $A'B'(E_2$환율에서 외환시장 초과수요가 $A'B'$이므로)에 해당하는 만큼의 외환을 매각(공급)하여 외환공급곡선을 S'으로 시동시키면 된다. 이 때 $A'B'$ 만큼의 국제수지 적자를 용인하게 된다. 달러공급이 증가하여 지나치게 환율이 하락할 경우의

그림 9.2   관리변동환율제도와 환율 변화

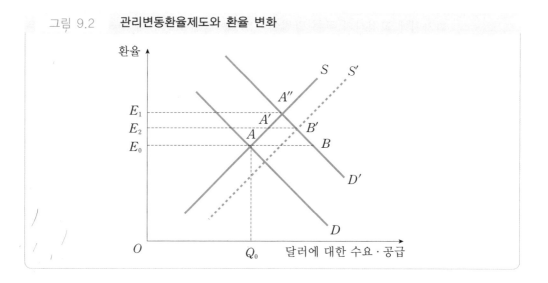

2003년 중 일본 외환당국은 엔화절상에 따른 수출경쟁력 약화와 디플레이션 방지를 위해 사상 최대규모인 20조 573억엔(GDP의 약 4%, 연간 무역수지 흑자 10.2조엔의 약 2배에 해당)의 외환시장 개입을 실시하였다. 민간 경제분석가에 의하면 일본정부의 외환시장 개입이 없었다면 엔화의 환율은 지금보다 10%이상 더 하락했을 것으로 추정하고 있다.

개입에 대한 그림은 독자여러분에게 맡겨둔다.

한편 〈그림 9.3〉는 최근 자유변동환율제도가 지나친 환율변동을 초래한다는 반성에서 새로운 환율제도로 고려되고 있는 타겟존(target zone) 환율제도에 대한 간략한 설명을 위한 그림이다.

E_0 환율을 한 나라의 전반적인 경제 균형에 부합하는 근본균형환율이라 할 때, 이를 중심으로 상하 일정 폭의 환율변동폭 그림에서 E_2E_3를 타겟존으로 설정하여 환율이 이 존 안에서 변화할 경우에는 개입하지 않지만, 이 존을 넘어 변화할 경우에는 의무적으로 개입하여 환율을 이 존안에 유지해야 한다. 이 환율제도가 타겟존 환율제도이다.

그래서 달러수요가 D에서 D'으로 증가하여 환율이 E_1까지 상승한다면 당국은 달러를 $A'B'$ 이상을 의무적으로 매각하여 환율을 E_2이하로 유

그림 9.3   **타겟존 환율제도와 환율변화**

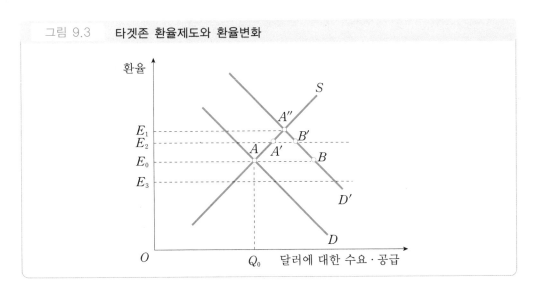

지하여야 한다.

3 │ 우리나라의 환율제도

해방후 60여년을 지나오면서 우리나라는 다양한 환율제도를 채택하여 왔는데, 제도별로 그 시기를 나누어 보면 대체로 다음 다섯 시기로 나눌 수 있다.

(1) 고정환율제도(1964년 이전)

우리 나라가 이 시기에 두 번에 걸친 화폐개혁을 거쳤지만 현재의 화폐단위로 환산하여 보면 1945년 공정환율 1달러당 0.015원의 고정환율제도로 출발하였다. 그러나 불안했던 경제사정과 전쟁을 거치면서 여러 차례 환율수준의 조정이 있었다. 국제수지가 만성적인 적자로 달러가 항상 부족한 시기인 만큼 자주 평가가 변경되었으며 환율 및 외환과 관련한 다양한 조치가 실시되었다. 이 시기는 아직 환율제도가 제대로 정착된 시기라 보기 어렵다.

(2) 단일변동환율제도(1965 -1980년)

1964년 5월 단일변동환율제도가 채택되었지만 실제로 이 제도가 실시된 것은 1965년 3월부터이다. 형식은 변동환율제도라 할 수 있지만 실제로는 1974년 이후 1달러당 484원의 환율을 고정적으로 유지하였다. 1980년 1월 580원으로 원화가 평가절하되면서 실질적인 변동환율제도로 이행하였다.

(3) 복수통화바스켓페그제도(1980 -1990년)

복수통화바스켓 환율제도는 원화의 가치를 통화바스켓에 묶어두는 변동환율제도로서 통화바스켓의 가치변동에 따라 원화가치가 변동하는 제도이다. 형식적으로는 SDR이라는 통화바스켓과 우리나라가 독자적으로 마련한 통화바스켓에 원화가치를 고정시켰다고 하지만, 두 통화바스켓 각각의 중요도가 어느 정도인지를 공식적으로 발표하지 않았으며, 실세반영치를 통해 정책적으로 조정할 수 있는 여지를 두고 있었다. 이 때문에 이 시기 환율제도는 실질적으로는 관리변동환율제도이었다.

(4) 시장평균환율제도(1990 -1997년)

실질적인 완전한 자유변동환율제도로 이행하기 위한 중간적인 단계의 환율제도로서 원-달러 환율이 달러시장에서 달러의 수요와 공급에 따라 움직이게 하는 제도이다. 다만 매일매일의 환율변동폭을 제한하고 있다는 점에서 완전한 변동환율제도와 다르다. 이를 시장평균환율제도라고 부르는 이유는 일중 환율변동의 기준이 되는 기준환율을 전날 은행간 외환시장에서 거래된 환율의 가중평균으로 결정하기 때문이다.

표 9-1   **시장평균환율의 산출방법(예)**

은행간 거래환율(A)	거래량(B)	거래금액(A B)
US$ 1=₩ 1,201.0	10,000 달러	12,010,000
US$ 1=₩ 1,200.0	20,000 달러	24,000,000
US$1=₩ 1,198.0	30,000 달러	35,940,000
합계	60,000 달러	71,950,000
시장평균환율	71,950,000/60,000=1,199.17	

처음 제도를 도입할 때의 일중 환율변동 폭은 기준환율을 중심으로 상하 0.4%이었으나 6차례의 변동폭 확대과정을 거쳤다. 1997년 외환위기 이후 일중변동폭이 폐지됨으로서 완전한 변동환율제도로 이행하게 되었다.

(5) 자유변동환율제도(1997. 12. 16. 이후)

1997년 12월 일중변동폭의 폐지와 더불어 완전한 자유변동환율제도를 실시하고 있다. 당시 외환위기로 인해 달러가 부족하여 당시 상하 2.25%이었던 일중변동폭을 상하 10%로 대폭 조정하였는데도 원화의 평가절하 압력을 감당하기 힘들었다. 단기간에 이러한 달러 수요공급을 제대로 반영하기 위해 일중 환율변동폭을 완전히 폐지함으로써 자유변동환율제도로 이행

하였다. 따라서 현 제도에서는 달러시장에서의 수요공급을 제대로 반영하
여 환율이 결정되고 있다. 하지만 갑작스런 환율변화나 급격한 환율변화가
국내경제에 미치는 영향을 감안하여 어느 정도의 시장개입은 이루어지고
있다. 1965년 이후 우리나라의 환율추이는 〈그림 9.4〉와 같다.

그림 9.4   원-달러 환율의 추이

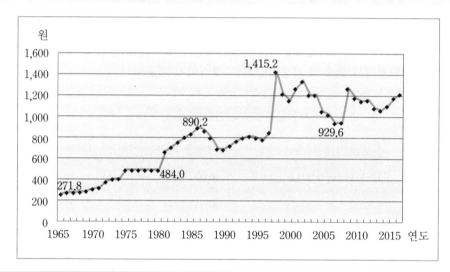

주요용어

고정환율제도
변동환율제도
관리변동환율제도
복수통화바스켓환율제도
시장평균환율제도
외환시장 개입

연습문제

1. 고정환율제도에서 국제수지 적자는 외환보유고의 감소를 초래하게 된다. 한 나라의 경제가 근본적인 이유 때문에 국제수지 적자가 계속되는데도 고정환율을 유지할 수 있는가?

2. 환율이 올라가면 국제수지가 개선된다. 우리나라가 국제수지 개선을 목적으로 의도적으로 원화환율을 높게 유지하려고 할 경우, 당국은 어떠한 외환시장 개입이 필요한가?

3. 탄력성조건이 성립할 때 자국통화가치의 하락이 국제수지를 개선시킨다. 그래서 어떤 국가가 국제수지를 개선시키기 위해 자국통화가치를 하락시키기로 하였다면, 상대국가의 통화가치가 올라간 것이므로 상대국가의 국제수지는 악화될 것이다. 상대방 국가는 어떤 조치를 취할 수 있는가?

제10장
외환시장
(Foreign Exchange Markets)

개 요

외환시장(foreign exchange markets)은 서로 다른 종류의 통화가 매매되는 장소 또는 메커니즘을 말한다. 주로 은행이나 브로커회사의 딜링룸에 있는 전화, 컴퓨터 고시화면 등을 이용해서 거래가 이루어지는 장외시장(OTC market)이다.

외환시장은 거래가 전화나 전자거래시스템을 사용하여 이루어지는 장외거래시장(over the counter market: OTC market)이다. 외환시장에서 시장참여자들은 한 나라의 통화를 다른 통화로 교환할 수 있다. 한쪽 당사자는 상대로부터 특정 통화를 매입하고 그 대가로 다른 통화를 지급한다. 두 통화 간의 교환비율은 환율에 의해 결정된다. 두 통화가 인도되어 교환되는 날짜는 결제일(settlement date/value date)이라고 한다.

외환시장은 세계에서 최대 규모의 단일시장이다. 외환시장 활동을 모니터하고 있는 국제결제은행(Bank for International Settlements: BIS)에 따르면 하루 평균 1조 4,000억 달러가 외환시장에서 거래된다고 한다. 이 수치를 가늠해 보면, 연간 전 세계 실물재화의 무역 총액은 외환시장 거래액의 불과 며칠 분에 해당한다. 따라서 외환시장은 여타 모든 시장을 합한 것보다 훨씬 더 규모가 큰 시장이다.

오늘날 화폐는 투자자와 차입자 사이 그리고 국경을 넘어 자유롭게 이동한다. 시장참여자들은 만기 1년까지의 단기대출이나 차입을 위해 단기금융시장(money markets)을 이용한다. 그러나 각 나라가 서로 다른 통화를 사용하고 있기 때문에 국경을 넘는 거래에서는 반드시 한 나라의 통화가 다른 통화로 교환되어야 한다. 이때 시장 참여자들은 외환시장을 이용한다. 각 통화의 교환비율이 환율(exchange rate)이다. 특히 외환시장과 단기금융시장은 금리를 매개로 상호 연결되면서 거래가 함께 이루어진다. 이 때문에 금융기관에서도 외환딜러가 단기금융딜러를 겸하는 이유가 여기에 있다. 따라서, 외환시장과 단기금융시장을 합해 외환금융시장(foreign exchange and money markets)이라고 부르기도 한다. 제4부에서는 외환금융시장을 구성하는 외환시장과 단기금융시장을 차례로 살펴본다.

1   외환거래는 왜 발생하는가

외환거래는 다음과 같은 경제활동의 결과로 발생한다.

(1) 무역과 투자(Trade and investment)

재화를 수출입하는 기업은 한 나라의 통화로 재화를 매입하고, 다른 나라의 통화로 이를 다시 매도한다. 다시 말하자면 한 나라의 통화로 화폐를 지급하고 다른 나라의 통화로 화폐를 수취한다. 따라서 수취하는 통화의 일부분을 지급하는 통화로 교환할 필요가 발생한다. 마찬가지로 외국에서 자산을 매입하는 기업은 현지의 통화로 대가를 지급해야 하므로 자국통화를 현지통화로 교환할 필요가 발생한다.

(2) 투기(Speculation)

두 통화 간의 환율은 두 통화에 대한 상대적인 수요와 공급에 따라 변화한다. 외환거래자들은 특정 환율로 특정 통화를 매입한 후 더 유리한 환율로 다시 매도함으로써 이득을 취할 수 있다. 투기는 외환시장의 거래에서 큰 부분을 차지한다.

(3) 헷징(Hedging)

외국에 공장과 같은 자산을 보유한 기업은 환율변동 때문에, 자국통화로 표시한 자산가치가 변동하는 위험에 노출된다. 비록 해외자산의 외화가치는 일정하다 하더라도 환율이 변화하면 자국통화 표시로는 이익이나 손실이 발생한다. 기업은 헷징을 통해 이러한 잠재적인 손실이나 이익을 제거할 수 있다. 헷징은 환율변동으로 야기된 해외자산의 손실이나 이익을 정확하게 상쇄하는 외환거래를 통해 이루어진다.

2 | 주요 외환시장은 어디에 소재하는가

외환거래는 장외시장거래(OTC)로서 전 세계적으로 24시간 내내 거래가 이루어진다. 런던은 세계 최대의 외환시장이며, 그 다음으로 뉴욕, 싱가폴 등이 뒤를 잇는다. 거래는 각 시장에서 통상적인 영업시간 중에 이루진다. 따라서 외환거래는 아시아 시장에서 시작하여 아시아 시장의 영업일 마감 무렵에 런던으로 이동하고, 런던시장의 영업일 마감 무렵에 뉴욕으로 이동하면서 계속된다.

시간대를 보여 주는 〈그림 10.1〉은 전 세계의 외환금융시장을 따라 24시간 거래가 어떻게 이루어질 수 있는지를 알려준다.

그림 10.1   GMT(그리니치 표준시)

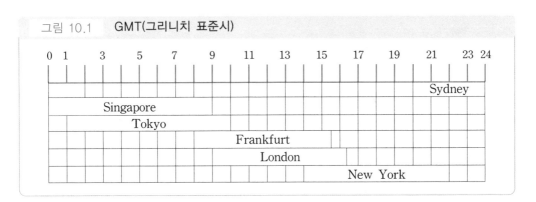

3 | 외환거래의 구성요소

외환거래는 정해진 날짜에 정해진 교환비율로 서로 다른 통화를 교환하기로 하는 계약이라고 정의된다. 대부분의 외환딜러들은 하나 또는 관련성이 높은 몇 개의 통화에 특화하여 거래한다. 주요 통화의 유동성은 풍부하지만 일부 생소한 통화는 거래가 매우 드물다. 미국 달러화는 외환거래 기준으로 90% 이상이 달러화로 결제되기 때문에 주요 통화이다. 1995년에 미국 달러화는 전 세계 외환거래의 86%를 차지했다. 1999년 유럽의 경제 및 통화연합이 이루어지고 특히 유로(Euro)가 2002년부터 유통됨에 따라 외환시장에서 기존질서에 변화가 기대된다. 많은 분석가들은 유로가 미국 달러화만큼 세계경제와 외환시장에서 중요해질 것으로 예측하고 있다.

주요 외환시장에서 외환거래는 주로 다음 방법을 이용해서 이루어진다.

① Reuters Dealing 2000-1과 같은 직접거래시스템을 이용한 은행간 직접거래
② Reuters Dealing 2000-2와 같은 전자중개시스템을 이용한 거래
③ Voice brokers를 이용한 거래

외환거래에서 반드시 포함되어야 하는 주요 구성요소는 거래통화, 거래상대방, 환율, 거래금액, 거래(계약)일, 결제일, 지급지시 등이다. 이들을 차례로 살펴보면 다음과 같다.

3.1 거래통화(Currencies)

거래통화의 이름이 SWIFT 지급시스템에서 사용되는 3글자로 반드시 명시되어야 한다. 벨기에에 본부를 둔 SWIFT(The Society for Worldwide Interbank Financial Telecommunications)는 은행간 자금이체를 위해 1,000여 개 은행들이 공동출자하여 설립한 다국적 결제시스템이다. 지급지시는 SWIFT 네트워크를 통해 표준양식과 패스워드를 이용해 전달된다. SWIFT 코드의 예는 [표 10-1]과 같다.

표 10-1	주요 통화의 SWIFT Code

SWIFT Code	국 가
USD	미국 달러
GBP	영국 스털링 파운드
JPY	일본 엔
DEM	독일 마르크
CHF	스위스 프랑
FRF	프랑스 프랑
CAD	캐나다 달러

3.2 환율(Exchange Rate)

환율은 한 통화를 다른 통화단위로 표시한 가격이다. 환율의 고시는 기준통화(base currency)/상대통화(counter currency)로 하는데, 이것은 기준통화를 먼저 쓰고 상대통화를 뒤에 쓰는 관습을 따른 것이다. 예를 들면,

기준통화 $\longrightarrow$ **USD/DEM** $\longleftarrow$ 상대통화
(Base currency) **GBP/USD** (Counter currency)

환율의 표시방법에는 유럽식 표시방법(European terms)과 미국식 표시방법(American terms), 또는 직접 표시방법(direct quotation)과 간접 표시방법(indirect quotation)이 있다.

(1) 유럽식 또는 직접 표시환율

외화 한 단위를 자국화폐 단위로 표시하는 방식이다. USD/DEM 환율을 1.4085로 표시했을 때 이것은 다음과 같은 의미이다.

① 1 미국 달러는 1.4085 독일 마르크와 교환된다.
② USD는 기준통화이고 DEM은 상대통화이다.
③ USD를 매입하는 것은 DEM을 매도하는 것이다.

(2) 미국식 또는 간접 표시환율

자국화폐 한 단위를 외국화폐 단위로 표시하는 방식이며 역표시환율 (inverse quotation)이라고도 알려져 있다. 전통적으로 영국 파운드(GBP)는 이 방식으로 표시되었는데 10진법 사용 이전에는 이 방식이 더 표시하기가 쉬웠기 때문이다. 오늘날 영국은 10진법을 사용하고 있는 데도 간접 표시 방식이 그대로 남아 있다. 뉴질랜드 달러(NZD), 호주 달러(AUD), 에이레 펀트(IEP) 등도 이 방식으로 표시된다.

GBP/USD 환율이 1.6870으로 표시되면 이것은 다음과 같은 의미이다.

① 1 영국 파운드는 1.6870 미국 달러와 교환된다.
② GBP가 기준통화이고 USD는 상대통화이다.
③ GBP를 매입하는 것은 USD를 매도하는 것이다.

그러나 대부분의 환율은 국제 외환시장에서 유럽식(직접 표시방법)으로 고시된다.

3.3 거래금액(Amounts)

달리 지정되지 않으면 현물환 거래의 거래금액은 기준통화로 금액을 표시한다. 예를 들어 한 딜러가 '*dollar mark in ten*'이라고 환율고시를 요청하면, 이 거래요청은 10 million USD(기준통화)를 의미한다. 특별히 마르크 금액으로 표시하고 싶으면 '*dollar mark in 10 marks*'라고 요청해야 한다. 달러 금액을 거래하거나 마르크 금액을 거래하거나 관계없이 환율은 유럽식으로 고시된다.

마찬가지로 '*sterling mark in twenty*'이라고 표시하면 이 거래요청은 20 million GBP(기준통화)를 의미한다.

3.4 결제일(Value Date)

거래 통화의 상호 교환이 이루어지는 날짜이다. 결제일을 계산하는 데

에는 여러 가지 고려해야 할 변수가 있다. 이 변수들은,

① 거래 통화국의 은행 공휴일

② 주말

서양에서는 토요일과 일요일이 주말 휴일이지만 이슬람 국가에서는 금요일과 일요일이 주말 휴일이다.

3.5   지급지시(Payments Instructions)

거래가 실행되면 거래 당사자는 거래 상대에게 수령예상 통화의 지급에 관한 세부사항을 지시해야 한다. 예를 들어 은행은 거래 상대에게 USD를 매입하고 DEM을 매도하는 거래를 하였다. 그러면 이 은행은 USD를 어디에 소재하는 어느 은행으로 지급해야 하는지를 지정해야 한다.

Citibank NYC가 Societe Generale Paris은행에 DEM을 매도하고 USD를 매입한다고 가정하자. Citibank NYC는 통화별로 하나씩 외환거래 업무계약을 체결한 코레스은행을 가지고 있다고 하자. 예를 들면,

① USD는 Citibank NYC가 보유하고 있다.

② DEM은 Citibank Frankfurt가 보유하고 있다(Citibank NYC의 계정에).

③ FRF는 파리 소재 BNP Paris은행이 보유하고 있다(Citibank NYC의 계정에).

또, Societe Generale Paris은행은 다음과 같은 코레스은행을 가지고 있다. 예를 들면,

① USD는 Chase NYC은행이 보유하고 있다(Societe Generale Paris의 계정에).

② DEM은 Deutsche Frankfurt은행이 보유하고 있다(Societe Generale Paris의 계정에).

③ FRF는 Societe Generale Paris은행이 보유하고 있다.

이제, 위의 거래가 결제되려면,

① Citibank NYC는 Societe Generale Paris은행에 USD를 Citibank NYC의 당방계정에 지급하도록 지시한다. Societe Generale Paris은행은 Chase NYC은행에 개설되어 있는 자신의 계정에서 USD를 지급할 것이다. Citibank NYC는 '*my dollars to my NY*'라고만 하면 된다.

② Societe Generale Paris은행은 Citibank NYC에 DEM을 Deutsche Frankfurt은행에 있는 자신의 계정에 지급하라고 지시한다. Citibank NYC는 Citibank Frankfurt은행계정에 있는 DEM을 지급할 것이다. Societe Generale Paris은행은 '*my marks to Deutsche, FFT*'라고만 말하면 된다.

여기서 언급된 계정은 당방계정(nostro accounts)이라고 알려져 있으며 '우리의(ours)'라는 의미의 라틴어에서 유래한 것이다.

4 외환시장의 작동

4.1 딜링부서

외환시장에서 거래되는 상품의 범위가 최근 30년간 크게 증가하였다. 은행의 딜러들은 고객들이 투자, 투기 또는 헷지 목적으로 이용하도록 이 상품들을 제공한다. 이 상품들의 특성이 복잡하기 때문에 은행들은 거래를 기록하고 효율적으로 모니터하기 위해 3가지 주요 기능을 수행해 왔다.

① Front Office/Dealing Room
이곳에서 금융시장의 장외거래(OTC)가 이루어진다. 언론에서 이미 본 적이 있겠지만 딜러와 스크린과 전화로 둘러싸인 매우 분주한 곳이다.

② Middle Office
이곳은 딜러들에게 전문적인 편의, 지원, 조언, 안내 등을 제공한다. 리스크 매니저, 경제학자, 기술적 분석 전문가, 법률전문가 등이 조언과 안

내를 제공한다.

　③ Back Office

　여기서는 업무처리, 확인, 결제, 질문들에 대한 처리, 현금관리 등의 기능이 수행된다. Back office의 지원 없이는 딜러들이 외환거래를 할 수 없다.

4.2　거래기법

　거래가 이루어지면 딜러들은 deal ticket을 작성하여 이를 back office에 전달해야 한다. 이 deal ticket은 다음 정보를 포함해야 한다.

　① 거래(계약)일
　② 거래형태(현물환, 선물환 등)
　③ 거래상대방
　④ 거래통화
　⑤ 환율
　⑥ 거래금액
　⑦ 지급지시
　⑧ 결제일
　⑨ 거래방법(직접거래, 브로커 경유거래 등)
　⑩ 거래방향(매도 또는 매입)

　사용하는 시스템에 따라 deal ticket은 수기로 작성되거나 컴퓨터시스템에 의해 자동으로 생성되기도 한다. deal ticket에 더하여 딜러들은 자신의 포지션을 기록하기 위해 blotters 또는 deal sheets 또는 position sheets라고 불리는 개인기록을 작성해야 한다. 이 정보는 Dealing-2000과 같은 시스템을 사용하면 은행 컴퓨터에 자동으로 전달된다.

4.3 딜링룸(Dealing Room)

딜링룸은 어떻게 운영되는가? 어떻게 조직되어 있는가? 누가 참여하는가? 〈그림 10.2〉와 같은 딜링룸 구조의 설명과 인적배치가 전형적이다. 그러나 은행에 따라서는 약간씩 다르게 운영되기도 한다. 여기서 설명되는 딜링룸의 형태는 딜러들에게 신축성을 부여하며 두 시장 간에 아이디어를 교환하고 거래도 넘나들면서 하도록 허용한다. 예를 들면 단기금융시장 포지션이 선물환거래에 의해 커버되기도 하고 그 반대도 이루어진다.

은행의 딜링룸은 여러 섹션으로 나누어지는데, 각 섹션은 컴퓨터나 인터콤 시스템을 통해 자유롭게 의사소통을 할 수 있다. 따라서 모든 구성원이 최신 정보를 공유할 수 있다. 딜링룸은 통상 Treasury Manager별로 조직되고 그의 지휘를 받는다. 딜링룸은 통상 데스크별로 구분되며 각 데스크는 단기금융시장과 외환시장의 다양한 활동을 담당한다. 각 데스크에는 Chief Dealer가 있어 업무를 관리한다. 각 데스크를 살펴보면 다음과 같다.

그림 10.2 **딜링룸의 구조**

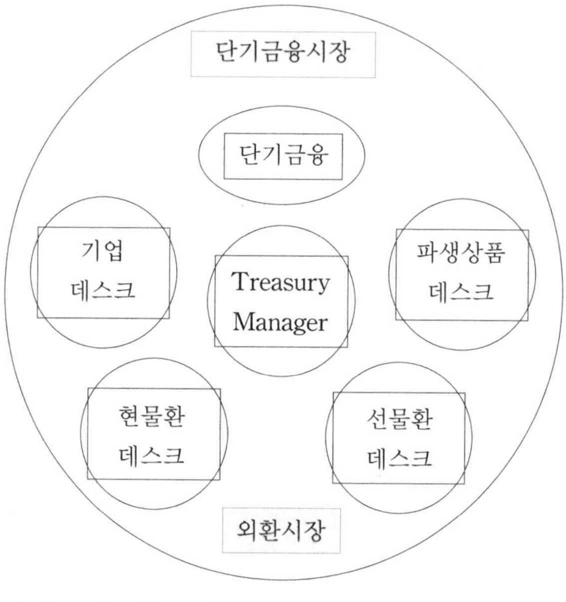

① Spot desk

현물환 데스크는 여러 통화담당으로 다시 구분된다. 예를 들면 현물환 데스크의 일부는 USD/DEM, USD/JPY, GBP/USD 등을 현물환 기준으로 거래한다.

② Forward desk

선물환 데스크는 장래의 특정일에 통화를 공급하는 선물환계약을 취급한다.

③ Money Markets desk

단기금융시장 데스크는 여러 통화로 표시된 단기금융상품을 거래한다. 단기금융시장에서의 금리변화는 다시 선물환 데스크에 영향을 준다.

④ Derivatives desk

파생상품 데스크는 여러 통화로 표시된 현물환율, 선물환율, 금리 등으로부터 가격이 결정되는 파생금융상품을 취급한다.

⑤ Corporate desk

기업 데스크는 은행의 기업고객들과 연락을 취한다.

모든 데스크는 middle office와 back office의 지원을 받는다. back office는 모든 거래를 기록하고 결제지시가 확실하게 이행되도록 살핀다. middle office는 전체적인 차원에서 거래 데스크의 전반적인 활동을 감독한다.

middle office의 임무는 모든 거래 기록지를 확인하고 front office 거래자들이 과도한 위험을 취하지 않도록 감독한다. 통상 middle office는 개별 거래자가 이익이나 손실을 내는지를 감독하며 거래에서 거래자들이 가격계산을 올바르게 하도록 해 준다.

5   누가 외환시장을 이용하는가

(1) 외환거래자: 시장주도자와 시장추종자

외환시장에서 가격을 고시하는 거래자를 시장주도자(market makers)라고 한다. 한편, 시장주도자가 고시한 가격에 따라 거래하는 거래자를 시장추종자(market takers)라고 한다.

외환거래자는 가격을 고시하기도 하고 고시된 가격으로 거래하기도 하는 경우 동시에 시장주도자와 시장추종자가 될 수도 있다.

(2) 상업은행과 투자은행의 거래자

외환거래의 대부분은 상업은행과 투자은행 소속의 거래자들에 의해 이루어진다. 대부분의 거래는 투기나 헷지 목적이지만, 기업고객들에 대한 서비스로서 외환거래를 하기도 한다.

(3) 중앙은행

중앙은행은 영란은행과 미국의 연방준비은행처럼 리저브 자산을 관리하고 시장질서를 유지하기 위해 외환시장에 개입한다.

(4) 기업고객

수출입 업무를 수행하는 많은 기업들은 무역이나 투자목적으로 외화를 필요로 한다. 기업들 역시 환리스크를 최소화하기 위해 외환거래를 하기도 한다.

(5) 브로커회사

브로커회사들은 거래가 성사되기까지 거래 당사자의 익명성을 유지하면서 매수주문과 매도주문을 연결해 준다. 브로커회사들은 최고가격으로 매수하고자 하는 딜러와 최저가격으로 매도하고자 하는 딜러를 알 수 있다. 브로커회사들은 포지션을 보유하지 않으며 성사된 거래에 대해 수수료를 받는다.

최근에는 브로커거래에서 Reuter Dealing 2000-2나 EBS/Minex와 같은 전자브로커시스템의 거래비중이 총 외환거래액에서 점차 증가하고 있다.

6 | 외환거래의 종류

6.1 현물환거래(Spot Transactions)

현물환거래는 거래일 후 2영업일째(spot date) 또는 그 이내에 결제가 이루어지는 외환거래를 말한다. 2영업일째에 결제가 이루어지는 것은 거래당사자간의 시차문제나 결제에 필요한 시간여유를 제공하기 위해서이다. 오늘날 기술의 발전으로 거래속도가 빨라졌지만 여전히 대부분의 현물환거래는 거래일 후 2영업일에 결제가 이루어진다. 이처럼 결제가 이루어지는 날짜를 결제일(value date)이라고 한다. 만약 거래당사국의 휴일이 중간에 위치하면 결제일은 하루 뒤로 다시 밀려난다. 현물환거래에는 대달러거래와 크로스거래가 있다.

거래일	월요일	화요일	수요일	목요일	금요일
결제일	수요일	목요일	금요일	월요일	화요일

(1) 대달러 환율(Currencies versus USD)

현물환거래는 대부분 달러화와 여타 통화간의 거래이다. 예를 들어 USD/DEM, USD/JPY 등과 같은 조합으로 이루어지는 거래를 말한다.

현물환율의 고시는 양방향가격(two-way price)으로 이루어진다. 외환시장에서 가격을 스스로 설정하고 고시하여 외환거래에 응하는 대규모은행을 시장주도자(market maker)라고 한다. 시장주도자들은 다음과 같은 형태로 매입률(bid rate)과 매도율(offer or ask rate)을 고시하는데, 매입률은 이들이 기준통화인 달러를 매입하는 가격이고 매도율은 이들이 달러화를 매도하는 가격이다.

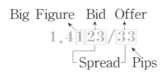

기준통화/상대통화

외환시장에서 환율의 two−way price 고시와 관련된 용어들을 좀 더 구체적으로 살펴보면 다음과 같다.

① Big Figure

가격 중 이 부분은 딜러들에 의해 통상 제시되지 않는다. Big Figure 는 거래를 확실히 할 필요가 있을 때 또는 극도로 급변하는 시장에서만 언급된다. 앞의 가격고시에서 Big Figure는 1이다. 물론 거래자들은 Big Figure를 41이라고 할 수도 있고 1.41이라고 할 수도 있다.

② Pips

가격이 움직이는 最少 증감을 말한다. Spot 거래자들은 가장 뒷자리 두 개를 말한다. Pips는 points라고도 알려져 있다.

③ Spread

매도율과 매도율의 차이를 말한다. 앞의 가격고시에서 스프레드는 10 pips이다.

④ Bid

Market maker가 기준통화를 매입하고자 하는 가격을 말한다. 앞의 예에서 Market maker는 $1를 DEM 1.4123에 매입할 것이다. 즉, Market maker는 이 가격에 달러를 사고 마르크를 판다.

⑤ Offer

Market maker가 기준통화를 매도하고자 하는 가격을 말한다. 앞의 예에서 Market maker는 $1를 DEM 1.4133에 매도할 것이다. 즉, Market maker는 이 가격에 달러를 팔고 마르크를 산다.

(2) 교차환율(Cross Rate)

달러 이외의 통화간 거래를 교차환율거래라고 하며, 달러화가 포함되지 않은 두 통화간의 환율을 교차환율이라고 한다. 교차환율은 *Financial Times*나 *Wall Street Journal*과 같은 경제신문에 고시된다. 교차환율은

표 10-2   교차환율의 도출

대달러환율	Bid		Ask
USD/Currency 1	B1	1.7000/10	A1
USD/Currency 2	B2	1.5000/10	A2
교차환율	Bid		Ask
Currency 1/ Currency 2	$\frac{B2}{A1}$		$\frac{B2}{A1}$
	1.5100/1.7010		1.5110/1.7000
	$=0.8877$		$=0.8888$

달러환율로부터 유도할 수 있는데 그 방법은 [표 10-2]와 같다.

6.2 선물환거래(Forward Outright Transactions)

선물환거래는 거래일 후 2영업일이 지난 미래의 특정일에 합의된 환율로 결제가 이루어지는 외환거래를 말한다. 선물환거래의 특징은 장래 결제일의 환율이 어떤 수준이건 계약환율에 의해 결제가 이루어진다. 따라서 환율변동에 따른 위험을 회피하거나 적극적인 투기목적으로 선물환거래가 주로 이용된다.

선물환율은 현물환율과 다른데, 통상 두 통화 간의 금리격차에 의해서 결정된다. 이 금리격차를 환율단위로 표시한 것을 forward points라고 한다. forward points는 1개월, 2개월, 3개월, 6개월, 12개월 만기로 고시된다. 선물환율은 현물환율에 이 forward points를 가감하여 구한다. 만약 기준통화의 금리가 상대통화의 금리보다 높으면 forward points를 감하게 되고, 선물환시장에서 기준통화가 discount로 거래되었다고 말한다. 반대로 기준통화의 금리가 상대통화보다 낮으면 forward points를 더하게 되고, 기준통화는 premium으로 거래되었다고 한다.

환율은 현물환율과 forward points로 고시될 뿐 플러스나 마이너스 값을 사용하지 않는 경향이 있다. 이러한 경우 선물환율은 [표 10-3]과 같이 더하거나 빼서 구한다.

표 10-3　　**선물환율의 도출방법**

Forward Points	기준통화	상대통화	선물환율
Bid>Offer	Discount	Premium	현물환율-forward points
Bid<Offer	Premium	Discount	현물환율+forward points

6.3 외환스왑거래(FX Swaps)

외환스왑은 짝을 이루는 두 개의 통화거래로, 결제일이 서로 다른 것을 하나는 매입(매도)하고 다른 하나는 매도(매입)하는 외환거래이다. 두 개의 결제일 중 가까운 결제일을 first leg, 먼 결제일을 second leg라고 한다. 통상 외환스왑은 다음의 세 가지 형태로 거래된다.

(1) 현-선스왑(spot against forward)

이 경우 처음교환(first leg)이 2영업일인 현물환 결제일(spot date)에 발생하고, 반대교환(second leg)이 선물환 결제일(forward date)에 발생한다. 3개월 선물환의 경우 spot date 3개월 후가 될 것이다.

(2) 선-선스왑(forward against forward)

이 경우 처음교환이 가까운 선물환 결제일에 발생하고, 반대교환은 먼 선물환 결제일에 발생한다. 예를 들어 3×6 forward/forward swap의 경우 현물환 결제일로부터 3개월 뒤에 처음교환이 발생하고, 반대교환은 6개월 후가 될 것이다.

(3) Short dates

한 달 이내에 발생하는 스왑을 말하는 것으로, 예를 들자면 처음교환은 spot date에 일어나고 반대교환은 일주일 후에 일어나는 식이다. spot date 이전에도 스왑거래가 발생할 수 있는데, 예를 들면 오늘 처음교환이 발생하고 내일 반대교환이 발생하는 경우이다(Overnight swap).

주요용어

현물환거래(spot transactions)

유럽식 또는 직접 표시환율(European terms)

미국식 또는 간접 표시환율(American terms)

대달러환율(currencies versus USD)

교차환율(cross rate)

기준통화(base currency)

상대통화(counter currency)

big figure

pips(points)

spread

bid

offer

선물환거래(forward outright transactions)

선물환포인트(forward points)

외환스왑거래(FX swaps)

결제일(value dates)

front office

middle office

back office

dealing room의 구조

연습문제

1. 국제외환시장에서 A은행이 다음과 같이 환율을 고시했다고 하자.

USD/DEM	1.6100/10	GBP/USD	1.5280/90
USD/CHF	1.4020/30	USD/JPY	104.40/50

1) 우리가 DEM을 매입하려고 한다. 이때 적용되는 환율은 얼마인가? 이 환율은 A은행의 bid rate인가 offer rate인가?

2) 스위스 프랑화의 스프레드(spread)는 얼마인가?

3) A은행은 어떤 환율로 영국 파운드화(GBP)를 매입하는가?

4) A은행은 500만 엔을 매입하기 위해 몇 달러를 지급해야 하는가?

2. 다음의 대달러환율을 보고 DEM/CHF의 교차환율을 구하시오.

　　　　USD/DEM   1.7000/10　　　　USD/CHF   1.5100/10

3. 선물환거래와 외환스왑거래의 차이점은 무엇인가?

제11장
단기금융시장(Money Markets)

개 요

단기금융시장(money markets)은 하루에서 1년까지의 기간 동안 자금을 차입하고 대출하는 시장이다. 주로 전화나 electronic data link를 통해 두 당사자 사이에 직접 거래가 발생하는 장외시장(OTC market)이다.

단기금융시장도 외환시장처럼 거래가 전화나 전자거래시스템을 사용하여 이루어지는 장외거래시장(over the counter market : OTC market)이다. 많은 시장참가자들은 국제적으로 영업활동을 하며 하루 24시간 거래가 이루어진다. 대규모 금융기관은 현대의 컴퓨터 및 통신시스템을 이용하여 거의 순식간에 자금을 이 시장에서 저 시장으로 이전시킬 수 있다. 인터넷 사용의 증대로 소액 투자자들까지 국제적으로 투자를 하며 투자자금을 신속하게 한 시장에서 다른 시장으로 이동시킨다.

1 단기금융시장이 작동하는 방식

단기금융시장에는 거래가 이루어지는 거래소가 없다. 단기금융시장의 거래는 대부분 전화나 electronic data link를 통해 두 당사자 사이에 직접 발생한다. 이러한 거래를 장외거래(OTC)라고 한다. 이 거래의 당사자들은 세계 도처에 위치할 수 있으며, 따라서 단기금융시장은 어느 특정한 장소에 소재하는 것이 아니라 거래 당사자가 소재하는 곳이면 어디든 존재하는 것이다.

한편, 재정증권(T-bill)과 같은 일부 금융상품은 Chicago Board of Trade(CBOT), London International Financial Futures and Options Exchange(LIFFE), Deutsche Terminborse(DTB)와 같은 금융거래소에서 거래된다. 이와 같은 거래는 장내 또는 거래소거래(exchange-traded transactions)라고 불린다. 거래소거래는 정해진 거래시간 동안에만 거래가 이루어지는 데 반해, 장외(OTC)거래는 전 세계적으로 24시간 내내 거래가 이루어진다. 이 때문에 항상 대출자는 세계 도처에서 최고 금리로 화폐를 빌릴 차입자를 찾고, 차입자는 언제라도 가장 싼 자금을 찾는 것이 가능해진다.

대부분의 차입자와 대출자들은 딜러를 통해 거래하는데, 딜러들은 단기금융상품을 매매한다. 이들은 스스로 금융자산을 매매할 필요가 없는 경우에도 금융자산의 매매에 응한다. 이런 딜러들을 시장주도자(market-makers)라고 한다. 시장주도자들은 거래하는 금융자산의 매입가격과 매도가격을 동시에 고시하는데, 이것을 양방향가격(two-way price)이라고 한다. 차입가격은 bid라고 하고 대출가격은 offer라고 한다. 이 두 가격의 차이를 매매가격차(bid-offer spread)라고 하는데 이 스프레드가 시장주도자들의 이윤이 된다. 왜냐하면 항상 매입가격이 매도가격보다 약간 싸기 때문이다.

단기금융시장에서 매입가격과 매도가격은 금리로 표시된다(예를 들면, $6^{12/16}\%$ 또는 6.25%). 금리가 소수점 단위로 표시되면 그 금리는 베이시스 포인트(basis points)로 표시되었다고 한다. 1베이시스 포인트는 1% 포인트의 100분의 1이다.

(1) 뉴욕시장

가격이 표시되는 방법은 두 가지가 있는데, 뉴욕시장과 런던시장에서 가격 표시방법이 얼핏 보면 달라 보이지만, 사실은 그 둘이 같은 의미이다.

뉴욕시장에서는 가격이 다음과 같이 표시된다.

$$6^{1/2}\%-6^{5/8}\%$$
Bid-Offer

Bid price는 시장주도자가 자금을 차입하는 가격(금리)이다. 투자자는 예금을 맡기는 대신 이 가격을 받는다. Offer price는 시장주도자가 자금을 대출하는 금리이다. 차입자는 이 금리를 부담해야 한다. 시장추종자는 항상 예금할 때보다 차입할 때 더 높은 금리를 부담해야 한다.

(2) 런던시장

런던시장의 전통은 세계 대부분의 시장에서 Bid/Offer의 순서로 가격을 고시하는 데 반해, Offer/Bid의 순서로 가격을 고시한다. 어떤 방식을 취하든 Bid price는 $6^{1/2}\%$이고 Offer price는 $6^{5/8}\%$이다.

$$6^{5/8}\% - 6^{1/2}\%$$

Offer − Bid

시장주도자들은 여타 금융자산, 예를 들면 정기예금증서(CD)에 대해서도 양방향가격(two−way price)을 고시한다.

2 누가 단기금융시장을 이용하는가

단기금융시장에서 차입자는 단기자금을 필요로 하는 기업, 은행, 정부, 세계은행과 같은 초국가기관 등이다. 전통적으로 여러 차입자들은 서로 다른 금융자산을 이용하여 자금을 차입해 왔다. 위에 언급한 모든 차입자들은 환위험을 회피하거나 이익을 내기 위해 외환시장을 이용한다.

단기금융시장의 상품들은 유동성이 높다. 이것은 신속한 매매가 가능하다는 것을 의미한다. 또 투자위험이 낮다. 이것은 여타 금융자산에 비해 투자수익률이 낮다는 것을 의미한다. 많은 기업의 재무담당자들은 금융투자 결정을 하기 전에 일시적으로 현금을 유치해 두는 장소로서 단기금융시장을 이용한다. 단기금융시장(주로 런던시장)의 참여자들은 다음과 같다.

(1) 중앙은행(Central banks)

중앙은행은 재정증권과 같은 금융상품을 매매함으로써 단기금융시장을 이용하여 화폐공급을 조절한다.

(2) 상업은행(Commercial banks)

상업은행의 전통적인 기능은 고객으로부터 예금을 받고 대출하는 기능이다. 예금과 대출활동의 균형을 맞추기 위해 은행간 시장을 이용하여 자금을 조달한다. 자금 잉여은행은 다른 은행에 자금을 예치하고 자금 부족은행은 다른 은행으로부터 자금을 차입한다. 단기금융시장의 자금거래는 만기가 익일부터 1, 2, 3, 6, 9, 12개월까지 다양하다.

상업은행은 또한 통합된 외환 및 지급결제 편의를 고객들에게 제공한다. 또 은행 상호간에 외환시장을 형성하기도 한다. 상업은행은 양방향가격을 끊임없이 고시하면서 시장주도자 역할을 한다. 이 매매가격차를 스프레드라고 하는데, 이것이 은행들의 이윤이 된다. 은행들은 자금을 조달하고 환위험을 회피하기 위해서, 그리고 자기책임하에 이윤을 얻기 위해 외환거래를(투기적 포지션을 취) 하기도 한다.

(3) 할인상사(Discount houses)

영국에서는 중앙은행인 영란은행이 소수의 할인상사를 단기금융시장 거래의 중개자로 이용한다. 즉 영란은행은 할인상사를 대상으로 적격증권을 매매하여 유동성을 조절한다. 그러면 할인상사는 다시 은행, 딜러, 브로커, 기업 등과 이들을 거래하거나 보유하는 것이다.

(4) 투자은행(Investment banks)

투자은행들은 증권의 발행과 유통을 촉진시키는 데 특화하고 있다. 투자은행들은 고객을 위한 브로커로서 활동함으로써 중개역할을 한다. 투자은행의 딜러들은 또 자기책임하에 이윤을 얻기 위해 금융자산을 거래하기도 한다.

(5) 지방정부(Local authorities)

1981년 이후 영국의 지방정부는 만기 364일까지의 단기자금을 조달하기 위해 단기금융시장을 이용하고 있다.

(6) 주택대출조합(UK Building societies)

공제조합(Friendly Society) 사무국의 허락하에 1982년부터 영국 주택대출조합은 단기금융시장에서 차입과 대출을 할 수 있었다. 이로 인해 주택대출조합은 중심가 은행의 면모를 가지게 되었다.

(7) 금융회사(Finance houses)

금융회사는 분할상환방식(hire purchase)이나 2차 모기지 계약을 통해 상대적으로 위험이 높은 대출업무를 한다. 금융회사들은 단기금융시장과 독립적으로 스스로 자금을 조달한다.

(8) 기업(Corporations)

GM, IBM, Ford 등과 같은 대규모 국제기업들은 자금 차입을 위해 단기금융시장을 이용한다. 기업들은 최상의 조건으로 차입하기 위해 브로커를 이용하거나 직접 상업어음(commercial paper)을 발행하기도 한다. 상업어음은 단기신용을 위해 발행되는 무보증 금융상품이다. 만기는 통상 270일까지이며 액면가격에서 할인하여 매각된다.

(9) 브로커회사(Brokers)

브로커회사들은 거래가 성사되기까지 거래 당사자의 익명성을 유지하면서 단기금융시장에서 중요한 역할을 한다. 브로커회사들은 시장에서 자기거래를 하지 않으며 거래를 성사시키기 위해 다른 시장주도자들을 위해 대리인 역할을 한다. 이들은 이 중개서비스를 제공하고 수수료를 받는다. 그러면 브로커 시스템은 어떻게 운영되는가?

딜러들은 전문 브로커회사와 연결되어 이들을 통해 매매가격을 제시한다. 브로커회사는 매입최고가격과 매도최저가격을 취하여 이를 방송용 스피커(squawk box)나 화면을 통해 고객에게 방송한다. 가격은 생방송으로 고시되며 은행들은 그 가격으로 매매 의사결정을 해야 한다. 딜러가 브로커에게 가격을 제시하고 그 가격에 방송으로 고시되면 거래를 희망하는 은행은 전용 전화선을 이용하여 브로커에게 전화를 할 수 있다.

브로커는 거래가 성사될 때까지는 거래 당사자를 서로에게 밝히지 않음으로써 거래 쌍방에게 익명성을 보장한다. 어떤 경우에는 철저한 익명성을 유지하기 위해 거래 쌍방에 대해 익명의 거래 당사자처럼 행동한다. 일단 거래가 성사되면 거래 당사자가 결제를 위해 공개된다. 브로커를 통해 심지어 중소규모 은행들도 직접 시장주도 은행들에게 직접 거래할 때에는 불가능했을 가격으로 거래할 수도 있다.

재정증권(T-bills) 시장처럼 신용위험이 확인된 시장에서는 딜러들은 브로커를 이용하여 여러 시장주도은행들과 충분한 시간을 가지고 거래조건을 탐색할 수 있다. 정기예금증서(CD) 시장과 같은 곳에서는 신용도가 매우 중요한데, 브로커가 방송하는 가격정보의 유용성은 떨어진다. 그러한 시장에서는 딜러들이 직접 거래하기를 더 좋아한다.

3 은행간 시장

단기금융시장은 주로 은행간 시장이다. 대부분의 은행제도에서 모든 은행들은 중앙은행에 지불준비금을 예치해야 한다. 매 영업일 종료시에 이 계정에는 최소 지불준비금이 유지되어야 한다. 최소 지불준비금을 초과하는 금액은 은행간 시장에서 대출에 이용할 수 있다. 대출 만기는 익일물(overnight)에서 2년까지인데, 대부분의 대출은 다음날 15:00에 상환되는 익일물(overnight)이다.

1963년 이전에 할인시장의 대출은 항상 재정증권과 같은 유가증권을 담보로 한 단기 담보부 대출이었다. 1963년경 유로달러 시장의 등장과 함께 머천트뱅크와 할인상사들이 상호간 무담보 대출거래를 취급하기 시작하였다. 1971년경에는 런던어음교환소 가맹 예금은행(clearing banks)들이 은행간 시장에 진입하였다.

예금은행들은 매일 결산을 해야 하며 긴급인출에 대비하여 현금유동성을 유지해야 한다. 예금은행의 현금담당 부서가 최소지불준비금 아래로 자금이 떨어지는 것을 발견하면 익일물 자금을 차입한다. 초과현금을 보유한 예금은행들은 은행간 시장에서 자금을 대출하고 대출이자를 받는다. 미국에서는 이 자금이 연방자금금리(Federal Funds Rate)로 거래된다.

은행간 시장의 유동성이 풍부하기 때문에 은행들은 현금유동성을 줄이고 이를 수익성 대출에 이용하며 자금부족시에는 또 차입하기도 한다. 무담보 대출시장에서 유명 은행들은 자신의 명의로 차입할 수 있으며 덜 유명한 은행에게는 더 높은 금리로 대출한다. 은행간 금리는 자주 상업은행들의 기준대출금리 또는 프라임레이트를 형성하는 데 이용된다.

은행간 시장은 단기대출을 장기대출로 전환하는 데 이용되기도 한다. 은행들은 하루부터 2년까지 고정된 기간 동안 연금기금 같은 금융기관으로부터 차입한다. 그런 다음 그 자금을 5년까지 고객들에게 대출하고 그 대출자금을 조달하기 위해 은행간 시장에서 차입을 계속한다(예컨대 매 6개월 단위로). 런던에서는 매일 500개 이상의 은행들이 은행간 시장을 이용한다. 대출조건이 고정되어 있어 대출 쌍방은 영업계획과 자금흐름의 관리를 용이하게 수행할 수 있다. 1980년대 이후 예전에는 초과자금을 은행에 예치했던 다국적기업들이 스스로의 차입소요를 충당하기 위해 은행간 시장을 이용하기 시작했다. 기업들은 파운드화 표시 금융상품을 발행하거나 브로커를 이용하여 시장에 참여할 수 있다.

은행간 시장에서 금융 중개기관은 차입자와 대출자의 중개역할만을 담당한다. 그들은 중개에 대한 수수료를 지급받는다. 금융 중개기관과 고객의 비밀유지를 규제하는 엄격한 실행규칙이 존재한다. 금융 중개기관들은 1963년 이후 급성장했으며, 오늘날에는 은행간 거래, 지자체나 기타 정부기관 금융상품을 포괄하는 다양한 서비스를 제공하고 있다.

은행간 금리는 *Financial Times*와 같은 신문에 발표되는데, 다음과 같은 정보를 발견할 수 있다.

LONDON MONEY RATE

Sterling Interbank	Over-night	7days notice	One month	Three months	Six months
	$6^{1/4}-5^{3/4}$	$6^{1/16}-5^{7/8}$	$6^{1/16}-5^{29/32}$	$6^{1/4}-6^{1/8}$	$6^{7/16}-5^{5/16}$

은행의 대출금리-은행의 차입금리

은행간 시장은 단일시장이 아니라 국내시장과 유로시장으로 구성되어 있다.

(1) 국내시장(The Domestic Markets)

일반적으로 각국은 자국 통화표시의 자국 금융상품을 거래하는 국내시장을 가지고 있다. 이 국내시장에 참여하는 참여자들은 국내외 금융기관으로서 표시통화국 내에 소재하는 기관들로 이루어진다. 예를 들면 미국 내의 연방자금시장과 같은 것이 그것이다.

국내 은행들이 일상적인 영업활동——차입과 대출 및 시장에 대한 전망 등——을 하는 시장이 국내시장이다. 국내시장은 미국의 연방자금시장과 일본의 엔화시장 등과 같은 대규모 시장에서부터 프라하의 체코 코루나(Czech Koruna) 시장처럼 소규모 시장으로 다양한 규모가 있다. 거래는 각국의 주요 금융센터를 중심으로 이루어지는데, 여기서는 각국의 감독당국의 규제를 받게 된다. 이 감독당국은 주로 각국의 중앙은행들이다.

(2) 유로시장(The Euro Markets)

그러면 유로시장은 왜 존재하는가? 한때 단기금융시장의 예금시장은 일련의 국내시장으로만 구성되고 세계 외환시장과는 느슨하게 연결되어 있었다. 결국 정치적 사건과 고려 때문에 1960년대에 런던에 달러 보유의 안전한 투자처로서 유로시장이 출현하였다. 냉전하에서 미국에 반대하는 세력들이 보유 달러를 안전하게 투자할 투자처가 필요했던 것이다. 이들은 미국 은행산업에 대한 미국 정부의 규제를 신뢰하지 않았다. 그들은 자신들이 보유한 달러화의 저장소로서 런던소재 은행들을 선택하게 되었다.

런던의 은행들은 미국 금융당국의 관할하에 있지 않기 때문에 예금자들은 자신들의 달러예금이 미국과 관련된 정치적 사건들로부터 격리되어 있다고 생각했다. 이 현상은 뜻하지 않게 금융시장에 새로운 지평을 열었다. 더 이상 중앙은행은 해외에 있는 자국통화를 통제할 수 없게 되었다. 결국 유로시장은 달러를 포함하여 주요 국제통화에 대해서도 생겨났다.

유로달러 시장에서 처음 달러를 대차한 참여자 중 하나는 파리소재 러시아은행인 Banque Commerciale pour L'Europe du Nord였는데, 1950

년대에도 'Eurobank'라는 전보수신약호를 사용했었다. 이들 은행이 적극적인 참여자였기 때문에 이들의 거래가 'Eurobank's dollars 또는 'Eurodollars'라고 알려지게 되었다. 따라서 '유로'라는 용어는 해당 통화의 관할 지역 또는 국가 밖에서 이루어지는 모든 차입과 대출에 적용된다. 런던소재 은행이 프랑스 프랑화를 암스테르담 소재 은행에 대출하는 경우 이 거래는 유로-프랑(Euro-French Franc) 거래라고 부른다. 이 용어는 자본과 외환에 대한 통제가 엄격했던 60년대와 70년대에 특히 중요했다. 그 당시 유로금리는 국내거래의 금리에 비해 몇 퍼센트 포인트 더 높거나(약세통화) 더 낮았기(강세통화) 때문이다. 현재에는 유럽연합의 공동통화가 유로(the Euro)라는 이름을 사용하고 있기 때문에 역외거래를 의미하는 유로라는 말은 앞으로 덜 자주 사용될 것이다.

기억해야 할 한 가지 주요점은 유로시장에서는 지불준비와 관련된 중앙은행의 규제가 없다는 점이다. 조세 때문에도 은행들은 세율이 낮은 국가에 지점을 개설한다. 조세 유인 때문에 역외금융센터가 형성되었다. 심지어 미국은행들도 바하마(Bahama)와 네덜란드의 안틸레스(Netherlands Antilles)에 조세를 회피할 목적으로 지점을 개설하였다. 유로시장은 국제금융에서 상대적으로 저렴하고 지준의무가 없는 자금조달처가 되었다. 이 자금 풀의 성장이 은행간 시장의 금융기관 자금조달의 중요한 원천이 되었다. 유로시장의 규모는 엄청나며 현재 유로달러 시장은 세계 최대의 예금시장이다.

요약하면 은행간 시장은 다음과 같은 특징을 지니고 있다.

① 단기자금이 차입/대출된다.
② 대출은 무보증이며 차입을 위해 금융자산을 담보로 제공할 필요가 없다.
③ 시장에 유동성을 공급한다.
④ 유로시장의 기초가 된다.

4 은행간 대출금리

금리 중에서 유일한 공식 기준금리는 익일물 자금에 대해 중앙은행이 발표하는 금리뿐이다. 기타 만기의 모든 금리는 시장에서 결정된다. 그러나 진행 중인 금리추세에 대해 거의 모든 금융기관들은 약간씩 견해가 다르다. 이러한 상황에 대처하기 위해 시장은 정해진 만기에 대해 공식 기준금리를 제공하는 메커니즘을 필요로 한다.

런던의 은행들은 런던 은행간대출금리(London Interbank Offered Rate: LIBOR)라고 불리는 시스템을 사용한다. 이 시스템은 다른 금융시장에서도 모방하고 있다. 매일 런던시각 오전 11:00경 여러 은행들을 대상으로 주요 유로커런시에 대해 상호간 대출금리를 조사한다. 그 다음 각 통화별 만기별로 단일 금리를 설정하는데, 이 절차를 LIBOR fixing이라고 한다.

LIBOR 금리는 대출, 변동금리부 채권, 금리 파생상품 등의 금리결정에 이용된다. 영국은행연합회 (British Bankers Association: BBA)는 금리 파생상품을 결제하는 데 사용되는 공식 LIBOR 금리를 매일 발표한다. LIBOR 금리에 대해 다음 사항을 주목할 필요가 있다.

① LIBOR라는 용어는 항상 특정 통화 및 특정 만기와 함께 사용된다 (예를 들면, 3개월물 독일 마르크 LIBOR 금리).

② LIBOR 금리는 참조금리이며 기껏해야 거래협상에서 금리를 결정하는 데 이용된다.

③ LIBOR 금리는 유로시장에 속하며 국내시장과는 관련이 없다.

다른 국가들도 LIBOR 금리와 유사한 금리결정 절차를 가지고 있는데 예를 들면,

① PIBOR
파리 은행간대출금리(The Paris Interbank Offered Rate)
② FIBOR
프랑크푸르트 은행간대출금리(The Frankfurt Interbank Offered Rate)

③ HIBOR

홍콩 은행간대출금리(The Hong Kong Interbank Offered Rate)

④ SIBOR

싱가폴 은행간대출금리(The Singapore Interbank Offered Rate)

런던의 LIBOR금리는 런던 이외의 금융시장에서도 대부분의 거래에서 이용되고 있다.

5 금리 : 어떻게 결정되는가

세계적으로 많은 사업은 어떤 형태로든 대출금을 통해 자금을 조달한다. 이러한 대출금에 대한 비용은 그 대출에 적용되는 금리에 의해 결정된다. 금리가 높을수록 대출금 이자를 충당하기 위해서는 당해사업에 더 높은 수익률이 요구된다.

본질적으로 금리는 사업을 하는 비용이다. 그 자체로 금리는 모든 사람들에게 영향을 미친다. 소비자와 주택소유자가 신용카드와 주택담보대출에 대해 지불하는 금리는 단기금융시장으로부터 결정된다. 금리는 기업이나 개인이 타인의 돈을 특정 기간 사용할 때 드는 비용을 결정한다. '시간이 돈이다'라는 말은 의미가 있는데 이것은 차입자가 돈을 차입하는 한 차입원금에 대해 이자가 부과되기 때문이다.

(1) 기준금리

이미 살펴본 것처럼 금리는 화폐에 대한 수요와 공급 및 중앙은행의 정책에 의해 결정된다. 그러나 중앙은행은 익일물 자금시장에서 금리를 결정하기 위해 치밀한 메커니즘을 이용한다. 중앙은행은 이 메커니즘을 이용해서 공식적인 기준금리를 결정하고 이것이 여타 모든 대출금리의 결정에 기준이 된다. 나라마다 이 기준금리의 명칭이 다른데, 예를 들면 다음과 같다.

① 공정할인율(미국, 독일, 일본, 스위스)

Discount rate

② 개입금리(프랑스)

Intervention rate

③ 중앙은행금리(캐나다)

Bank rate

④ 단기금융시장금리(영국)

Money market dealing rate

(2) 중앙은행은 어떻게 금리를 관리하는가

중앙은행은 다음과 같은 조치를 할 수 있다. 첫째, 기준금리를 인상하거나 인하할 수 있다. 둘째, 금리를 의도하는 방향으로 움직이도록 유동성을 조절할 수 있다. 예를 들면 미국의 연방준비은행은 미국의 금리인하가 필요한 상황이라고 판단하면 다음 조치를 취할 수 있다.

① 공정할인율 인하를 공표한다. 이것은 은행간 익일물 자금거래에 적용되는 연방자금금리(Federal Funds Rate)를 인하시킨다.

② 공개시장매입을 통해 금융제도 전체에 화폐공급을 증가시킴으로써 금리를 인하시킨다.

시장은 다음 요소들을 고려하여 특정 만기의 금리를 결정한다.

① 현재의 경제상황

② 인플레이션 진행상황

③ 시장에서 차입자와 대출자의 수

④ 시장기대, 시장은 중앙은행이 금리를 인상(인하)할 것으로 생각하는가 등이다.

(3) 금리에 영향을 주는 여타 요인

화폐에 대한 수요와 공급 및 중앙은행의 정책에 더하여 금리에 영향을 주는 요소들은 많이 있다. 여기에는 다음과 같은 요인들이 있다.

① 차입자의 신인도

차입자가 대출원금과 이자를 상환할 가능성이 높은가? 신인도가 높을

수록 낮은 금리를 적용하고 낮을수록 높은 금리를 적용한다.

② 대출만기

경제전망과 수요 및 공급요인에 따라 대출금리는 만기별로 차이가 날 수 있다.

③ 원금의 규모

차입자는 대규모 금액일수록 상환하기가 어렵다. 그러나 대출자는 규모의 경제 때문에 대규모 대출금에 대해 더 낮은 금리를 제시할 수 있다.

6 단기금융시장의 금융상품

단기금융시장에서 거래되는 금융상품은 확정금리상품(coupon bearing instruments)과 할인상품(discount instruments)으로 구분된다. 확정금리상품은 투자한 상품에 대해 매기마다 일정한 표면금리에 의해 이자를 받고 만기에 원금을 상환받는 상품이다. 반면, 할인상품은 일정한 금리로 할인한 금액으로 금융상품을 매입하고 만기에 액면금액을 전액 수령하는 상품이다.

6.1 확정금리 금융상품(Coupon Bearing Instruments)

확정금리 금융상품은 투자기간 중 매기마다 일정한 이자를 받고 만기에 투자원금을 수령하는 형태의 금융상품이다. 원래는 이 상품에 이표(coupon)가 부착되어 있어서 매기마다 소지인이 발행인에게 이표를 제시하면 이자를 받도록 되어 있었기 때문에 이표식 금융상품이라고도 한다. 이표식 금융상품에는 단기예금(MMDs), 정기예금증서(CDs), 환매조건부증권(Repos) 등이 있다.

(1) 단기예금(Money Market Deposits : MMDs)

은행간 시장에는 고정예금과 변동예금의 두 가지 단기예금이 있다. 고정예금(fixed deposit)은 이자율과 만기가 거래시 미리 확정되는 예금이다.

그러나 변동예금(notice, or call deposit)은 금리가 변경될 수도 있고 일정 영업일 이전에 통지하여 예금을 해지할 수도 있다.

런던시장에서는 단기예금에 적용하는 금리를 고시하는데, LIBOR (London Interbank Offered Rate)는 은행이 대출시에 적용하는 금리를 말하며, LIBID(London Interbank Bid Rate)는 은행이 예금을 받을 때 적용하는 금리를 말한다. 단기예금은 유통시장에서 양도가 불가능하다.

(2) 정기예금증서(Certificates of Deposit: CDs)

정기예금증서(이하 CD)는 정기예금 예탁자에게 은행이 발행한 예금증서로서 이자율과 만기가 명시된 확정금리부 증서이다. 대부분의 CD는 유통시장에서 타인에게 양도가능하며(negotiable instruments), 그 소지인에게 원금과 이자가 지급된다(bearer certificates). 다시 말해 CD의 소유권은 누구나 그것을 소유한 사람에게 있다. 예금과 CD는 공통적으로 만기가 고정되어 있지만, 예금은 양도가 불가능하고 CD는 양도가 가능한 점이 기본적인 차이다.

(3) 환매조건부증권(Repurchase Agreement: Repos 또는 RP)

환매조건부증권(이하 Repo)이란 자금수요자가 자금공급자에게 일정기간 후 다시 매입하는 조건으로 증권을 매각함으로써 단기자금을 조달하는 금융상품이다. 반대로 역 Repo(Reverse Repo)란 자금공급자가 자금수요자에게 일정기간 후 다시 매각하는 조건으로 증권을 매입함으로써 단기자금을 공급하는 금융상품이다. 이때 매입이나 매각은 유가증권 딜러의 입장에서 사용되는 용어이다.

미국에서 최대의 Repo시장은 재정증권(Treasury Bills)의 익일물 시장인데, 이 경우 미국의 중앙은행은 시중에 통화량을 더 많이 공급하기 위한 수단으로서 유가증권을 매입한다. 유가증권 딜러 입장에서는 이것이 환매입조건부 유가증권매각(Repo)이 되는 것이다.

6.2 할인 금융상품(Discount Instruments)

할인 금융상품은 직접적으로 이자를 지급하지 않는 금융상품이다. 그 대신 할인상품은 액면가격에서 할인된 가격으로 발행되거나 유통된다. 이 할인액이 바로 투자자에게 지급되는 이자액에 해당되며 이것은 구입한 시점의 가격과 만기 시점의 가격차이다. 단기금융시장의 대표적인 할인상품은 재정증권(T-Bill), 은행인수어음(BA), 상업어음(CP) 등이 있다.

(1) 재정증권(Treasury Bill: T-Bill)

미국의 재정증권(이하 T-Bill)은 미국정부가 단기자금을 조달하기 위해 발행하는 할인형식의 국채로서, 만기에 액면금액을 지급하겠다는 약속증서이다. T-Bill은 미국정부를 대리하여 연방준비은행이 정기적인 공개입찰을 통해 발행한다. 13주 및 26주 만기의 T-Bill은 매주 1회 월요일에 입찰이 행해지고 자금결제는 목요일에 이루어진다. 52주 만기의 T-Bill은 매월 네 번째 목요일에 입찰이 이루어지고 자금결제는 그 다음주 목요일에 이루어진다.

영국의 경우 91일 및 182일 만기의 T-Bill이 역시 공개입찰을 통해 발행된다. 중앙은행인 영란은행과 시중의 상업은행들의 중개자로서 주로 할인상사(discount houses)가 T-Bill을 보유하고 매매한다.

(2) 은행인수어음(Banker's Acceptance: BA)

은행인수어음(이하 BA)은 대내외 상품거래와 관련하여 발행된 환어음을 은행이 특정일에 소지인에게 어음금액을 지급하겠다고 수락한 화환어음이다. 일단 인수가 이루어진 후에는 유통시장에서 양도매매가 가능하다. BA는 발행인과 인수은행이 함께 어음금액을 지급하겠다고 수락한 환어음이기 때문에 two-name paper라고 한다. 또 유통시장에서 할인매각된 환어음은 three-name-paper라고 한다. 영국에서는 BA를 은행어음(Bank Bill)이라고 부른다.

미국의 연방준비은행과 영국의 영란은행은 모두 지준의무가 있는 은행들이 인수한 BA를 매매한다. 이러한 어음을 적격어음(eligible bills), 이러한 은행을 적격은행(eligible banks)이라고 한다.

(3) 상업어음(Commercial Paper: CP)

상업어음(이하 CP)은 일반기업 등이 단기자금을 조달하기 위해 발행하는 무담보 약속어음이다. 발행인이 일정만기에 액면금액을 지급하기로 약속한 채무증서로서 할인형식으로 발행되며 유통시장에서 양도가 가능하다.

CP의 만기는 최장 270일까지이며 대기업들이 은행대출이나 환어음 대신 이용하는 단기자금조달 수단이다. 이것은 CP가 자금조달비용면에서 은행대출보다 더 유리하기 때문이다. CP는 무담보 약속어음이기 때문에 투자자는 기업의 신용도에 의존할 수밖에 없다. 따라서 신용도가 높은 대기업들만이 CP를 발행하고 매각할 수 있다.

주요용어

시장주도자(market maker)

양방향가격(two-way price)

할인시장(discount markets)

국내시장(domestic markets)

유로시장(euro market)

LIBOR(London Interbank Offered Rate)

Bid

Offer

스프레드(Spread)

확정금리 금융상품(Coupon Bearing Instruments)의 종류

할인 금융상품(Discount Instruments)의 종류

연습문제

1. 국제금융시장에서 A은행과 B은행이 다음과 같이 금리를 고시했다고 하자.

   A은행 5.25% − 6.25%   B은행 5.00% − 6.35%.

   100만 달러를 1년 동안 차입하는 경우 부담하는 이자지급액은 얼마인가?

2. LIBOR와 LIBOR fixing을 설명하시오.

3. 확정금리 금융상품과 할인 금융상품의 종류 및 그 차이점을 설명하시오.

제12장
리스크와 신용도(Risk and Credit)

개 요

리스크(risk)는 외환금융거래에서 발생하는 각종의 손실가능성을 말한다. 금리나 환율이 불리한 방향으로 변동하여 발생하는 시장리스크, 계약 당사자가 파산 또는 결제시간대의 차이 등으로 결제당일에 자금결제가 이루어지지 못하는 결제리스크, 거래상대의 지급불능 또는 지급거부로 발생하는 신용리스크 등이 있다.

단기금융시장과 외환시장에서 성공적으로 거래하기 위해서는 리스크를 이해하고 관리하는 일이 무엇보다 중요하다. 보상이 있는 곳에는 항상 위험이 따르기 때문이다. 외환금융시장에서 리스크는 여러 가지 형태로 존재한다. 최근에는 리스크관리의 중요성 때문에 각국의 중앙은행들과 일반은행들이 많은 시간을 투자하여 금융리스크를 더 잘 이해하기 위해 노력하고 있다.

리스크를 효율적으로 관리하지 못해서 금융시장에서 퇴출당한 회사들의 예는 무수하다. 1995년 Barings 은행이 파산했고, 1980년대에는 미국의 US Savings and Loan부문이 황폐화되었으며, 1974년에는 Herstatt은행이 파산하여 전 세계 금융시장을 마비시킬 정도였다. 금융시장에서 거래하는 금융기관들은 이사회가 작성한 일련의 리스크 관련 정책을 가지고 있어야 한다. 또 모든 은행의 영업활동에서 발생하는 리스크를 측정하고 집계할 수 있는 리스크 통제시스템을 가지고 있어야 한다. 이러한 수단을 갖추지 않으면 리스크관리 가이드라인과 시스템을 감독하는 중앙은행에 의해 은행면허가 취소되기도 한다. 리스크의 주요 형태는 시장리스크, 신용리스크, 결제리스크 등이 있다.

1   시장리스크(Market Risk)

시장리스크는 금리나 환율이 투자가(은행)에게 불리한 방향으로 변동하여 손실을 입게 될 가능성을 말한다. 간단히 말하자면 금리나 환율이 불리한 방향으로 변하여 은행의 포지션에 손실을 야기시키는 것을 말한다.

예를 들어 ABC은행은 미국은행으로서 외환거래를 하며 모든 계정이 USD로 측정되고 보고된다고 하자. ABC은행이 1,000만 달러를 XYZ은행에 팔고 결제일에 1,500만 DEM을 받았다. 그런데 결제일에 USD/DEM환율이 1.5000에서 1.5012로 상승한 경우 ABC은행은 그 1,500만 DEM으로 USD 9,992,006밖에 살 수 없다. 즉 결제일에 USD 7,994 손실을 본 것이다.

은행은 수시로(통상, 매일) 거래의 장부가격을 평가한다. 거래의 가치를 평가하고 그에 상응하는 손익을 계산하는 것을 장부가격의 시가조정(marking to market)이라고 한다. 거의 대부분의 금융거래에는 시장리스크가 수반된다. 거래에서 이익을 보려면 항상 시장리스크를 잘 관리할 필요가 있다.

시장리스크를 부담하지 않으면서 거래이익을 발생시키는 거래를 재정거래(arbitrage trading)라고 한다. 시장리스크 없이 이윤을 창출하는 일은 거래자에게 매우 중요하기 때문에 재정거래의 기회는 신속하게 사라지는 경향이 있다. 왜냐하면 거래자들이 끊임없이 여러 시장을 감시하면서 재정거래의 기회를 노리고 있기 때문이다.

2   결제리스크(Settlement Risk)

결제리스크는 계약 당사자가 파산 또는 결제시간대의 차이 등으로 결제일에 자금결제가 이루어지지 못해 발생하는 위험을 말한다. 이 결제리스크는 외환거래에서 결제시간대의 차이 때문에 발생한다. ABC은행과 XYZ은행 사이의 외환거래에서 결제일에 XYZ은행은 ABC은행에 DEM 1,500만을 지급하고 USD 1,000만을 수령해야 한다. 문제는 XYZ은행이 뉴욕에

서 USD 1,000만을 받기 수시간 전에 프랑크푸르트에 있는 ABC은행의 코
래스은행에 DEM 1,500만을 지급해야 한다는 점이다.

이러한 결제위험은 1974년 파산한 Herstatt은행의 예를 들 수 있다.
동년 6월 25일 이 은행의 파산조치가 영업시간 중에 단행되어, 독일에서는
Herstatt은행이 마르크를 결제받았지만 뉴욕에서는 그 대가인 달러를 결제
받지 못한 시점이었다. 그 결과 뉴욕에서는 파산 발표시각 이전에 동 은행
에 마르크화를 지급한 금융기관들이 결제자금인 달러화를 지급받지 못함으
로써 막대한 손실을 입었다. 이 때문에 결제리스크는 종종 Herstatt Risk
라고도 불린다.

은행들은 결제한도를 설정함으로써 결제위험을 관리한다. 결제한도란
하루 중에 결제할 수 있는 거래의 총 달러금액을 제한하는 것이다. 이렇게
함으로써 Herstatt 결제위험과 같은 재난으로부터 파산하지 않으면서 잠재
적인 손실에 상한을 설정하는 효과를 가진다.

3 신용리스크(Credit Risk)

신용리스크는 거래 상대방이 계약상의 지급의무를 이행하지 못할 경우
에 발생하는 위험이다. 즉, 신용리스크는 거래상대의 지급불능 또는 지급
거부로 발생하는 위험이다. 신용리스크는 은행들이 노출되는 리스크의
80% 이상을 차지함으로써 금융시장 리스크 가운데 가장 큰 부분을 차지한
다. 이것은 대부분의 은행들이 대출업무를 취급하고 있고 그들이 직면하는
유일한 리스크는 고객이 대출상환을 하지 않을 경우에 발생하기 때문이다.

신용리스크는 외환시장에서도 발생한다. 외환시장에서의 신용리스크
는 거래상대가 결제일에 결제의무를 이행하지 못할 경우에 발생한다. 이
개념은 결제리스크와 유사한데, 차이점은 결제리스크는 매우 단기리스크인
데 반해 신용리스크는 장기리스크라는 점이다. 예를 들어 은행이 6개월 외
환스왑거래를 체결한 경우 은행은 6개월 계약기간 중 하시라도 거래상대가
파산 등으로 만기에 해당통화를 상환하지 못하는 위험에 직면한다.

은행들은 정기적으로 거래 상대방의 신용도(채무불이행의 가능성)를 조

사항으로써 신용리스크를 관리한다. 신용도가 높은 거래상대일수록 더 많은 차입을 할 수 있다. 이것을 신용조사프로세스라고 한다.

4 신용조사과정

신용공여한도는 통상 은행의 본점에서 관리한다. 본점의 신용위원회는 거래은행들의 신용도를 평가하고 재무상태를 정기적으로(적어도 1년에 한번) 조사한다. 그래서 대부분의 은행에서는 거래실과 신용위원회 사이에 거래한도를 둘러싼 줄다리기가 발생한다. 거래실은 거래(신용공여)한도를 확대하기를 원하는 반면, 신용위원회는 리스크를 통제하기 위해서 한도를 축소하려고 하기 때문이다.

거래자들은 신용공여한도가 충분하지 않을 경우 이익을 낼 능력이 방해받는다고 주장한다. 즉, 좋은 거래기회를 신용공여한도 때문에 놓치고 만다는 것이다. 반면 신용위원회는 잘못된 신용공여한도 때문에 은행이 파산할 수도 있다는 점을 강조한다. 신용위원회는 자체 평가결과뿐만 아니라 금융기관의 신용도를 평가하여 신용등급을 제공하는 신용평가기관들을 이용하기도 한다. 신용위원회는 자체 평가결과와 외부 신용평가기관의 신용등급을 종합하여 특정 금융기관에 대한 신용공여한도를 결정한다. 각 은행이나 신용평가기관이 비슷한 평가기준을 이용하기 때문에 신용등급이나 신용평가 결과는 상당히 유사하다.

본점의 신용위원회는 매월 각국의 신용도 평가하고, 그 나라에 본점이 소재한 은행들의 신용도 평가한다. 그러나 필요한 경우 수시로 신용평가의 변경이 이루어질 수 있다. 예를 들어 스위스 중앙은행이 스위스 은행들의 부동산 관련 대출손실이 증가했음을 발표하면, 스위스 은행들의 신용등급은 과거만큼 높지 않을 것이라는 결론에 도달할 수 있다. 따라서 스위스 은행들에 대한 신용공여한도는 다시 조정된다.

4.1 신용공여한도 결정방법

A은행이 B은행에 제공할 수 있는 신용공여한도는 주로 A은행이 생각하는 B은행의 신용도, A은행의 상대적 규모 등에 의해 결정된다. 예를 들어 Citibank는 대규모 은행이고 A은행에 대해 50억 달러, B은행에 대해서는 10억 달러의 신용공여한도를 책정하고 있다고 하자. Citibank의 입장에서는 A은행의 신용도는 높게 평가하고 B은행의 신용도는 낮게 평가하고 있기 때문이다. 또 규모가 작은 Okibank는 A은행에 3억 달러, B은행에 1억 달러의 신용공여한도를 책정하고 있다고 하자. 이것은 Okibank가 Citibank에 비해 규모가 작기 때문에 상대 은행이 파산할 경우 견딜 수 있는 능력이 상대적으로 작기 때문이다. 따라서 은행규모가 커질수록 그 은행이 책정하는 신용공여한도도 커진다.

4.2 신용공여한도의 배분

신용공여는 희소하고 가치가 매우 높은 자원이다. 각 은행들은 신용공여한도를 최적화하려는 노력을 해 왔다. 신용공여한도가 신용위원회로부터 거래실의 거래자에게로 어떻게 결정되어 전달되는지를 다음 사례를 통해 살펴보자.

예를 들어 A은행은 런던에 본사가 있으며 파리, 취리히, 동경, 뉴욕에 지점이 있다. A은행이 B은행에 대한 신용공여한도를 책정할 때, 전 세계의 B은행 지점들과 거래한 금액이 B은행에 대한 신용공여한도 책정에 영향을 줄 것이다. 신용위원회가 B은행에 대한 신용공여한도가 2억 달러라고 결정하면 이 한도는 다음 두 가지 방법 중 하나로 A은행 본점과 지점 사이에 배분된다.

(1) 그룹 신용배분

A은행 본점과 지점은 전체 한도 중에서 개별적으로 공여할 수 있는 한도를 배정받는 방식이다. 예를 들어 본점은 1억 달러, 파리, 취리히, 동경, 뉴욕의 지점들은 각각 2,500만 달러씩 배정받는 것이다. 그러면 본점과 각

지점은 배정받은 범위 내에서만 B은행과 거래할 수 있다.

(2) 글로벌 신용배분

이 방식은 엄격히 말하자면 신용배분방식은 아니다. 앞의 예에서 A은행의 B은행에 대한 신용공여한도 2억 달러는, A은행의 본점과 지점 사이에 배분되는 것이 아니라 선착순으로 한도 내에서 사용하는 것이다. 전체한도가 소진될 때까지는 거래기회를 놓치는 경우가 없기 때문에 더 효율적인 것으로 알려져 있다.

5 신용등급 평가

스탠더드 앤 푸어(Standard & Poor: S&P)와 무디스(Moody's Investors Service: Moody's)는 세계적으로 잘 알려진 양대 신용등급 평가기관이다. 두 기관이 서로 다른 신용평가기준을 사용하고 있지만 서로 직접 비교가

표 12-1   **장기 신용등급**

신용등급	S&P	Moody's
Best	AAA AA+	Aaa Aa1
Highest	AA AA− A+	Aa2 Aa3 A1
Upper medium	A A− BBB+	A2 A3 Baa1
Medium	BBB BBB−	Baa2 Baa3

자료: Reuters Limited, *An Introduction to Foreign Exchange & Money Markets*, John Wiley & Sons, 1999.

가능하다. 장단기에 대한 신용등급 평가는 [표 12-1]과 같이 이루어진다.

장기 신용등급은 C등급까지 있지만, 투자등급 이하로 구분되기 때문에 기관투자가들의 투자대상으로는 적절하지 않다. 대부분의 정크본드(때로는 고수익증권으로도 알려져 있음)는 C등급에 속한다. 차입자들은 투자자들을 끌어들이기 위해 장기 금융상품에 대해 신용등급조사를 하도록 요청하고 그 비용을 지급한다. 이 경우 신용등급 평가기관들은 차입자(증권발행자) 자체의 신용을 평가하는 것이 아니라 장기 금융상품에 대한 평가를 하는 것이다. 신용등급 평가기관들은 스스로의 신뢰도를 유지하기 위해 충분한 독립성을 유지한다.

S&P와 Moody's도 각각 독립적으로 신용등급을 평가하는데, 때때로 두 기관의 신용등급 평가가 다른 일도 있다. 그러나 이 경우에도 한 수준 이상으로 차이가 나는 일은 흔하지 않다.

단기 신용등급은 특정 차입자가 발행하는 모든 단기금융상품에 대해 적용된다. 단기평가의 경우에는 자산담보 유무나 해당상품의 유동성 등에 대한 평가를 반영한다. Moody's의 P1은 S&P의 A1+와 A1을 모두 포괄하는 수준이다. A3와 P3의 아래 등급은 없다. 왜냐하면 그 아래 등급은 투자가치가 있는 대상이 아니라고 판단하기 때문이다. 차입자(증권 발행자) 사이의 신용위험을 구분하기 위해 기업이 발행하는 증권은 정부가 발행하는 증권의 수익률에 스프레드를 가산한다. 예를 들면 3개월 만기 상업어음은 동일 만기의 T-Bill보다 25 베이시스 포인트에서 150 베이시스 포인트 스프레드(가산금리)가 붙는다. 이 두 상품은 모든 면에서 동일하지만 발행기관의 신용등급이 차이가 난다. 또 유로시장에서는 대출의 기준금리는 LIBOR인데 신용등급에 따라 서로 다른 스프레드가 부가된다.

표 12-2　**단기 신용등급**

S&P	Moody's
A1+	P1
A1	
A2	P2
A3	P3

신용평가기관들이 장단기 신용등급을 변경하기 전에 통상 신용평가 대상기관이나 대상상품에 대해 긍정적/부정적 신용감시(credit watch with positive/negative implications) 대상에 포함시킨다. 기업인수와 같은 사건은 신용등급을 변화시킬 수 있지만, 어떤 경우에는 특정 사건 때문에 신용등급이 변화하지 않는 경우도 있다.

신용등급은 차입자가 증권을 발행하거나 차입할 때 지불해야 하는 금리에 영향을 미친다. A1/P1등급과 A2/P2등급 사이의 차입비용 차이는 연 2% 포인트까지 발생할 수 있다.

주요용어

시장리스크(market risk)

신용리스크(credit risk)

결제리스크(settlement risk)

신용등급(credit rating)

신용등급 평가기관(credit rating agencies)

신용공여한도의 결정과 배분

신용등급과 스프레드

연습문제

1. 차입자 또는 상품별로 상이한 가산금리(스프레드)가 적용되는 이유는 무엇인가?

2. 우리나라 주요 기업들이 국제금융시장에서 차입할 경우 신용등급이 어느 수준인지 언론보도를 통해 본 적이 있는가? 없다면 삼성전자와 현대자동차의 신용등급을 조사해 보시오.

3. 우리나라의 신용등급에 대해 아는 바가 있는가?

3부

다국적기업과 국제경영

제13장
기업의 해외진출 전략

개 요

매출액을 증대시켜 이윤을 높이는 한편 규모를 키우기 위해 기업은 해외에 진출한다. 해외 진출을 위해 수출(export)이나, 라이센싱(licensing), 또는 해외직접투자(foreign direct investment)와 같은 다양한 방식이 활용된다.

    기업이 해외로 진출하여 활동한다는 것은 두 나라 이상에 걸쳐 경영 활동이 이루어지는 것을 의미한다. 매출액을 증대시켜 높은 이윤을 얻기 위해서 다수의 기업이 외국의 상이한 환경에 적응하면서 조직·인사관리, 마케팅, 생산, 재무활동 등 기업 경영활동을 국제적으로 확장시켜 시장을 키워나가고 있다.

1   기업의 해외진출 목표

    기업이 해외에 진출하는 목표는 대체로 다음의 네 가지를 들 수 있다.
    첫째, 기업은 해외시장에 진출함으로써 매출액을 크게 증대시킬 수 있다. 기업이 자기 상품을 판매하는 영역은 국내 판매와 해외 판매로 나눌 수 있다.
    세계적인 대기업들의 경우 매출액 가운데 절반 이상을 해외에서 벌어들이고 있다. Royal Dutch Shell(영국), GE(미국), Exxon Mobil(미국), Total(프랑스), Volkswagen Group(독일), Toyota Motor Company(일본), Nestle(스위스), Google. Microsoft(미국) 등 다수의 다국적기업이 여기

에 속한다〈부표 참조〉. 물론 중소기업도 해외 경영활동을 수행하고 있다.

둘째, 기업은 본사에서 사용하기 위해 해외에서 제품, 서비스, 부품, 자본, 기술, 그리고 정보를 구매한다. 이런 해외구매 활동을 통해 기업은 비용을 절감하거나 자국에서 얻을 수 없는 제품이나 서비스를 획득할 수 있다. 또한 다양한 거래처를 확보함으로써 급격한 가격 변동이나 공급부족 사태로 인한 일방적인 피해를 방어할 수 있게 된다.

셋째, 기업은 해외에서 다양한 판매시장을 찾을 수 있다.

넷째, 경쟁기업이 해외활동을 통해서 얻은 우위를 국내에서 자사와 경쟁하기 위해 사용할 수 있다. 이 점을 우려하여 방어적 차원에서 국제화를 시도하기도 한다. 예를 들어, 경쟁기업이 단독으로 특정 해외시장에 진입해서 대규모의 이윤을 창출할 수 있게 된다면, 진출하지 않은 기업 입장에서는 큰 위협을 느끼게 될 것이다. 이러한 경계심을 갖고 있는 기업은 주로 경쟁자가 우위를 점하는 것을 방어하기 위해서 해외시장에 참가할 수 있다.

해외에 진출하는 기업은 자국의 환경뿐만 아니라 진출하는 현지국의 환경이나 국제환경을 고려하여 기업경영활동을 수행하지 않을 수 없다. 따라서 국제경영자는 기업의 외부환경, 기업의 목표, 목표를 달성하기 위한 기업의 여건 등을 검토하면서 국제적 차원에서 기업의 전략과 이를 수행하기 위한 수단을 마련해야 한다.

2 │ 기업의 해외진출 방식

기업이 해외에 진출할 때에는 수출(export)이나 라이센싱(licensing) 또는 해외직접투자(foreign direct investment)와 같은 다양한 진출방식이 활용된다. 기업의 해외진출방식은 다음의 세 가지로 크게 구분하여 살펴볼 수 있다.

2.1 수출에 의한 해외진출

수출에 의한 해외진출은 기업이 자국에서 상품을 생산하여 현지국에 수출하는 방식이다. 여기에는 간접수출과 직접수출이 있다. 간접수출은 기

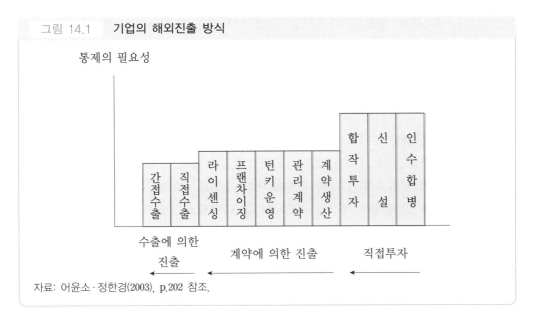

그림 14.1   **기업의 해외진출 방식**

자료: 어윤소·정한경(2003), p.202 참조.

업이 제품을 국내에 있는 중간수출업자를 통해 해외에 수출하는 것이며 직접수출은 중간수출업자를 거치지 않고 기업이 직접 해외에 수출하는 것을 말한다.

수출에 의한 해외진출은 기업 입장에서 가장 위험이 적은 해외진출 형태로서 오래 전부터 활용된 기본적인 전략이다. 수출은 기업이 해외에 처음 진출할 경우 가장 보편적으로 사용되는 국제화 방법이다.

2.2   계약에 의한 해외진출

계약에 의한 해외진출 방식은 기업이 자사가 보유하고 있는 기술이나 지식을 일정한 대가를 받고 해외기업에게 이전하는 계약을 체결하여 해외에 진출하는 방식을 말한다. 계약을 통해서 해외시장에 진출하는 방식은 여러 가지가 있는데 대체로 다음과 같은 방식들이 있다.

(1) 라이센싱

라이센싱(licensing)은 라이센스 공여자(licensor)가 라이센스 도입자(licensee)에게 재산   가치가 있는 상업적으로 활용 가능한 각종 기술과 정보 등으로 대표되는 무형자산(intangible assets)을 일정한 대가(royalty)를 받고 제공하는 계약을 체결하여 해외시장에 진출하는 방식이다. 라이센스 공여자가 제공하는 무형 자산은 특허. 발명. 제조방법. 공정. 디자인, 저작권, 경영기법 등 같은 각종의 권리가 포함된다.

라이센스 공여자는 라이센스 도입자로부터 자사가 원하는 수준의 제품을 공급받기 위해 단순히 특허나 노하우(know-how) 등의 상업적 자산권을 이전하는 데 그치지 않고 라이센스 도입자에게 상당한 기술도 지원해 주는 것이 일반적이다. 이때 기술을 어느 정도로 이전해 주는가 하는 것은 관련 기술 및 공정의 복잡성 정도 그리고 라이센스 도입자의 경영 및 기술적 능력에 따라서 결정된다.

(2) 프랜차이징

프랜차이징(franchising)은 프랜차이즈 공여자(franchisor: 영업본부)가 프랜차이즈 도입자(franchisee: 가맹회사)에게 상표 등에 대한 사용권을 허가해 주고 기업의 운영도 계속적으로 지원해 주는 계약을 체결하여 해외시장에 진출하는 방식이다.

영업본부는 프랜차이징에 따른 수수료(royalty나 fee)를 받고 대개 가맹자의 운영에 필요한 물품을 공급한다. 패스트푸드 업체나 소매업, 렌트카, 호텔, 자동차 판매업 등의 서비스산업에서 프랜차이징 계약이 전형적으로 활용된다. 영업본부는 가맹회사에게 설비, 간판, 판촉물, 제품과 기타 원재료를 공급하는 한편 교육훈련, 재무, 기술, 회계, 상품기획, 일반적인 관리면에서 지원을 하게 된다. McDonald Hamburg, Domino Pizza, Hilton Hotel, Hertz 등이 프랜차이징 계약을 통해서 국제적으로 사업을 확장하는 대표적인 기업들이다.

(3) 턴키 프로젝트

턴키프로젝트(turnkey project)는 플랜트수출(plant export)이라고도 하는데 이는 기업이 해외에서 공장이나 기타 산업시스템을 발주 받아 이를 설계. 건설한 다음 가동할 준비가 되면 소유자에게 이전하는 계약이다.

경우에 따라서 경영관리나 근로자의 훈련 등과 같은 서비스를 추가로 제공하기도 하는데 이를 턴키 플러스(turnkey plus)라고 한다. 턴키공사는 프로젝트에 설비공급을 하는 산업설비 제조업자가 맡게 되는데 대개 건설회사인 경우가 많다. 이는 대규모 사업으로서 막대한 자본이 소요되기 때문에 소수의 다국적기업이 시장을 대부분 점유하고 있는 경우가 많다.

턴키운영은 각 프로젝트마다 각기 상이한 특성을 지니고 있고 그 내용도 서로 다르기 때문에 어떤 표준적인 계약을 이용할 수는 없으나 통상적으로 이 방식에서는 엔지니어링 기술과 노동 및 경영 관리기법이 복합적으로 이전되는 것이 일반적이다. 턴키프로젝트는 건설 및 엔지니어링 능력이 부족한 후진국이나 개발도상국이 많이 활용하는 방식이다.

(4) 관리계약

관리계약(management contract)은 경영에 관한 지식. 경험. 기술 등의 노하우를 가진 기업이 자금. 설비를 갖고 있는 기업과 계약을 체결하여, 한 파트너는 운영시설을 소유하고 다른 한 파트너는 경영을 담당하는 형태의 국제경영방식이다. 보통 관리계약 판매자는 경영관리기술, 즉 노하우만을 제공한다. 이러한 관리계약은 공공부문, 서비스산업, 천연자원 개발 등의 분야에서 주로 사용된다. 그러나 국제관리계약만 체결되는 경우는 매우 드물며 대개 합작투자나 턴키프로젝트의 일환으로 사용된다.

(5) 계약생산

계약생산(contract manufacturing) 혹은 하청생산(subcontraction)은 라이센싱과 해외직접투자의 중간형이라고 할 수 있는데 이는 한 기업이 특정 제조업체로 하여금 일정한 계약조건하에 제품을 생산하도록 하고 이를 현지국 시장이나 제3국 시장에 판매하는 방식이다. 흔히 주문자상표부착 방식의 생산(original equipment manufacturer: OEM) 방식의 생산을 의미한다. 우리나라에서 생산되어 수출되는 공산품의 상당량이 외국 수입업자의 상표가 붙어 세계시장에서 판매되고 있는데, 이것도 일종의 계약생산이라고 할 수 있다.

계약생산을 위탁하는 기업은 자사가 요구하는 제품을 확보하기 위해 통상 현지기업에게 기술을 이전해 주거나 또는 기술을 지원해 주는 것이 일반적이다. 이때 기술이전 및 기술지원은 양 기업간의 별도의 라이센싱 계약이나 기술지원 계약에 따라 이루어진다.

　계약생산은 통상 해외고객에게 자사가 제품을 직접 공급할 여력이 없거나 현지시장이 협소하여 직접투자형태의 진출이 타당하지 않는 경우, 그리고 현지정부의 규제 등 장벽 때문에 통상적인 수출경로를 통해서는 해외고객에게 제품을 공급할 수 없는 경우에 많이 이용된다.

2.3   직접투자에 의한 해외진출

　직접투자는 현지국 기업에 대한 경영통제권을 확보하는 형태로 진출하는 현지진출방식을 의미한다. 흔히 '해외직접투자(foreign direct investment: 이하 FDI)' 라고도 하는데, 이는 투자기업이 해외의 투자대상기업에 대한 경영지배 또는 경영참여를 목적으로 유형의 경영자원뿐만 아니라 무형의 경영자원인 기술 · 특허 · 상표권 · 경영 또는 마케팅 노하우 등 기업의 제반 자원을 패키지(packaging) 형태로 해외에 이전시키는 방식이라고 할 수 있다.

　다국적기업이 주로 해외직접투자를 행하는 주체이며 오늘날 전 세계적으로 다각적인 활동을 전개하고 있다. 투자 도입국(현지국), 투자 진출국, 그리고 세계 경제적 관점에서 다국적기업의 해외직접투자에 대한 영향과 효과에 대해 활발한 연구가 이루어지고 있다. 사실상 다국적기업은 앞서 살펴본 여러 가지 국제경영 참가 방식들을 혼합해서 활용함으로써 국제적 차원에서 이윤을 최대화하려고 노력할 것이다.

그림 13.2   **기업의 국제진출 수단으로서의 수출 · 국제하청생산 · 해외직접투자 비교**

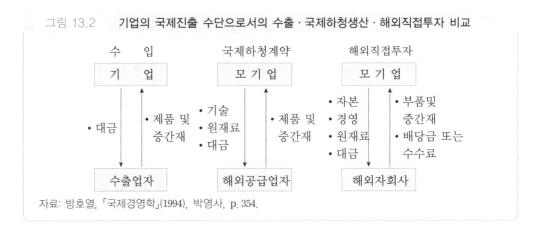

자료: 방호열, 「국제경영학」(1994), 박영사, p. 354.

주요용어

기업 해외진출 전략
라이센싱
프랜차이징
턴키운영
계약생산
해외직접투자
다국적기업

연습문제

1. 기업의 해외진출 방식 중에서 수출이 갖는 기본적인 한계는 무엇인가?

2. "라이센싱 방식은 직접투자 하지 않고서도 잠재적 시장의 가능성을 평가할 수 있기 때문에 일반적으로 가장 좋은 해외진출방식이다."라는 주장에 대해 평가해 보시오.

3. OEM 생산 방식은 한국이 1970, 80년대에 걸쳐 적극적으로 활용했던 해외진출방식이었다. 왜 한국은 이 방식을 해외진출의 주요 방식으로 활용했을까?

제14장
세계화와 다국적기업

개 요

다국적기업(multinational corporation: MNC)이란 "2개 이상의 국가에서 생산 및 경영활동을 수행하는 다수의 해외자회사를 소유하거나 통제하며, 이들의 해외활동을 1개국에 위치한 의사결정센터에서 총괄하는 기업"으로 정의할 수 있다.

이들 다국적기업의 활동은 세계적 생산과 무역을 촉진하여 경제의 '범세계화'를 촉진시키는 한편 세계적 경쟁에서 살아남기 위한 끊임없는 기술혁신을 불러일으킨다.

20세기 말에 들어서면서 그 이전보다 경제 개방과 자유화 속도가 훨씬 더 빨라지고 있다. 국가 간에 상호의존성이 매우 높아져 '국경 없는 세계'가 형성되고 있는 것이다. 이런 흐름은 1990년대 이후 진행되어온 두 개의 큰 물결, 즉 경제의 범세계화(globalization of economy)와 디지털 혁신(digital innovation)에 의해 더욱 빠른 속도로 진행되고 있다.

세계화와 디지털혁신이 진전될수록 세계경제의 긴밀성은 더욱 강화될 것이다. 따라서 개방화·자유화된 세계경제는 다국적기업에게 더 넓은 활동무대를 제공하게 될 것이고, 그에 따라 다국적기업의 활동영역이나 해외진출 유형도 더욱 광범위해지고 다양해질 것이다. 물론 다국적기업이 세계경제에 미치는 영향도 더욱 커져갈 것이다.

1 다국적기업의 정의와 기초 개념

1.1 다국적기업의 정의

다국적기업(multinational corporation: MNC)이란 "2개 이상의 국가에서 생산 및 경영활동을 수행하는 다수의 해외자회사를 소유하거나 통제하며, 이들의 해외활동을 1개국에 위치한 의사결정센터에서 총괄하는 기업"으로 정의할 수 있다. 다국적기업이 무엇인지 살펴보기 위해 다음 세 가지 사항을 중심으로 살펴보자.

(1) 해외자회사에 대한 경영통제권

다국적기업의 모회사(parent company)가 해외자회사(affiliate, subsidiaries)에 대해 경영통제권을 행사하는 방법에는 주식지분소유에 의한 방법(equity control)과 실질적 통제(effective control)에 의한 두 가지 방법이 있다.

주식 지분소유는 완전소유(100%), 다수지분소유(51% 이상), 합작(50%), 소수지분소유(49% 이하)의 네 가지로 나눌 수 있다. 완전소유와 다수지분소유의 경우에는 당연히 경영통제권을 가지지만 문제는 50% 이하의 지분을 소유하는 경우이다. 50% 미만의 지분을 소유할 경우 과연 실질적으로 경영통제권을 가질 수 있느냐의 문제인데, 여기에 대해서는 나라마다 해석이 다르다. 대체적으로 모기업이 25% 이상의 지분을 소유하고 있으면 해외자회사에 대해 경영통제권을 행사할 수 있는 것으로 간주한다.

다음으로 지분을 소유하지 않더라도 '실질적인 통제권'을 행사하고 있다면 해외자회사로 간주할 수 있을 것이다. 이런 방법으로는 앞서 살펴본 계약에 의한 해외진출 방식, 즉 기술협력, 판로제공계약을 통한 경영개입, 국제하청, 해외현지조립 등의 방법이 있는데, 이들 방식을 통해 일정한 수준의 영향력을 행사할 수 있게 되는 것이다.

(2) 다국적성의 문제

다국적기업의 개념을 정의하는 중요한 기준으로 활동의 다국적성에 주목한다. 다국적성에 대한 평가는 다국적기업의 구조, 성과의 두 가지 측면에서 설명될 수 있을 것이다.

첫째, 구조적 측면의 기준(structural criteria)인데, 여기에는 경영활동이 이루어지는 국가의 수(2개국 이상), 해외자회사의 수(2개 이상), 최고경영자의 국적 수(2개국 이상) 등이 포함된다.

둘째, 성과 측면의 기준(performance criteria)인데, 기업 전체의 매출, 자산, 이윤, 고용에서 해외 기업 활동이 차지하는 비중(25% 이상)이 가장 중요한 지표로 활용된다.

이런 두 가지 기준, 즉 구조 및 성과 측면의 크기가 커질수록 다국적성이 높다고 간주한다.

(3) 의사결정센터

다국적기업은 보통 특정국가에 단일화된 의사결정센터를 가지고 있다. 이 센터는 전 세계에 흩어져서 국경을 초월한 생산·판매활동을 수행하는 해외자회사를 일괄적으로 통제·조정하는 기능을 가진다. 다국적기업이라 하더라도 이해관계의 중심은 국적과 밀접한 관계를 맺고 있기 때문에 의사결정센터는 보통 모기업(또는 본사)이 경영활동을 수행하는 국가에 소재하며 이것이 위치한 나라가 투자국(home country)이 된다. 다국적기업 투자를 받아들이는 나라는 수용국 혹은 현지국(host country)이라 부른다.

1.2 다국적기업과 관련된 기초 개념

다국적기업에 대한 명칭은 세계기업(world corporation), 초국적기업(transnational corporation: TNC), 다국적기업(multinational corporation: MNC), 국제기업(international enterprise), 지구기업(global firm) 등으로 다양하게 부르는데, 일반적으로 다국적기업, 초국적기업이라는 용어가 가장 널리 사용되고 있다.

(1) 다국적기업과 해외직접투자

해외직접투자는 '해외에 소재한 피투자기업의 경영을 지배하거나 통제권을 행사함으로써 직접 생산과 판매활동을 수행하기 위한 투자'이다. '경영권을 수반하는 해외투자'라는 점에서 단순히 외국의 주식, 채권 등 유가증권 투자를 대상으로 하는 해외간접투자(foreign portfolio investment)와 구별된다.

해외간접투자란 '경영지배나 통제의 목적이 아닌 단순한 배당금이나 이자수입을 목적으로 피투자기업의 주식이나 채권을 취득하는 것'을 말한다. 전자가 경영통제권 행사를 목적으로 단순히 자본뿐만 아니라 기술경영상의 노하우(know-how) 등 '보이지 않는 자산(intangible assets)'까지 일괄하여(packaging) 해외에 이전시키는 것인 데 반해, 후자는 단순한 화폐자본의 국제간 이동만을 수반하는 것이다.

현실적으로 거의 대부분의 해외직접투자는 다국적기업에 의해 이루어지며 다국적기업의 입장에서도 해외직접투자가 해외생산거점을 확보하는 절대적인 수단이므로 양자의 개념을 따로 구분하지 않고 사용하는 경향이 강하다.

(2) 해외직접투자와 외국인직접투자

기업들은 직접투자를 해외로 내보내거나 해외로부터 받아들이거나 한다. 개별국가를 기준으로 해서 전자는 해외직접투자(outward foreign direct investment)라 부르고 후자는 외국인직접투자(inward foreign direct investment)라고 부른다.

2 세계경제에서의 다국적기업 역할

(1) 경제의 범세계화 촉진

경제의 범세계화는 다국적기업이 주도하는 직접투자와 그 결과 형성된 국제생산체제에 의해 급속히 진전되고 있다. UNCTAD가 발행한 세계투자보고서(World Investment Report: WIR)에 따르면 2016년 기준으로 세계 직접투자 누적잔고(stock)가 약 26조 8천억 달러를 상회하여 1982년 5,500억 달러, 1990년의 1조 7,200억 달러, 2001년 6조 5천억 달러, 2008년 16조 2천억 달러 수준에 비해 큰 규모로 증가해 왔음을 알 수 있다.

1980년대 이후 다국적기업에 의한 자본의 세계화가 급속히 진행되면서 국제생산체제가 빠르게 세계화 되어 왔음을 짐작해 볼 수 있다. 이처럼 급속히 증대되어온 자본의 세계화는 곧바로 개별 국가경제 간의 상호의존성과 상호긴밀성(interdependency, interpenetration)을 강화시켰음은 두말할 것도 없다.

(2) 국제생산체제의 확산

이런 추세를 반영하여 실제로 2016년 말 기준으로 약 9만 개의 다국적기업이 약 85만개의 자회사를 거느리고 세계 전역에서 기업 활동을 전개하고 있다. 2015년 기준으로 한국의 삼성전자(4위), 한화(12위), 현대자동차(20위), POSCO(38위), 두산(59위), LG전자(92위), SK하이닉스(100위) 등의 기업도 비금융 개도국 기업 중 세계 100위 내에 속하는 기업으로 분류되고 있어 우리나라도 1980년대 이후 자본세계화, 생산국제화 추세에 적절히 대응해 나가고 있는 것으로 보인다.

보통 다국적기업은 피라미드(pyramid)형 조직구조를 갖는데, 이런 조직구조에 의해 국제분업체제가 영향을 받을 수 있다. 즉 다국적기업은 일반적으로 전략본부(Head Quarter)에 고도의 기술집약산업이나 첨단공정을 배치하고, 지역본부(Regional Center)에는 자본집약산업이나 중급의 기술집약공정을, 단순생산거점(Subsidiaries, Affiliates)에는 노동집약산업이나 단순조립공정을 분담시킨다.

특히 기술력이 부족한 후진국이나 개도국의 경우 단순생산거점으로밖에 인식되지 못한다면 이 국가는 만년 노동집약적 산업이나 단순조립공정에 특화하는 한낱 해외하청기지로서의 지위를 벗어나지 못할 수도 있다.

(3) 세계 후생증대 및 기술혁신의 주도자

다국적기업은 해외직접투자를 통해 자본의 수익성이 낮은 곳에서 높은 국가로 자본을 이동시키므로 세계적인 자본생산성을 증대시키고 세계후생의 증대를 가져온다. 즉 세계 각국이 나눌 파이(pie)의 크기를 크게 만드는 것과 같다.

또 다국적기업은 세계기술의 혁신을 주도하고 이를 개도국에 전파하는 역할을 한다. 지금까지 세계의 주요한 기술혁신은 다국적기업에 의해 이루어지고 있다고 해도 과언이 아니다. 그들의 막대한 R&D 투자 규모는 기계, 전자, 항공, 신소재, 반도체 등 여러 분야에서 기술혁신을 가능하게 만들고 세계 산업구조를 빠른 속도로 고도화시키고 있다.

특히 기술의 수명주기가 짧아지고 기술의 내용이 더욱 복잡해짐에 따라 하나의 신기술을 개발해 내는데 필요한 R&D 투자규모나 투자위험이 그 만큼 커지게 되었다. 결과적으로 막대한 자금력을 지닌 주체가 아니면 도저히 감당해 낼 수 없는 기술개발이 많아져 다국적기업들의 기술개발에서의 우위성이 더욱 커지고 있는 실정이다.

3 다국적기업의 특징

국경을 넘나들며 여러 나라에서 경영활동을 수행하는 기업이라는 점에서 다국적기업은 국경 내에 뿌리를 내리고 있는 국내기업이나 단순한 해외 상품 판매만을 행하는 수출기업과 많은 차이가 있다. 일반적으로 지적되는 다국적기업의 특징 몇 가지를 살펴보기로 하자.

(1) 거대한 경제력과 높은 기술력 보유

다국적기업의 경제력이 얼마나 큰가는 개별 국가의 경제력과 비교해 보면 쉽게 실감할 수 있다. 이때 '경제력'은 '경제활동이 창출해 내는 부 또는 부가가치의 합계'라고 정의할 수 있으며 다국적기업의 총매출액과 개별국가의 국내총생산(GDP)을 비교해 볼 수 있을 것이다.

세계에서 가장 큰 매출 규모를 자랑하는 기업은 20016년 기준으로 미국의 WalMart Store로 한 해 매출액이 약 4,859억 달러(해외자산규모는 59위)에 달해 2016년 한국 GDP 1조 4110억 달러의 34.3%에 달하는 정도이다〈부표 1 참조〉.

또한 다국적기업은 높은 기술력을 지니고 있다. 기술이 경쟁력을 좌우하는 시대에 있어서 기술력은 현지국 기업에 대한 다국적기업의 중요한 우위(advantage)의 원천이 될 것이다. 기술력에 바탕을 둔 우위성은 다국적기업이 현지국에 진출할 때 직면하는 각종 위험, 즉 '외국비용(cost of foreignness)'의 불리함을 극복하게 해 주는 중요한 역할을 한다.

(2) 범세계적 가치사슬(Global Value-Chain) 수행

UNCTAD에 의하면 2016년 말 기준으로 약 9만 개의 기업이 전 세계에 약 85만개의 자회사 망을 거느리며 국제생산체제(international production system)를 구축하고 있는 것으로 추정하고 있다. 스위스의 네슬레(Nestle) 같은 다국적기업은 전 세계 100여 개 국에 300개가 훨씬 넘는 자회사를 가지고 매출의 90% 이상을 해외에서 올리고 있다.

세계 여러 나라에 이 같이 방대한 해외생산거점체제를 구축하고 있는 다국적기업은 국민경제 지향적 가치사슬(national value-chain)을 지닌 현지기업과 달리 범세계적 가치사슬을 가진다. 이들은 범세계적 차원에서 ① 가장 값싸게 제품을 만들 수 있는 곳에서 생산을 하고, ② 가장 값싸게 자

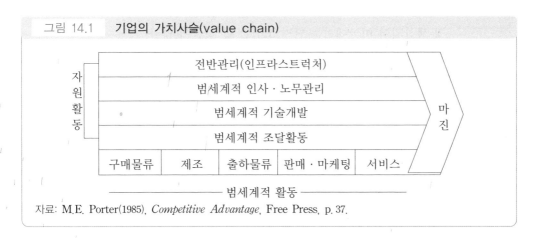

| 그림 14.1 | 기업의 가치사슬(value chain) |

자료: M.E. Porter(1985), *Competitive Advantage*, Free Press, p. 37.

본을 차입할 수 있는 곳에서 조달하며, ③ 가장 적게 세금을 낼 수 있는 곳으로 소득을 이전시키며, ④ 가장 큰 환차익과 자본수익을 기대할 수 있는 방향으로 자금을 이동시킨다.

(3) 피라미드형 조직구조

전 세계를 상대로 경영활동을 하는 다국적기업은 세계 여러 지역을 3단계로 계층화시키는 피라미드형 조직구조를 갖는다. 제일 위에는 본사(또는 모기업)의 전략본부(head quarter, strategic center)가 위치하고 중간에는 지역본부(regional center)가 제일 밑에는 단순생산거점(affiliate 또는 subsidiaries)이 자리 잡고 있다. 국경을 초월한 재화, 기술, 자본, 정보, 인력의 이동과 경영의사의 결정-전달-집행이 다국적기업 내부의 이 피라미드 조직 내에서 이루어지게 된다(〈그림 14.2 참조〉).

(4) 무국적성

무국적성이란 다국적기업 국적과 그들이 만들어 내는 상품의 국적을 구별하기가 힘들어진 것을 의미한다.

전자의 경우 '소유의 무국적화'를 의미하는데, 다국적기업의 주식이 여러 나라 국적을 가진 주주에 의해 분산 소유되어 특정 국적에의 귀속성이 희석되게 된다. 후자는 상품의 국적을 상표기준으로 할 것인가 생산지 기준으로 할 것인가의 문제이다. 즉 'Made in U.S.A.'가 찍혀있는 GE사의 전자제품도 속을 들춰 보면 중간재의 대부분은 동남아나 멕시코에서 하청 생산되어 미국에서는 단지 조립만 한 것들이 많다.

이런 특성 때문에 다국적기업은 일정시점에 가장 낮은 비용으로 경영활동을 수행할 수 있는 곳에 최적거점을 건설하려 하지만 시간이 흐르면서 현지국의 임금인상, 기타 여건 변화 등으로 더 이상 최적거점이 되지 못할 경우 다국적기업은 미련 없이 보다 나은 다른 거점으로 이동해 간다. 다국적기업의 이런 특성을 두고 철새기업(foot-loose)이란 별칭을 붙이고 있다.

이런 거점 변경은 주로 고정투자의 크기에 의해 좌우된다. 일반적으로 화학, 자동차 등과 같이 대규모 고정투자가 필요한 분야에서 활동하는 다국적기업의 이동성은 그리 크지가 않지만 가정용 전자, 신발, 의류같이 단

그림 14.2 피라미드형 조직구조의 특성

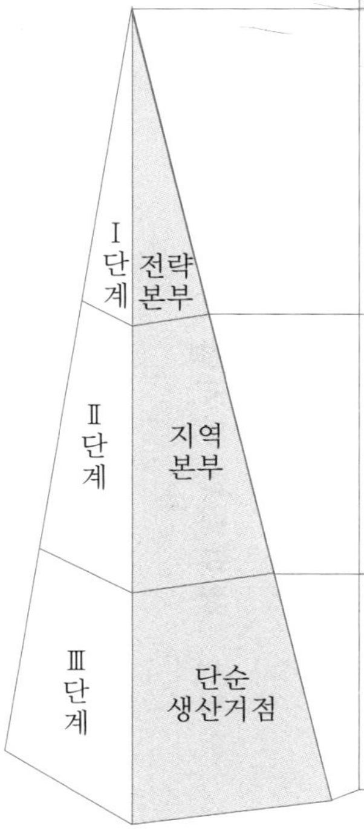

	주요 기능	의사결정유형	위 치	관 리 자
I단계 전략 본부	전략적 기능 • 경영목표 및 전략수립 • 기술개발(R&D) • 자금관리 (범세계적 재배치)	전략적 의사결정	선진국 • 뉴욕, 런던, 도쿄 등 국제금융센터 가까이에 위치	최고경영자 • 주로 미국인, 아랍인, 일본인으로 구성
II단계 지역 본부	• 정보전달 • 교육훈련 • 조달업무 • 3단계 관리자의 업무조정	관리적 의사결정	중진국 • 싱가포르, 홍콩, 리우데자네이루 등 지역적 거점 도시에 위치	중간관리층 • 다양한 나라에서 온 직업적 국제경영자로 구성
III단계 단순 생산거점	• 노무관리 • 시장조사 등 일상적 업무(day-to-day operation)	일상적 의사결정	개도국 • 노동력이 풍부한 국가에 위치	현지 채용관리자 • 주로 현지국의 전문관리자를 채용

자료: 안세영(1998), 「다국적기업 경제학」, 박영사, p. 26.

순가공조립산업의 경우 이동성은 상당히 높아 갑작스런 공장폐쇄, 철수에 따라 종종 현지국과 마찰을 빚기도 한다.

(5) 귀속의 이중성

다국적기업의 현지 자회사는 현지국 영토 내에서 경영활동을 하기에 '영토적 귀속성'을 가지지만 경영통제를 하는 모기업에 대해선 '소유적 귀속성'을 가진다. 자회사는 현지국 여건의 영향을 받으면서 동시에 모기업의 통제를 받아야 하기 때문에 양자의 이해 틀 내에서 최대한의 합의점을 찾아내어 자신들의 이해가 침범 받지 않도록 노력한다.

4 다국적기업 유형과 해외직접투자 발생원인

기업들이 해외시장에 뛰어들고 국제경영을 확대하는 것은 국내경영의 경우와 마찬가지로 기업 소기의 목적, 즉 '이익과 시장'을 추구하기 위한 것이다. 이 장에서는 기업의 해외진출의 목적과 동기를 구체적으로 살펴보는 것을 목표로 한다.

우선 다국적기업 진출 유형을 투자유인과 산업조직을 기준으로 살펴본다. 그런 다음 다국적기업에 의한 해외직접투자 현상이 왜 발생하며 다른 국제경영개입 방식이 많은데도 불구하고 왜 해외직접투자 방식을 채택하는지의 문제에 대해 살펴보려 한다. 우선 투자유인별, 산업조직별 다국적기업 진출유형을 먼저 검토한 뒤 해외직접투자 발생의 필요·충분조건을 설명하는 몇 가지 이론을 간단히 살펴보기로 하자.

4.1 해외투자 동기별 유형

(1) 해외생산 거점형 투자(Labor-Oriented FDI)

현지국의 풍부하고 값싼 노동력을 이용하려는 투자유형이다. 이는 국제분업형 투자, 또는 생산효율지향형 투자(production-efficiency seekers)라고도 하는데 주로 일본, 한국, 미국, 유럽국가의 대 중국, 대 베트남, 대 인도 대 동남아 투자에서 많이 찾아볼 수 있다. 자연히 섬유, 의류, 봉제, 신발, 가전용 전자제품 같은 노동집약산업에서 주로 이루어지며 투자규모도 중소기업형의 소규모인 경우가 많다.

투자국에서 임금 등 생산요소 가격이 상승할 경우 노동집약적인 산업은 도저히 국내에서 채산성을 확보할 수 없게 되어 사양산업화 된다. 만약 이것이 수출산업이라면 기존 수출시장을 상실할 위험에 직면하게 되므로 기업은 해외직접투자를 통해 생산성에 비해 아직도 요소가격이 싼 제3국으로 생산거점을 옮기고자 할 것이다. 이 경우 해외자회사가 생산한 제품은 투자국에 역수입되든지 제3국으로 수출된다. 특히 해외에서 생산된 제품이 투자국에 역수입된다는 점이 제3국 수출만을 목적으로 하는 무역장벽 회피형 투자와 다른 점이다.

(2) 현지시장 접근형 투자(Market-Oriented FDI)

현지국에서 제품을 생산하여 현지시장에 판매하기 위해 해외직접투자를 하는 것이다. 가장 전형적인 예로는 중남미 국가에 대한 미국과 유럽계 다국적기업의 투자이다. 이는 주로 기계, 화학, 자동차 등 기술집약산업에서 이루어지는 경우가 많다. 다국적기업은 그들의 월등한 기술력을 바탕으로 현지기업에 대해 독점우위를 확보할 수 있는 분야에 진출할 것이다.

(3) 무역장벽 회피형 투자(Round-About FDI)

다국적기업의 수출대상 지역의 무역장벽을 회피하기 위하여 제3국에 투자하는 것이다. 현지국이 무역장벽을 통해 수입을 규제할 경우 수출국 입장에서는 수출시장을 상실할 위험에 처하게 된다. 이런 위험을 우회하는 유력한 방안으로 해외직접투자를 고려할 수 있을 것이다. 대표적인 예로 유럽연합(EU), 북미자유무역협정(NAFTA) 같은 지역통합이 가져오는 역내 보호주의에 대비하여 역내에 생산거점을 마련해서 지속적으로 교역관계를 유지할 수 있을 것이다. 북미지역의 경우 생산요소비용은 저렴하면서 미국 시장에의 접근이 용이한 멕시코의 마킬라도라((Maquiladora) 지역에 진출하며, 유럽지역의 경우 인건비가 저렴하면서 EU 시장에 대한 접근이 용이한 형가리, 체코, 폴란드 같은 구 동구권과 포르투갈, 스페인 같은 남부유럽지역에 투자가 집중되고 있다.

(4) 선진기술 습득형 투자(Technology-Oriented FDI)

선진국에 해외자회사를 설립하여 앞선 기술이나 경영상의 노하우(know-how) 등을 배우기 위한 투자이다. 일본, 유럽, 신흥공업국의 미국 실리콘벨리 등에 대한 투자가 그 전형적인 예이다. 기술우위가 기업경쟁력의 관건이기 때문에 1980년대 이후 이런 유형의 투자가 급증하고 있다.

기업부설 연구소를 설립하여 현지의 고급기술 인력이나 고급 연구두뇌를 채용하여 활용해 나갈 경우 상당히 효율적으로 선진기술에 접근해 갈 수 있다. 특히 WTO의 내국민대우(national treatment)원칙에 의해 미국 등 주요 기술선진국은 외국인투자기업에 대해서도 현지기업과 동일하게 연구개발 지원혜택을 주는 경향이 있다. 그런 관점에서 기술지향형 해외직접투자는 한국 같은 중진국이 선진기술습득을 위해 앞으로 적극 활용하여야 할 투자유형이다.

4.2 산업조직별로 본 유형

다국적기업의 진출목적이나 업종의 특성에 따라 산업조직 형태가 상이해질 수 있는데, 그 유형은 대체로 수직적 통합형, 수평적 통합형, 다각적 통합형 등의 세 가지로 나눌 수 잇다.

(1) 수직적 통합형(Vertical Integration Type)

이것은 생산단계의 전후를 통합하는 형태로서 가장 초보적인 통합의 형태이다. 이런 유형의 통합이 지역 간에 이루어지는 것은 생산의 제 단계를 가장 적합한 각각의 지역에서 행하도록 하기 위함이다. 수직적 통합은 그 통합의 형태에 따라 다시 후방통합형과 전방통합형으로 구분한다.

'후방통합형(backward integration type)'이란 자원관련(대표적으로 석유, 광물, 제지)회사가 새로운 자원개발을 위해 해외에 직접투자를 하고 정련이나 정제를 본국이나 제3국에서 행하는 경우를 말한다. 전방통합형(forward integration type)이란 다국적 자동차회사가 동일제품을 생산·출하고 있는 국가에 판매망 형성을 위하여 자본진출하거나 개발도상국에 조립생산을 하는 경우의 투자형태이다. 이처럼 수직적 통합은 본사와 자회사 간에 연구개발·생산·마케팅의 단계를 서로 달리 하며 통합하는 직접투자의 유형을 지칭하는 것이다.

(2) 수평적 통합형(Horizontal Integration Type)

수평적통합의 전형적 예로서 ① 미국의 대규모 유통업체인 Walmart 가 서유럽, 아시아 지역 유통업에 진출하는 것, ② GM, Ford, Chrysler와 같은 미국자동차 업체가 유럽, 아시아, 호주 등지에서 다양한 모형의 자동차를 생산·판매하는 것, ③ 52개국에 자회사를 두고 46개 국가에서 동일 제품을 생산하고 있는 Colgate-Palmative 등을 들 수 있다.

이들은 c국에서 자회사가 동등한 지위를 가지며 수평적 통합의 형태로 발전하고 있는 다국적기업 들이다. 수평적 통합이 이루어지는 이유는 여러 나라의 다양한 수요에 신속히 적응하거나, 수송비 부담이 클 경우 이를 절감하기 위해서이다.

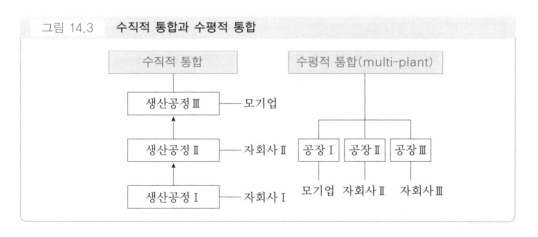

그림 14.3　수직적 통합과 수평적 통합

4.3　다국적기업 현상의 발생원인

다국적기업 현상이 왜 발생하는가에 대한 연구는 대체로 두 가지 사항, 즉 해외직접투자 발생의 필요·충분조건에 대해 설명하려 노력한다.

필요조건은 여러 가지 외국진출비용(cost of foreigncness: 외국진출비용)이 존재함에도 불구하고 해외직접투자를 수행하려면, 이 비용을 상쇄할 수 있는 우위요소(advantage)가 있어야 하는데 이것이 무엇인지를 밝히는 일이다. 충분조건은 실질적 우위를 통한 기업목표의 추구를 왜 다른 방법이 아닌 직접투자(FDI)라는 방식으로 행하는가 하는 질문에 답하여야 할 것이다. 이 두 조건의 해명이 잘 이루어질수록 좋은 이론으로 간주될 것이다.

사실상 필요조건은 현지기업들과의 경쟁에서 이길 수 있는 원인은 설명하나 왜 생산과정(product process)이 해외에서 이루어지는가에 대한 해답은 제공하지 못하기 때문에 두 번째 질문, 즉 충분조건이 필요한 것이다.

아래에서 다국적기업 발생 원인을 설명하는 몇 가지 중요한 논의를 살펴보기로 하자.

(1) 시장불완전성과 해외직접투자

다국적기업 현상은 시장이 완전하지 못하고 불완전(market imperfection)하기 때문에 발생한다고 할 수 있다. 다시 말해 다국적기업 현상은 국제무역에 대한 제한, 생산요소 이동에 대한 제한, 기술과 정보에 대한 비밀유지 욕구, 불완전경쟁 등 여러 가지 시장불완전성에 대한 반응(reactions)의 결과로 생겨난다는 것이다. 구체적으로 하나씩 살펴보기로 하자.

① 국제무역에 대한 제한

무역장벽(관세 및 비관세 장벽)이 부과될 경우 수출기업들은 시장을 잃게 될 위험에 직면하게 되는데 이것에 대응하는 방식으로 두 가지 정도를 고려해 볼 수 있을 것이다.

첫째, 방어적 대응(defensive reaction)으로서 수출 대신 직접투자를 통해 무역장벽을 우회하여 진출함으로써 시장을 유지하려는 방안이다. 둘째는 적극적 대응(aggressive reaction)으로서 일단 무역장벽이 존재하면 장벽을 세운 국가의 재화가격이 상승하게 되므로 진출하기만 하면 예전보다 더 큰 수익률을 확보할 수 있기 때문에 이런 독점 이익을 확보하기 위해 직접투자를 진출시키려는 방안이다.

추가로 자연적 조건에 의해 생겨난 무역 제한, 즉 거리와 이에 따른 높은 수송비 부담으로 교역이 제한될 경우에도 직접투자 진출을 통해 시장을 지킬 수 있을 것이다.

② 생산요소 이동에 대한 제한

국가별로 생산요소 가격이 불균등할 경우 이에 대한 대응으로 해외직접투자를 고려하게 된다. 대표적인 예로 국가 간에 노동에 대한 가격이 불균등하기 때문에 저임금을 이용하기 위한 직접투자(runaway FDI, offshore production)가 발생한다. 또한 천연자원의 가격이 불균등할 경우에도 자원가격이 높은 나라에서 낮은 나라로 자원개발을 위한 국제투자가 발생하게 된다.

③ 기술과 노하우의 기밀유지에 따른 내부화이론

기업의 중간생산물들은 단순한 반제품이 아니라 특허, 인적자본 등 지식과 노하우 형태를 취하는 경우가 많기 때문에 기업들은 기밀유지에 신경을 곤두세운다. 따라서 이윤극대화를 추구하려는 기업은 중요한 기술과 노하우를 자체조직 내로 흡수하여 관리하려고 시도할 것이며, 이러한 기술과 노하우의 내부화(internalization) 과정이 국경을 넘으면 직접투자가 발생될 것이다.

컴퓨터, 전자, 화학, 의약, 바이오 등의 산업에서는 주로 특정 독점적 기술에 우위를 두고 있으므로 시장을 통해서 보다는 기업 내에서 지식정보를 보호·창출함으로써, 즉 내부화시킴으로써 자사의 투자우위와 기회를 장기적으로 보호하려 노력하게 된다. 즉 요점은 일단 독점적 기술이 개발되면 기업은 경제적 수익의 최대화를 위해 그러한 지적재산권 권리를 보호하려 할 것이며 이는 다시 이와 관련된 여러 시장 기능을 기업 내부화 시키려 할 것이라고 강조한다. 결론적으로 말하면 이 내부화 과정은 우위요소에 대한 대가(rent)를 장기적으로 최대화시키려는 기업의 전략방안인 것이다.

④ 불완전경쟁과 해외직접투자

불완전경쟁이 발생할 경우 기업은 제품차별화, 기술독점 등 자신이 보유한 각종 경쟁우위를 통해 시장지배력을 확대하려 할 것이다. 만약 기업이 자신이 보유한 경쟁우위를 활용하여 시장 확대를 추구하려 한다면 가장 좋은 방법은 넓은 해외시장으로 진출하는 것이다. 즉 해외진출을 위한 독점우위(monopolistic advantage)를 이용하여 유리한 해외시장에 접근하는 소위 '현지시장 접근형 투자'를 추진할 수 있을 것이다.

그림 14.4   **다국적기업의 내부거래**

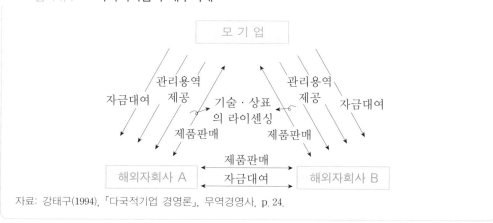

자료: 강태구(1994), 「다국적기업 경영론」, 무역경영사, p. 24.

특히 특정 기업들은 시장에서의 점유율 확대와 경쟁력 확보를 위해 항상 상대기업을 의식하며 행동해야 한다. 이들 기업들이 활동하는 시장에서는 반드시 선도기업(leader)과 후발기업(follower)이 있기 마련인데, 경쟁기업이 해외시장에 진출할 경우 해당 시장을 놓치지 않기 위해 선도기업에 대한 대응방식으로 해외진출을 고려하게 된다. 즉 과점적 반응(oligopolistic reaction)에 따른 FDI 진출이 이루어지게 될 것이다.

(2) 제품수명주기이론

R. Vernon은 직접투자의 발생원인을 상품수명주기(product life cycle)의 흐름을 이용해서 설명하고 있다. 이 이론은 소득탄력성이 큰 재화가 왜 미국 국내에서 먼저 개발되어 다른 나라로 파급되며 결국에는 직접투자방식으로 외국에 진출하는지를 잘 설명하고 있다.

① 신상품 대두기(Early and Development Phase)

상품개발 단계에서는 고소득자를 상대로 하거나 노동절약적인 상품생산이 먼저 국내 시장에서 일어나며, 해당상품을 생산하는 공장이 왜 비용이 상대적으로 싼 다른 나라에 들어서지 않고 국내에 들어서게 된다.

그 이유는 첫째, 평균소득수준이 높고 노동비용이 높은 반면 무한정한 가용자본이 존재하므로 기업가들은 충분히 위험을 감내하고 상품을 개발할 여지가 생긴다. 즉 소득탄력성이 높은 재화를 생산한다. 둘째, 비용이상의 변수가 존재하기 때문이다. 상품개발 초기에는 아직 상품의 표준성이 확립되지 목하고, 투입요소도 여러 가지로 변경될 수 있으며 수요가 많을 것인지도 불확실하며, 고객과 요소공급자 및 경쟁자들과의 긴밀한 의사소통 등에도 문제가 있기 때문이다.

② 신상품의 성장기(Growth Phase)

이 시기에 이르면 기업가들에게 상품특성보다 생산비용이 더 중요한 요소가 된다. 왜냐하면 제품에 대한 수요가 커지면서 제품디자인이나 생산기술 및 투입물이 특정화되며 규모의 경제가 실현되기 때문이다. 이 때 수출도 활발해지게 된다. 만약 (1단위 국내생산비용+수송비)가 수입국에서의 해당 상품에 대한 예상평균비용을 상회한다면 수입국에 공장을 설치하려 할 것이다. 또한 이런 합리적 판단과 함께 시장 확대를 위한 기업들 간의 모방진출이 이루어질 가능성도 커진다.

③ 신상품의 표준화기(Standardized Phase, Mature Phase)

제품이 고도로 표준화되어 상품특성이 분명해지고, 쉽게 국제시장에서 구할 수 있을 뿐 아니라 통상의 보통 경쟁가격에서 팔릴 수 있게 되면 이때는 타 기업과의 경쟁가능성, 수입규제, 생산비 차이 및 수송비를 고려하지 않을 수 없게 된다. 이중에서도 표준화기에 있어 생산비 차이는 임금수준이 결정적이기 때문에 저임금 국가로의 직접투자를 적극 고려하게 될 것이다.

(3) 추적 제품주기론

R. Vernon의 제품주기론은 선진국에서의 신제품개발에서 표준화기에 이르기까지 생산입지의 변동을 동태적으로 파악하는 데 비해, 다까마스(赤松要)의 추적제품주기이론(catching-up product cycle theory)은 개도국 혹은 후발국의 해외직접투자 발생원인을 제품수명주기를 이용해 설명하려고 한다.

개도국 혹은 후발국이 직접투자를 내보낼 수 있는 계기는 수입에서 출발한다. 즉 수입→수요자극 → 국내수요증가 → 국내생산 유발 및 촉진 → 수입대체 및 생산확대 → 국내생산비가 국제수준에 이르면 해외시장개척 → 수입대체산업이 수출산업으로 전환 → 개도국의 경우에도 해당 제품이 성숙기에 접어들면 비용요소가 중요하기 때문에 직접투자를 고려하게 된다는 것이다.

이 이론에 따르면 결국 해외직접투자는 통상 추적속도가 빠른 나라로부터 느린 나라로 이루어지게 되며 개도국의 산업발전 과정에서 직접투자가 어떻게 시작될 수 있는지를 잘 보여주고 있다.

(4) 절충이론(the Eclectic Theory)

J.H. Dunning은 기업의 독점적 우위, 내부화 동기 우위, 입지특유우위라는 세 가지 개념을 도입하여 해외직접투자를 설명하고 있다. 그는 해외직접투자가 성립되기 위한 세 가지 전제조건은 상기 3가지 우위요인을 갖출 때라고 주장한다.

기업의 독점적 우위는 ① 앞선 신제품개발 능력같이 기업 자체가 가지고 있는 기술적 우위, ② 경영관리상의 노하우나 노동의 숙련도 같이 경영자나 노동자가 가지고 있는 인적 자본의 우위, ③ 규모의 경제 등 비용상 우위, ④ 기업조직, 정보관리상의 우위, ⑤ 제품차별화 능력의 우위 등에 기인한다.

내부화 동기 우위는 앞서 살펴본 기술 및 정보 기밀 유지를 비롯한 기업 특유의 우위를 가능한 한 외부로 노출시키지 않고 내부화시키려 하는데 그 수단으로 직접투자를 활용하려는 것을 의미한다.

입지특유의 우위는 투자자인 다국적기업 입장에서 볼 때 현지국이 가지고 있는 투자 여건상의 여러 가지 유리한 점을 의미한다. 그 유형으로는 ① 현지의 값싼 노동력처럼 상대적으로 값싼 생산요소의 존재, ② 외국인 직접투자에 호의적인 현지국 정부의 자유주의적 정책, ③ 현지국의 큰 시장규모, ④ 유형 무형의 사회간접자본의 정비와 확충 등을 들 수 있다.

(5) 경영 및 기업행태 측면의 접근

소유와 경영이 분리된 오늘날의 기업에 있어 경영자는 기업소유주와는 다른 목적을 추구하게 되는데, 이것이 바로 해외직접투자의 원인이 된다는 것이다.

① 판매량 극대화이론(Theory of Sales Maximization)

W. J. Baumol은 소유와 경영 분리로 경영자 통제기업과 소유자 통제기업의 목표가 다르다는 점에 주목하고 있다. 경영자 통제기업은 판매량 극대화를 통해 기업매출액과 규모를 늘리는 것이 최대 목표이고, 소유자 통제기업은 이윤극대화를 통해 배당을 최대화시키는 것에 초점을 두고 있다는 것이다. 따라서 전문경영인 체제를 갖춘 기업의 경우 가능한 한 판매량을 늘려 기업규모를 키워가려고 할 것이며, 이를 위해 국내 판매에 만족하지 않고 해외 판매를 늘리기 위해 해외진출을 모색하게 될 것이며 이를 위해 수출이나 해외직접투자를 고려하게 된다는 것이다.

② 기업행태론적 접근

H. Simon은 대기업의 최고경영자가 매출액극대화 같은 어떤 '명확한 목적'을 가지고 해외직접투자결정을 내리는 것이 아니라고 말하고 있다. 왜냐하면 복잡한 조직구조를 가지고 있는 대기업이 의사결정을 하는데 있어 조직 내부적으로 이질적인 여러 기능집단간의 끊임없는 이해의 상충과 조정을 거치고, 미래의 경영전략을 세우는 데 필요한 정보 그 자체도 불확실하기 때문이다.

그러므로 불확실한 정보 하에서 경영자가 해외시장에서 얻을 수 있는 이익을 정확히 평가한다는 것은 현실적으로 어렵기 때문에 구체적 기대보다는 해외직접투자를 하지 않으면 경쟁자에게 기존 시장을 상실할지도 모른다는 '막연한 우려'에서 해외진출을 한다는 것이다. 결국 이 견해는 기업의 경쟁관계나 전략에 의해 해외직접투자가 이루어지는 것일 뿐 판매량 극대화, 이윤극대화와 같은 최적 전략을 모색하는 과정은 아니라는 것을 강조하고 있다.

지금까지 몇 가지 측면에서 직접투자 발생 원인을 살펴보았다. 이들 직접투자 발생을 설명하려는 이론이 갖춰야 할 요건으로 다음의 네 가지로 요약할 수 있을 것이다. ① 왜 기업은 해외로 진출하는가, ② 친숙한 기업환경에서 영업하는 현지기업의 고유한 우위성에도 불구하고 어떻게 해외투자기업들이 현지기업과 성공적으로 경쟁하는가, ③ 왜 기업은 수출이나 라이센싱(licensing)을 하지 않고 외국에 직접투자 하여 생산하려 하는가, ④ 왜 해외직접투자가 어떤 산업에서는 많이 발생하고 다른 산업에서는 거의 발생하지 않는가 등이다.

이 장에서 살펴본 어떤 발생원인도 앞의 네 가지 문제 모두에 대해 명확한 대답을 하고 있지는 못하다. 각 이론은 그 나름대로 한두 가지 문제에 대해서는 설명을 잘하고 있지만 나머지 부분에 대해서는 그렇지 못하다.

5 다국적기업의 경제적 효과

다국적기업은 현지국에 다양한 영향을 미친다. 즉 국제수지, 고용, 기술이전, 시장과 산업구조 등에 다양한 긍·부정적 효과를 초래한다. 심지어 현지국의 경제주권에도 영향을 미칠 수 있음을 알아야 할 것이다.

5.1 국제수지 효과

현지국에 다국적기업이 진출하게 될 때 현지국의 자본수지와 무역수지에 미치는 국제수지 효과는 다음과 같이 정의될 수 있다.

국제수지 효과＝(현지 자회사의 수출－현지 자회사의 수입)
＋(초기 투자자본＋해외에서의 자본조달－로열티
－과실송금－해외차입금에 대한 원리금 상환)

위 식을 간단히 설명해 보자. 첫 번째 괄호의 내용은 무역수지(=수출-수입)에 대한 효과를 나타내며 두 번째 괄호의 내용은 자본수지(=자본유입-자본유출)에 대한 효과를 의미한다. 이 두 효과를 합친 것이 다국적기업이 현지국에 직접투자를 행할 때 발생하는 국제수지 효과가 될 것이다.

먼저 수출효과는 현지국에서 활동하는 다국적기업의 수출성향이 강할수록 커질 것이다. 수입효과는 초기공장건설에 소요되는 기계, 설비 등 자본재 수입과 공장완공 후 생산과정에 투입되는 부품, 중간재 등의 원자재 수입으로 대표되는 두 가지 요인에 의해 결정될 것이다.

자본수지를 결정하는 요소 중 초기투자자본 효과는 처음 운영자금을

그림 14.5 **국제수지 효과**

국제수지 기여 요인	국제수지 압박 요인
1. 초기의 투자자본 유입	1. 현지 자회사의 높은 수입성향
2. 현지 자회사의 높은 수출 성향	2. 과도한 로열티지불
3. 해외로부터의 활발한 자본조달	3. 높은 과실송금
	4. 해외차입금에 대한 원리금 상환부담

얼마나 많이 들여오는가에 달려 있으며, 해외에서의 자본조달은 현지국에서 운영 자본을 조달하지 않고 해외에서 자본조달을 많이 할수록 커지게 될 것이다. 로열티(Royalty) 부문은 주로 기술사용료 및 경영 자문료에 해당하는 것으로 선진기술이 요구되는 업종일수록 그 규모가 커질 것이다. 다국적기업의 영업결과 수익이 생겨나면 본국으로의 과실송금은 당연한 것이며 운영자금으로 해외에서 빌려온 자금에 대한 원리금 상환도 불가피한 자본 유출로 간주되어야 할 것이다.

결국 종합적인 국제수지 효과를 높이려면 위 식에서 나타난 플러스 요인을 최대화하고 마이너스 요인을 최소화시키는 것이 관건이다.

5.2 고용효과

다국적기업이 현지국에 미치는 경제적 효과 중에서 제일 많이 거론되는 것이 고용효과이다. 이 효과는 고용창출효과와 고용감소효과로 나눌 수 있다.

먼저 고용창출효과를 살펴보자. 직접고용창출 효과는 다국적기업이 진출할 경우 공장을 건설하여 생산과 경영관리에 필요한 현지 인력을 채용할 때 발생한다. 간접고용창출 효과는 다국적기업이 현지국 수출을 증가시키거나 경제발전을 촉진하여 결과적으로 더 많은 고용기회를 만들어 내게 될 때 생겨난다. 또 다국적기업에 부품, 중간재, 원자재 등을 공급하는 업체의 성장이나 다국적기업이 생산한 물건을 사용하거나 유통시키는 현지 연관업체의 성장으로 고용기회가 증가할 때 생겨난다.

이와 반대로 다국적기업과 경쟁관계나 대체관계에 있는 현지국 산업에서는 고용이 감소될 수도 있다. 즉 다국적기업과의 경쟁에 밀리거나 다국적기업의 우수한 상품에 시장을 빼앗기게 되면 해당 산업의 구조조정에 의해 고용이 감소할 수 있다. 또 다국적기업과의 경쟁을 위해 더욱 효율적인 기술체계를 갖추거나 경영합리화가 이루어질 경우 공장자동화나 생산합리화 등이 이루어져 고용이 감소될 가능성이 커질 것이다.

다국적기업이 진출할 경우 초기에는 공장을 세우고 현지인을 채용하기 때문에 외국인직접투자의 고용효과는 아주 직접적이고 가시적이다. 많은 현지국들이 이런 고용효과를 확보하기 위해 외국인직접투자를 적극 유치하고 있다. 그러나 다국적기업의 진출은 현지기업의 퇴출이나 구조조정 및 대체산업의 고용감소를 유발시켜 간접적으로 고용을 감소시킬 수 있음을 무시해서는 안 될 것이다.

5.3 산업경쟁 효과

단기적으로 볼 때 다국적기업의 진출은 현지국 시장에서의 기업 수를 증가시켜 경쟁을 촉진시킬 것이다. 그러나 중장기적으로 볼 때 다국적기업의 현지자회사가 효율적 생산과 경영을 수행함으로써 현지기업의 퇴출을 유도한다거나, 현지기업에 대한 인수 · 합병(M&A)을 추진한다면 오히려 경쟁이 억제되고 산업의 독과점화가 강화될 수도 있다.

중장기적으로 다국적기업은 현지국 시장에서 현지기업과의 '공존'을 도모하거나, 공격적인 경영전략을 구사하여 시장점유율을 높이는 두 가지 전략 중의 하나를 선택하기 마련이다. 만약 다국적기업이 후자의 공격적인 판매 전략을 펼치기로 결정하였다면 현지시장에 부정적 영향을 가져올 수 있다.

또한 현지국 시장규모가 작은 경우 현지시장에 진출하는 다국적기업 수가 지나치게 많으면 수요에 비해 생산이 초과되는 공급과잉의 문제가 초래될 수도 있다. 이 경우에 현지 기업의 경쟁력이 상대적으로 낮다면 현지 산업이 외국기업에 의해 독과점화될 가능성도 생겨나게 되는 것이다. 만약 기존 현지시장이 독과점화 상태에 있는 산업에서 이런 상황이 발생하게 되면 외국기업에 의한 독과점은 더욱 용이하게 이루어질 것이다.

5.4　기술이전 효과

　기술이란 '새로운 제품, 생산공정, 기계설비 그리고 서비스의 도입이나 개량을 가능케 하는 지식요소의 집합'이라고 정의할 수 있다. 이러한 기술이 어느 한 나라에서 개발되어 다른 나라로 확산될 때 이를 기술이전이라고 말하는데 다국적기업이란 일반적으로 우수한 기술력을 지녔기에 이들이 현지국에 진출하면 상당한 기술이전효과를 가져오는 것으로 기대되고 있다.

　물론 다국적기업이 기술을 이전해 준다 하더라도, 그것이 핵심기술을 제외한 부수적 기술만 이전해 주는 것은 아닌지 의문을 제기해 볼 필요가 있다. 실제로 기술을 그 수명주기에 따라 신기술(new technology), 성숙기술(maturing technology), 표준화기술(standardized technology)로 3분할 수 있는데, 다국적기업으로부터 이전 받을 수 있는 기술은 성숙기술이나 표준화기술에 불과할 것이라는 비판이 제기되고 있다.

　다국적기업은 기술개발자로서 신기술에 대한 독점을 오래 유지하면 할수록 기술개발의 수익을 극대화시킬 수 있기 때문에 그들이 지닌 기술을 현지국에 유출시킬 경우 이는 곧 기업특유의 우위 상실을 의미하며 현지기업과의 경쟁기반을 상실하게 될지도 모른다. 따라서 핵심기술을 이전 받을 가능성은 매우 희박하다고 할 수 있다. 다국적기업 입장에서도 독점우위를 상실하지 않는 범위에서 경영환경이나 조건에 따라 단계적으로 기술을 이전할 가능성이 큰 것이다.

　반면에 다국적기업에 의해 기술이 이전되기는커녕 오히려 현지기업의 자체기술개발 욕구가 위축될 가능성도 있다. 예를 들면 다국적기업이 고임금을 통해 현지국 고급두뇌를 고용하거나, 경쟁이 될 만한 현지기업의 성공적인 기술개발을 방해하거나 무효화시키거나, 현지기업이 외국유명상표 도입을 통해 시장을 확보하려 할 경우 자체기술개발에 대한 의욕이 감퇴될 수 있는 것이다.

　결국 이상의 논의를 종합해보면 직접투자를 통해 기술이전을 받는 데

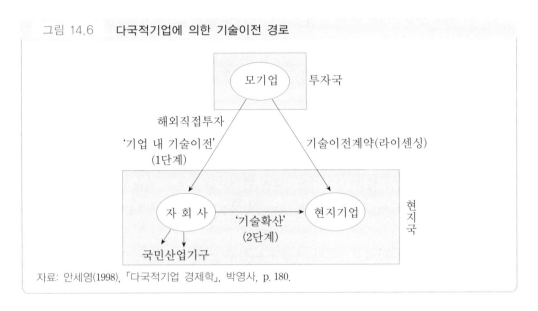

그림 14.6 　다국적기업에 의한 기술이전 경로

자료: 안세영(1998), 「다국적기업 경제학」, 박영사, p. 180.

는 명확한 한계가 존재하기 때문에 현지국은 다국적기업과의 경쟁에 직면
하여 스스로의 국민적 과학기술잠재력을 높이는 데 최선의 노력을 다해야
할 것이다.

5.5　경제주권 효과

　　R. Vernon과 J.H. Dunning이 지적했듯이 현실적으로 직접투자를 받
아들인 모든 현지국은 경제주권(economic sovereignty)의 문제에 직면하지
않을 수 없다. 왜냐하면 다국적기업의 생산과 판매활동이 전 세계를 상대
로 이루어지며 중요한 의사결정이 현지국 영토밖에 존재하는 본사에서 이
루어지기 때문이다.

　　그렇다면 어떤 경제주권이 위협받을 수 있는가? 일반적으로 ① 정책결
정의 자율성이 저해되고 다국적기업의 대응으로 정책효과가 기대에 미치지
못하는 정책주권(policy sovereignity)의 약화, ② 산업활동이 다국적기업에
심각하게 의존하게 되는 산업주권(industrial sovereignty) 약화 등으로 대별
할 수 있다.

　　세계화는 그 자체가 좋은 의미든 나쁜 의미든 상호의존을 가져오기 때

문에 경제주권의 침해는 어느 나라가 개방체제를 유지하고 있는 이상 피할 수 없는 필요악이다. 현지국이 개방체제에 잘 적응해 나간다면 개방의 비용을 상당히 줄여 경제주권의 침해를 피할 수 있을 지도 모른다. 그러나 이는 어디까지나 희망사항이고 현실적으로 어느 현지국도 개방체제에 대한 대가나 희생을 치르지 않을 수 없을 것이다.

　정책주권 침해의 경우 전반적인 다국적기업 진출수준이 결정적인 요인으로 작용하지는 않는다. 오히려 투자국의 특성이나 투자국과 현지국간 역사적, 정치적, 지리적 유대관계가 더 중요한 요인으로 작용할지도 모른다.

　이와는 달리 산업주권 침해의 경우 외국자본의 진출수준이 결정적인 요인으로 작용할 수 있다. 한 나라 제조업, 서비스업에서 어느 정도의 외국인직접투자가 누적될 때 산업주권이 위협받기 시작한다. 여러 학자들의 연구를 종합하면 대체로 '현지국 국민경제 내에 외국인이 통제하는 생산 활동 비중이 30% 정도에 이르면 산업주권이 위협받기 시작한다.'고 추론할 수 있다.

5.6   경제적 효과와 대응전략

　지금까지 다국적기업의 진출이 현지국에 미치는 다섯 가지 효과에 대해 간단히 설명해 보았다. 설명에서 우리는 경제주권 효과를 제외한 대부분의 효과는 긍 부정적 효과를 동시에 제기하고 있음을 알았다. 결국 남은 문제는 현지국 국민과 기업 및 정부가 긍정적 효과를 높이고 부정적 효과를 최소화 하려는 노력을 기울여야 한다는 사실이다.

　다국적기업에 대한 현지국의 시각은 자유주의 시각과 국민주의적 시각으로 나눌 수 있다. 자유주의는 외국자본의 진출이나 현지에서의 활동에 대해 현지국 정부가 가능하면 통제와 개입의 폭을 줄이고자 하는 것을 말하며, 국민주의는 그 반대의 경우를 가리킨다. 즉 자유주의적 시각을 가진 현지국은 자유방임주의 정책을 실시하는 반면, 국민주의적 경향이 강한 현지국은 현지기업을 보호한다든가 국민적 후생을 극대화시키기 위하여 개입주의적 정책을 선호한다.

　하지만 우리나라의 경우 WTO 회원국이기 때문에 기본적으로 정부의 지나친 개입은 불가능하며 가능한 한 자유주의적 시각에서 외국자본의 진출에 대응해야 한다. 따라서 다국적기업과 관련해서 국가경제나 특정산업이 심대한 피해를 받게 될 경우를 제외하고는 가능한 한 많은 유인을 제공하는 방향으로 대응전략을 짜야할 것이다.

1960년대에서 1980년대까지 현지국들은 주로 규제정책을 즐겨 사용해 왔다. 하지만 1990년대 이후 경제의 범세계화 추세로 개방화와 자유화 물결이 세계경제에 널리 퍼져나가면서 급속히 정책의 방향이 유인형 정책으로 전환되었다. 특히 WTO 체제에서는 외국인투자기업의 내국민대우(national treatment) 원칙을 규정하고 있어 현지국 대응전략의 선택 폭은 그만큼 줄어들고 있다.

따라서 WTO 시대에 적절한 다국적기업 정책은 규제형 정책이 아니라 유인형 정책이 될 것이다. 사실 어느 나라이던 다국적기업 정책결정이 자의적으로 이루어지고 그 해석이 명확하지 않으며 정책자체가 자주 바뀌게 되면 다국적기업은 투자를 기피하게 된다. 왜냐하면 일관성과 명료성이 결여된 상태에서는 정확한 투자정보를 얻기도 힘들 뿐 아니라 현지국 정부 정책을 신뢰하지 않아 투자를 꺼리기 때문이다.

그러므로 다국적기업에 대해 현지국 정부가 정책의 명료성(transparency)과 일관성(consistency)을 보장해 주는 것은 어떤 투자유인정책 못지않게 중요하다. 정책의 명료성이란 ① 외국투자가가 현지국의 제도, 법령을 명확히 이해할 수 있고, ② 법령해석의 자의성이 배제되고, ③ 투자승인절차가 간단하며, ④ 승인기간이 짧을 때 보장된다. 한편 한번 결정된 투자제도나 정책이 자주 바뀌지 않고 잘 정착되어 외국인투자가가 미래의 투자환경에 대한 불확실성을 최소화할 수 있을 때 현지국의 다국적기업 정책은 일관성을 가진다고 할 수 있다.

주요용어

해외직접투자와 해외간접투자
경제의 범세계화
범세계적 가치사슬
피라미드형 조직구조
무국적성
수직통합과 수평통합
제품수명주기이론
추적제품주기이론
절충이론
판매량 극대화 이론
로얄티(Royalty)
과실송금
전후방 고용창출효과
경제주권 효과
정책의 명료성과 일관성

연습문제

1. 다국적기업 활동의 효과적 수행은 기업의 범세계적 가치사슬을 최적화시키는데서 출발해야 한다고 한다. 그렇다면 기업의 범세계적 가치사슬을 어떻게 형성해야 하는가?

2. 다국적기업 현상이 왜 발생하는가를 설명하기 위한 필요·충분조건을 제시해 보시오. 그런 다음 절충이론의 경우 이 필요·충분조건을 어떻게 설명하는지 밝혀보시오.

3. 다국적기업에 의한 기술이전이 제대로 이루어질 가능성이 과연 어떤지를 나름대로 제시하고, 현실에서 다국적기업의 기술이전과 관련된 사례 3가지를 검색하여 제시해 보시오.

제15장
다국적기업의 국제경영전략

개 요

다국적기업의 국제경영 활동은 기획, 조직, 생산, 재무, 인사, 마케팅 등 다양한 경영요소를 포함하며, 각 경영요소 별로 최선의 전략과 실천방안을 수립함으로써 범세계적인 이윤극대화를 달성할 수 있을 것이다.

다국적기업은 국제적인 생산, 판매 및 경영활동을 수행함으로써 판매시장을 확보하고 필요한 자원을 동원하고 활용한다. 국경을 넘어 사업을 벌이는 다국적기업은 국제적 경쟁을 피할 수 없다. 국제적 경쟁은 자국 내의 다른 다국적기업과의 경쟁, 현지국의 기업이나 제3국 다국적기업과의 경쟁을 모두 포함한다. 또한 시간적으로 볼 때, 현재의 경쟁뿐만 아니라 미래에 나타날 잠재적 경쟁도 포함된다.

넓은 의미에서 기업이 국경을 넘어 이전하고 동원하는 인력, 기술, 자금 등을 포함하는 모든 경영요소에 대한 경쟁이 생겨난다. 특히 시장에 대한 경쟁은 치열하며 경쟁방식도 가격경쟁과 비가격경쟁이 모두 이용될 것이다.

이처럼 다국적기업은 국내기업과는 달리 국제적 차원에서 여러 복잡한 변수들이 상호작용하면서 영향을 미치기 때문에 이에 알맞은 조직구조를 만들고 국제적 전략을 수립하고 효과적인 국제경영관리의 필요성에 직면하게 될 것이다.

1 국제적 경영의 성격

국제경영(International business)이란 2국 또는 그 이상의 국가에 걸쳐서 전개되는 기업의 경영활동을 의미한다. 이 국제경영의 주체는 주로 다국적기업이다. 그렇다면 이러한 국제경영은 국내경영의 단순한 연장에 지나지 않는 것인가? 그렇지 않다. 국내경영과 비교하여 국제경영은 본국과는 경제적, 문화적, 사회적, 정치적 제 환경이 상이한 외국에서의 기업 활동이므로 외부적 요인에서 다양한 차이를 가지게 되며 고려해야 할 변수도 매우 많아진다.

즉 국제경영은 국내경영과는 달리 국내시장을 포함한 해외시장을 대상으로 하므로 대상 시장의 차이에 따르는 다양한 기업 환경의 이질성에 직면하게 된다.

또한 기업 거래가 국경을 넘는 경우에 경영자가 직면하는 도전과 위험 및 어려움은 국내경영의 경우와 다를 것이며 복잡한 성격을 가질 것이다.

우선 생산요소, 즉 노동력 자본 기술 등의 이전이나 재화의 이동이 국제적으로 이루어지면 국내 이동에서는 부과되지 않던 유형, 무형의 많은 제약과 제한이 수반될 것이며 이를 극복하는 노력이 요구될 것이다. 또한 국제경영은 국내경영에 비하여 시간상으로나 거리상으로 장기와 장거리의 문제가 개입되므로 그에 따르는 위험-비용과 불확실성 및 복잡성을 감수하여야 한다.

국제적 거래는 또한 서로 다른 화폐에 의해 결제가 이루어지므로 외환시세의 변동에 따르는 환위험을 회피하기 위해 외환관리가 필요해진다. 그밖에 국가 간 물가의 차이, 금리의 변동 차이, 조세의 격차 등에 의해 금전적 위험이 수반되어 여러 가지 재무상의 관리요구가 커지게 된다.

뿐만 아니라 법률과 규제도 서로 달라 위험과 마찰이 생길 가능성이 크다. 범세계적인 시각과 전략 하에서 이윤을 추구하는 기업의 목표와 국가의 정책 간에는 근본적으로 피할 수 없는 마찰이 존재하고 있다. 그 때문에 국제경영자는 이런 이해관계의 상충과 마찰을 인식하고 최선의 대응전략을 모색해야 할 것이다. 따라서 국내거래나 국내경영에서는 전혀 사용되지 않거나 별로 사용되지 않는 특수한 기법이나 수단들의 활용이 필수적인 것이 된다.

마지막으로 국제경영은 국내경영과는 다른 여러 가지의 내부적 특성을 가지게 된다. 국내경영과는 달리 외국인의 경영참가나 외국인 피고용자 등의 문제가 당연히 생겨난다. 또한 경영의 전략적 차원이나 조직구조를 비롯해 재무, 마케팅, 인사, 생산 관리 등의 문제에서 국내경영과는 달리 국제적 효율성을 전제로 경영자원이 배분되거나 활용되도록 해야 하는 것이다.

경영자원 조달이나 판매시장 확보를 위한 경쟁이 국제적 차원에서 이루어지기 때문에 항상 세계경제 및 경영 추세의 변화를 비롯해 경쟁기업의 전략을 면밀히 추적하여 정보측면에서 뒤쳐지지 않도록 해야 할 것이다.

2 다국적기업의 기획전략

다국적기업은 장기의 전략적 기획(strategic planning)과 단기의 전술적 기획(tactical planning)을 이용한다. 전략적 기획은 기업의 철학, 지침, 목표 등 기본적인 것을 다루며 목표달성을 위해 기업의 자원과 능력을 최대한 활용하도록 주요전략과 기획을 개발한다. 이 전략적 기획 아래 전술적 기획과 실행예산이 수립된다.

전략적 기획에서는 다음과 같은 문제를 검토하게 된다. 즉 기획 기간 중에 기업을 어느 방향으로 발전시킬 것인가? 기업의 목표는 수익성, 성장성, 다각화 중에서 어디에 둘 것인가? 각 국마다 어떤 사업과 제품을 개발해야 하는가? 기존제품과 신제품에 대한 시장의 기회는 어떠한가? 경영, 기술, 자금 등 자원을 활용하기 위해 수출, 라이센싱, 직접투자 가운데 어떤 진출방법을 택할 것인가? 각국마다 기회와 위험의 균형을 어떻게 유지하는가? 또한 각국에서 직면하게 될 지도 모르는 여러 문제들, 즉 정치적 발전, 경영변동 등을 분석하고 대처방법을 강구해야 한다.

따라서 전략적 기획은 첫째, 미래의 지침, 목표, 방침 등을 조정, 통합하고, 둘째, 세계의 변화를 예견하여 대비하고 계획을 혁신하며 셋째, 해외 자회사의 경영자가 보다 적극적으로 목표설정에 참여하도록 하고 분권화된

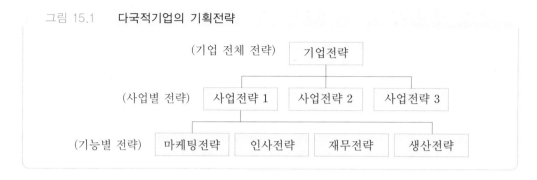

그림 15.1   **다국적기업의 기획전략**

조직에서 더 효과적으로 기업의 전체자본을 활용하도록 방법을 개발하며, 넷째, 미래의 기업의 수익성, 성장, 발전 등을 결정할 국제적 기본전략을 수립하는 절차라고 이해할 수 있다.

3 다국적기업의 조직전략

조직이란 기업의 목표달성을 위해 권한, 책임, 의사전달 및 통제의 사내관계를 정립하는 것이다. 기업을 움직여가는 주체는 역시 사람이므로 인적자원 간의 여러 관계가 결정되어 있어야 한다.

특히 최고경영자로부터 해외의 특수한 환경에서 활동하는 해외자회사의 경영자에 이르기까지 권한과 책임관계를 수립해야 하는 다국적기업의 조직은 매우 복잡하다. 우선 다국적기업내의 권한과 책임관계는 사내 각 부서간의 효과적인 의사전달을 전제로 한다. 목표와 방침을 전파하고 해외자회사를 효율적으로 관리, 통제하기 위해 의사전달은 절대적이다. 그러나 다국적기업은 지리적 거리, 국민성, 문화, 환경 등의 차이에서 오는 의사전달의 격차가 불가피하므로 해외자회사의 경영자가 다양한 현지 환경에 적응할 수 있도록 다국적기업의 조직은 구성되어야 한다.

조직 관리 방법은 보통 지역을 강조하느냐 제품에 주안점을 두느냐에 따라 크게 두 가지로 나눌 수 있다. 지역별 조직 관리의 경우 각 지역책임자에게 의사결정의 [라인]책임을 위임하고 본사 사장에게 직접 보고하도록 하는데 이 경우 국내시장은 세계 여러 지역시장의 하나에 불과하다.(그림

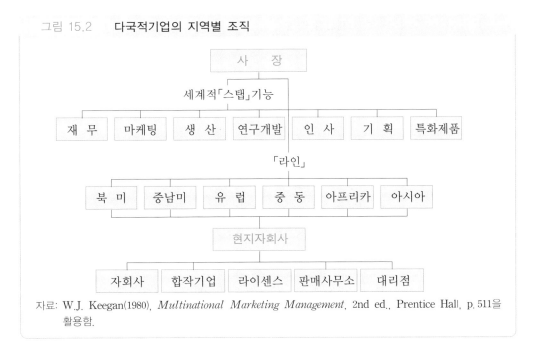

그림 15.2   **다국적기업의 지역별 조직**

자료: W.J. Keegan(1980), *Multinational Marketing Management*, 2nd ed., Prentice Hall, p. 511을 활용함.

15.2 참조). 〈그림 15.2〉에서 보는 바와 같이 세계시장을 아시아, 유럽, 중동, 남북미주 등 각 지역별로 나누어 담당부서를 정하고 생산, 판매조직을 각 지역담당부서에 포함시킴으로써 한 지역에서의 제품의 생산, 마케팅 책임을 한 사람이 담당하게 된다. 이 경우 본사에서는 세계 각 지역의 담당부서를 지원하는 기능별 [스탭]이 활동하며 각 지역담당부서의 관리, 통제를 하게 된다.

지역별 조직은 각국의 시장특성이 뚜렷한 경우에 특히 적절하며 각 지역의 특수한 환경에 업무기능과 제품을 잘 적응시켜 운용할 수 있다 또한 최고경영자, 지역본부, 현지자회사 사이에 보다 효과적인 의사전달을 촉진할 수 있는 점이 장점이다.

한편 각 지역에 적절한 제품을 뚜렷이 강조하기가 쉽지 않으며 기술정보의 이전 및 제품별, 국별 전문성의 조정이 어려운 것이 단점이다. 특히 제품이 기술적으로 복잡한 경우와 다국적기업의 취급품목이 다양할 경우에 통제가 어려우며 라인과 스탭이 중복되는 위험이 있고 어느 특정의 몇 개 지역에서만 영업을 할 지역별 조직의 효과는 감소된다.

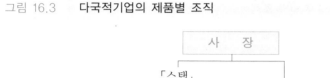

그림 16.3   다국적기업의 제품별 조직

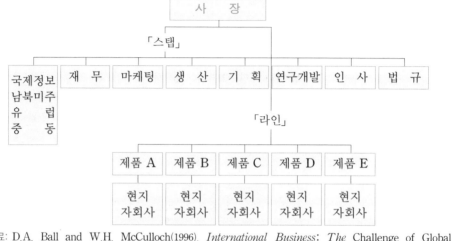

자료: D.A. Ball and W.H. McCulloch(1996), *International Business*: *The* Challenge of Global Competition, 6th ed., Irwin, p. 685.

제품별 조직은 제품부서가 영업, 이윤에 책임을 지며 마케팅, 재무, 인사 등 기능은 본사의 스탭 기능의 지원을 받고 특히 지역전문가의 정보지원을 받는다. 이 제품별 조직은 매우 다양한 품목으로 최종 소비재시장에까지 침투할 때 또는 비교적 기술수준이 높은 제품을 해외시장에서 생산할 때 유용하며 세계적인 제품계획이 가능하고 생산 마케팅에서 기업의 제품 노우하우를 활용할 수 있는 장점이 있다. 한편 제품별 조직에 의하면 국별 노하우의 적용 및 제품부서간의 조정이 어려운 단점이 있다.

4   다국적기업의 생산전략

생산전략의 구체적인 문제는 각 나라에서의 공장의 신설과 확장, 그 규모, 기술수준 및 공장형태 등에 관한 결정을 내리는 것이다. 생산전략은 원재료, 노동, 엔지니어링, 자본비용, 수송, 분배의 경제성 등에 기초하여 공장의 신설 또는 확장에 어느 국가가 가장 적합한지를 결정한다. 물론 다국적기업의 최고경영자는 마케팅 계획과 통합하여 생산전략을 수립해야 한다.

또한 생산전략은 해외공장에서 이용될 기술형태도 포함한다. 다국적기업은 자국에서 이용되던 기술을 그대로 활용하여 기술습득 시간과 위험을 줄일 수도 있으나 진출하는 국가의 노동기술, 원재료 가용성, 기술숙달정도와 기타 환경요소 등에 의해 현지국에 맞게 변형하여 활용하는 것도 고려해야 할 것이다.

비교적 노동력이 풍부한 개도국에서 노동집약적 생산방식을 택함으로써 고용증대, 자본절약을 기하는 한편, 단순제조과정에 적합하며 노동력활용을 요구하는 현지정부의 정책에 부응하기도 한다. 따라서 다국적기업은 노동력가용성, 비용, 생산성, 현지의 기술수준 등을 주의 깊게 평가하여 생산방식이 자본집약적인 것이어야 하는가, 노동집약적인 것이어야 하는가를 선택하고 전략에 신축성을 부여한다.

특히 자본재 및 원자재 수입에 대한 관세면제, 조세감면, 이윤송금보장 등 다국적기업의 현지공장 신설로 현지국에서 받을 수 있는 다양한 정책혜택을 점검해야할 것이다.

생산전략수립에 있어서 다국적기업은 현지경영진과 협력하여 원가절감, 품질개선, 생산효율성 등을 달성하는 전략을 개발하기도 한다. 또한 경영감사를 통해 기존시장의 비경제성, 높은 비용, 낮은 생산성, 낡은 시설, 기술, 경영의 부족, 생산규모의 부적합성과 같은 문제를 지적하고 이의 개선에 노력해야 한다.

여러 나라에 공장을 갖고 있는 다국적기업은 세계적으로 생산, 공급체계를 합리화하여야 한다. 수요, 수송비용, 지역적 요인, 정부의 규제조치 등을 고려하여 각 공장에서 제품특화를 어떻게 할 것인가를 결정하며 이와 아울러 부품, 원료의 구매 방법 등에 관한 전략을 결정한다. 이는 고객의 욕구를 만족시키기 위해 제품, 자재, 부품, 인원에 대한 적시, 적소, 적량을 가장 효과적으로 배치하는 로지스틱스 전략(logistics strategy)과 관련되는 것이며 결국 생산, 수송전략의 일환인 것이다.

5   다국적기업의 마케팅전략

　　마케팅 전략은 다국적기업의 경영전략 가운데 가장 중요한 부분이다. 마케팅 전략은 국제적 차원에서 판매기회를 발견하는 것을 포함해 마케팅 자원의 최적배분, 판매, 시장침투, 시장점유율, 수익 목표에 대한 구체적인 주요 계획을 결정하는 것이기 때문이다. 다국적기업이 마케팅 전략을 수립하는 데는 다음〈그림 15.4 참조〉과 같은 과정을 거치며 이에 따른 의사결정이 필요하다.

　　첫째, 국제적 마케팅 전략의 수립을 위한 기반을 조성해야 한다. 둘째, 각국의 마케팅 상황과 잠재수요를 분석하고 국별, 제품별로 마케팅의 최적 전략을 결정한다. 셋째, 각 국에서의 마케팅 믹스(가격전략, 제품전략, 광고전략, 유통전략을 통칭)전략을 효율적으로 수립한다. 넷째, 구체적인 마케팅 전략의 추진을 위한 예산을 수립해야 한다.

6   다국적기업의 인사전략

　　인적 자원의 효율적 활용은 다국적기업에 있어 매우 중요하다. 기업이 경영자, 기술요원, 숙련노동자가 없다면 조직구조의 개선과 장래 경영계획은 무의미해진다. 다국적기업의 인사전략의 수립은 먼저 여러 나라에서 소요되는 노동자, 기능공, 기술자, 관리자, 경영자 등에 대한 인력소요 예측부터 시작된다. 국별로 인원의 활용가능성, 여러 형태의 인원의 채용과 훈련가능성, 승진 가능성 등을 고려하여 예측한다. 여기에서는 간단히 노사관계와 관리자의 개발·승진 면에서 인사전략을 살펴본다.

　　먼저 노사관계의 경우를 살펴보자. 사회적, 경제적, 제도적 차이로 인해 다른 나라에서 노사관계전략을 수립하는데 다국적기업은 많은 어려움을 겪는다. 다국적기업이 반드시 정치적, 문화적 영향을 잘 파악하고 있는 것은 아니며 때로는 다국적기업을 일종의 경제침략자로 보기 때문에 다국적기업과 현지노동조합과의 관계는 항상 날카롭다. 또한 자국에서 잘 유지되

그림 15.4   마케팅전략의 수립과정

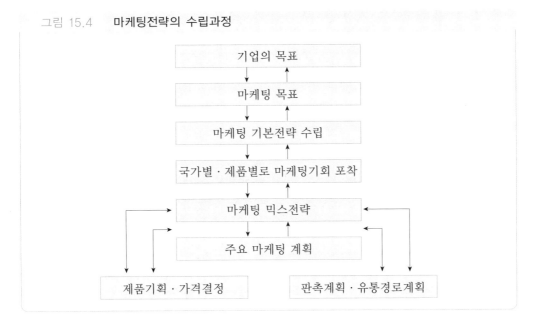

어온 노사관계전략이 다른 나라에서는 노사문제의 대처에 도움이 되지 않는 경우가 대부분이다. 따라서 다국적기업의 경영자는 해외에서 항상 변화되는 노사환경을 이해하여야 한다.

다음으로 관리자의 개발이 중요하다. 다국적기업은 경영관리자의 선발, 훈련, 개발, 승진 등을 다루는 인사전략을 수립해야 한다. 현지인은 교육정도, 경영경험, 문화적 환경 때문에 국제경영관리팀의 일원으로서 부적합한 경우가 많아 다국적기업의 본사경영자가 해외자회사에 파견되어 경영을 하다가 차차 현지경영자를 개발하여 권한을 위임하는 방법이 많이 활용된다. 세계 각국에 흩어져 있는 자회사 관리자에 대한 선발, 훈련, 개발, 승진 등을 종합적으로 통합·관리하는 전략을 수립하여 각 국의 문화적 변수에 따라 신축성을 갖는 지침과 분명한 기준이 마련되어야 한다.

7 다국적기업의 재무전략

다국적기업의 재무전략의 내용은 크게 자금조달 문제와 환리스크 관리를 어떻게 할 것인가의 두 가지 과제로 압축된다.

먼저 자금조달에 대해 살펴보자. 현지자회사의 경영에 소요되는 자금을 조달하는 것은 다국적기업에게 매우 중요한 문제이며 세계적 경영을 위한 자금의 조달 원과 조달방법을 마련해야 한다. 자금조달은 부채와 자본의 비율인 자본구조를 고려하여 가장 낮은 비용으로 조달할 수 있도록 해야 한다. 그밖에 조세, 환율, 정부통제의 차이, 평가절하의 위험, 인플레이션 등 여러 요인을 고려해야 한다.

다국적기업에 필요한 자금은 대체로 국내조달, 해외조달, 국제금융시장에서의 조달 등으로 크게 나누어 볼 수 있을 것이다. 대표적으로 다국적기업의 자금조달은 국내와 해외조달로 나눌 수 있는데 현지자회사의 경영에 소요되는 자금을 가급적 현지에서 충당해야 한다는 현지조달의 원칙에 따라 본사로부터의 송금은 감소되고 현지조달비율이 늘어나고 있다. 물론 이때 기업규모에 따라 자금조달 전략은 달라질 수 있을 것이다.

결국 다국적기업의 재무전략은 신축적인 세계적 전략이어야 하며 변화하는 경제 여건에 적응하는 동시에 자금비용과 위험을 최소화 하도록 하는 것이 가장 중요한 과제이다.

두 번째 환리스크 관리 문제를 살펴보자. 다국적기업이 국제적 거래를 할 때 환율이 부단히 변동하고 있다는 사실은 바로 환 리스크 문제에 직면하게 됨을 의미한다. 다국적기업은 특히 재무관리, 예컨대 자금의 차입, 자금의 관리, 재무제표의 작성·보고, 배당금의 결정 및 투자계획의 결정 등의 문제를 다룰 때 이러한 환 리스크의 문제를 종합적으로 검토·분석하여 적절히 대응해야 할 것이다.

환 리스크의 형태를 살펴보면, 기업이 외화로 표시된 자산이나 부채를 보유하고 있거나 외화로 거래하고 있을 경우, 그 기업의 수익성은 환율의 변동에 의하여 형향을 받게 된다. 환율 변동에 의하여 기업이 입게 되는 손실이나 이익발생 가능성을 환 노출(또는 외환 노출: foreign exchange exposure)이라고 하는데 다국적기업의 재무관리자는 환 노출로부터 야기될 수 있는 손실을 최소화하여 장기적으로 기업의 가치를 극대화할 수 있도록 해야 할 것이다.

주요용어

국제경영관리

다국적기업의 기획전략

전략적 기획과 전술적 기획

다국적기업의 조직전략

의사결정의 라인

다국적기업의 생산전략

로지스틱스 전략

다국적기업의 마케팅전략

마케팅 믹스전략

다국적기업의 인사전략

노사관계

다국적기업의 재무전략

현지자금조달

환노출

제무제표

연습문제

1. 기업의 국제경영에서 요구되는 기본적 고려사항에는 어떤 것들이 있는가?

2. 전자제품과 자동차를 취급하는 기업의 경우 해외진출 시 조직구조를 어떻게 편성하는 것이 가장 효율적인가?

3. 기업의 국제경영에는 반드시 다른 화폐 간 교환이 이루어지며, 이때 환율의 문제가 매우 중요한 고려대상이 된다. 따라서 국제거래 시에 늘 환리스크에 노출될 텐데, 이 문제를 원만히 처리해 나가는 방안에 어떤 것들이 있는가?

부표 1   The World's top 100 non-financial MNEs, ranked by foreign assets, 2016(Millions of dollars and number of employees)

Ranking by: Foreign assets	Ranking by: TNI [b]	Corporation	Home economy	Industry [c]	Assets Foreign	Assets Total	Sales Foreign	Sales Total	Employment Foreign [d]	Employment Total	TNI [b] (Per cent)
1	38	Royal Dutch Shell plc	United Kingdom	Mining, quarrying and petroleum	349 720	411 275	152 018	233 591	67 000	92 000	74.3
2	63	Toyota Motor Corporation	Japan	Motor Vehicles	303 678	435 958	173 529	254 753	148 941	348 877	60.2
3	36	BP plc	United Kingdom	Petroleum Refining and Related Industries	235 124	263 316	140 683	183 008	43 598	74 500	74.9
4	24	Total SA	France	Petroleum Refining and Related Industries	233 217	243 468	110 255	141 526	70 496	102 168	80.9
5	20	Anheuser-Busch InBev NV	Belgium	Food & beverages	208 012	258 381	39 507	45 517	163 177	206 633	82.1
6	61	Volkswagen Group	Germany	Motor Vehicles	197 254	431 888	192 093	240 366	346 715	626 715	60.3
7	67	Chevron Corporation	United States	Petroleum Refining and Related Industries	189 116	260 078	54 160	110 484	28 704	55 000	57.9
8	68	General Electric Co	United States	Industrial and Commercial Machinery	178 525	365 183	70 352	123 692	191 000	295 000	56.8
9	79	Exxon Mobil Corporation	United States	Petroleum Refining and Related Industries	165 969	330 314	121 881	218 608	35 725	71 100	52.1
10	58	Softbank Corp	Japan	Telecommunications	145 611	220 296	45 324	82 166	42 032	63 591	62.5
11	23	Vodafone Group Plc	United Kingdom	Telecommunications	143 574	165 367	44 602	52 238	75 666	105 300	81.4
12	64	Daimler AG	Germany	Motor Vehicles	138 967	256 127	143 547	169 555	112 430	282 488	59.6
13	32	Honda Motor Co Ltd	Japan	Motor Vehicles	130 067	169 537	112 614	129 228	143 424	208 399	77.6
14	86	Apple Computer Inc	United States	Computer Equipment	126 793	321 686	139 972	215 639	45 721	116 000	47.9
15	26	BHP Billiton Group Ltd	Australia	Mining, quarrying and petroleum	118 953	118 953	29 751	30 912	10 993	26 827	79.1
16	42	Nissan Motor Co Ltd	Japan	Motor Vehicles	116 612	164 734	88 651	108 189	87 584	152 421	70.1
17	51	Siemens AG	Germany	Industrial and Commercial Machinery	115 251	140 309	67 737	88 346	136 890	351 000	65.9
18	71	Enel SpA	Italy	Electricity, gas and water	111 240	164 010	37 622	75 898	30 124	62 080	55.3
19	17	CK Hutchison Holdings Limited	Hong Kong, China	Retail Trade	110 515	130 677	26 050	33 474	263 900	290 000	84.5
20	57	Mitsubishi Corporation	Japan	Wholesale Trade	107 860	140 879	20 360	59 317	52 251	68 247	62.5
21	35	Glencore Xstrata PLC	Switzerland	Mining, quarrying and petroleum	107 077	124 600	97 927	152 948	115 820	154 832	74.9
22	29	Telefonica SA	Spain	Telecommunications	106 765	130 327	43 504	57 568	99 216	127 323	78.5
23	65	Eni SpA	Italy	Petroleum Refining and Related Industries	106 408	131 280	35 510	61 690	12 626	33 536	58.8
24	8	Nestlé SA	Switzerland	Food & beverages	106 319	129 467	89 307	90 804	317 954	328 000	92.5
25	69	BMW AG	Germany	Motor Vehicles	106 244	198 730	88 934	104 174	36 670	124 729	56.1
26	53	Johnson & Johnson	United States	Pharmaceuticals	104 274	141 208	34 079	71 890	93 339	126 400	65.0
27	62	Deutsche Telekom AG	Germany	Telecommunications	102 176	156 514	53 588	80 866	106 972	218 341	60.2
28	41	Iberdrola SA	Spain	Electricity, gas and water	100 890	112 476	19 178	32 321	17 992	28 389	70.8
29	70	Allergan PLC	Ireland	Pharmaceuticals	94 512	128 986	2 885	14 571	12 237	16 700	55.4
30	1	Rio Tinto PLC	United Kingdom	Mining, quarrying and petroleum	89 177	89 263	33 429	33 781	50 531	51 018	99.3
31	31	Fiat Chrysler Automobiles	United Kingdom	Motor Vehicles	86 599	109 985	113 442	122 821	145 389	234 499	77.7
32	84	Pfizer Inc	United States	Pharmaceuticals	85 930	171 615	26 455	52 824	48 318	96 500	50.1
33	100	EDF SA	France	Electricity, gas and water	84 508	296 869	17 923	78 773	25 142	154 808	22.5
34	87	Microsoft Corporation	United States	Computer and Data Processing	82 992	193 468	44 742	85 320	51 000	114 000	46.7
35	40	Mitsui Co Ltd	Japan	Wholesale Trade	82 233	102 850	22 161	40 284	34 868	43 611	71.6
36	3	Altice NV	Netherlands	Telecommunications	81 640	84 761	22 575	22 962	47 901	49 732	97.0
37	75	Engie	France	Electricity, gas and water	77 809	167 070	46 125	73 724	80 439	153 090	53.9
38	15	ArcelorMittal	Luxembourg	Metals and metal products	75 142	75 142	55 761	56 791	118 025	199 000	85.8
39	52	Sanofi	France	Pharmaceuticals	72 747	110 332	28 507	38 398	59 935	106 859	65.4

부록

Ranking by: Foreign assets	Ranking by: TNI	Corporation	Home economy	Industry	Assets Foreign	Assets Total	Sales Foreign	Sales Total	Employment Foreign	Employment Total	TNI (Per cent)
41	45	The Coca-Cola Company	United States	Food beverages	70 595	87 270	31 653	41 863	49 300	100 300	68.6
42	93	Ford Motor Company	United States	Motor Vehicles	70 153	237 951	58 367	151 800	93 000	201 000	38.1
43	47	Novartis AG	Switzerland	Pharmaceuticals	67 487	130 124	48 590	49 436	63 188	118 393	67.8
44	99	China National Offshore Oil Corp (CNOOC) c	China	Mining, quarrying and petroleum	66 673	179 228	17 761	67 789	8 979	110 200	23.8
45	9	Shire plc	Ireland	Pharmaceuticals	66 615	67 035	11 355	11 397	18 358	23 906	91.9
46	55	Airbus Group NV	France	Aircraft	66 490	117 142	50 010	73 660	85 819	133 782	62.9
47	28	Teva Pharmaceutical Industries Limited	Israel	Pharmaceuticals	66 161	92 890	17 058	21 903	50 097	56 960	79.0
48	25	Roche Group	Switzerland	Pharmaceuticals	64 754	75 401	50 745	51 331	53 183	94 052	80.4
49	43	International Business Machines Corporation	United States	Computer and Data Processing	63 897	117 470	79 919	79 919	206 863	380 300	69.6
50	72	Samsung Electronics Co., Ltd.	Korea, Republic of	Communications equipment	63 704	217 714	114 510	173 949	228 775	325 677	55.1
51	78	Procter & Gamble Co	United States	Chemicals and Allied Products	62 718	127 136	38 299	65 299	51 797	105 000	52.4
52	82	Orange SA	France	Telecommunications	62 623	99 787	24 283	45 268	58 399	155 202	51.3
53	56	Amazon.com, Inc	United States	E-Commerce	61 177	83 402	56 202	135 987	250 424	341 400	62.7
54	98	Nippon Telegraph & Telephone Corporation	Japan	Telecommunications	60 466	190 035	15 025	105 152	77 000	241 448	26.0
55	96	Statoil ASA	Norway	Petroleum Refining and Related Industries	58 995	104 530	10 190	45 688	2 505	20 539	30.3
56	30	GlaxoSmithKline PLC	United Kingdom	Pharmaceuticals	58 514	72 742	36 217	37 642	56 970	99 300	78.0
57	54	BASF SE	Germany	Chemicals and Allied Products	58 370	80 632	44 264	63 669	60 512	113 830	65.0
58	37	Lafargeholcim Ltd	Switzerland	Stone, Clay, Glass, and Concrete Products	54 886	73 381	21 994	29 764	69 074	90 903	74.9
59	97	Wal-Mart Stores Inc	United States	Retail Trade	54 734	198 825	124 571	485 873	800 000	2 300 000	29.3
60	10	Liberty Global plc	United Kingdom	Telecommunications	54 358	54 518	17 285	17 285	30 750	41 000	91.6
61	95	General Motors Co	United States	Motor Vehicles	53 687	221 690	48 070	166 380	101 000	225 000	32.7
62	81	ConocoPhillips	United States	Petroleum Refining and Related Industries	52 461	89772	9 471	24 147	7 772	13 300	52.0
63	22	Unilever PLC	United Kingdom	Food & beverages	52 356	59 480	43 755	58 317	136 832	168 832	81.4
64	46	Robert Bosch GmbH	Germany	Motor Vehicles	51 200	86 302	64 809	80 904	255 307	389 281	68.3
65	21	Mondelez International, Inc.	United States	Food & beverages	50 917	61 538	19 594	25 923	78 000	90 000	81.7
66	2	John Swire & Sons Limited e	United Kingdom	Transport and storage	50 491	50 562	10 241	10 599	121 330	121 500	98.8
67	34	AstraZeneca PLC	United Kingdom	Pharmaceuticals	49 822	62 526	13 650	23 002	52 700	59 700	75.8
68	48	Renault SA	France	Motor Vehicles	49 381	107 624	43 451	56 691	100 473	124 849	67.7
69	50	Schlumberger Ltd	United States	Mining, quarrying and petroleum	48 561	77 956	21 229	27 920	62 292	100 000	66.9
70	4	Broadcom Limited	Singapore	Electronic components	48 413	49 966	12 990	13 240	14 800	15 700	96.4
71	5	Anglo American plc	United Kingdom	Mining, quarrying and petroleum	48 216	50 149	20 139	21 378	78 000	80 000	96.0
72	91	Petronas – Petroliam Nasional Bhd e	Malaysia	Mining, quarrying and petroleum	47 912	139 868	46 459	63 322	10 630	53 149	42.5
73	49	Marubeni Corporation	Japan	Wholesale Trade	47 511	61 675	30 846	65 807	30 748	39 914	67.0
74	44	Repsol YPF SA	Spain	Petroleum Refining and Related Industries	46 745	68 356	15 446	38 377	24 535	24 535	69.5
75	66	National Grid PLC	United Kingdom	Electricity, gas and water	45 727	82 279	11 687	19 587	14 830	25 068	58.1
76	33	Christian Dior SA	France	Textiles, clothing and leather	45 489	69 839	37 855	42 116	81 478	109 435	76.5
77	88	Bayer AG	Germany	Pharmaceuticals	45 422	68 685	20 136	51 741	55 717	115 200	46.6
78	6	Nokia OYJ	Finland	Communications equipment	44 674	47 329	24 866	26 125	96 123	102 687	94.4
79	18	Air Liquide SA	France	Chemicals and Allied Products	44 155	46 503	19 174	20 063	41 354	66 700	84.2
80	16	British American Tobacco PLC	United Kingdom	Tobacco	44 007	48 969	16 039	19 910	71 891	85 335	84.9

Ranking by: Foreign assets	Ranking by: TNI [b]	Corporation	Home economy	Industry [c]	Assets Foreign	Assets Total	Sales Foreign	Sales Total	Employment Foreign [d]	Employment Total	TNI [b] (Per cent)
81	85	China COSCO Shipping Corp Ltd [e]	China	Transport and storage	43 076	55 642	15 104	22 965	5 114	82 708	49.8
82	7	SAP SE	Germany	Computer and Data Processing	42 635	46 671	21 051	24 408	84 183	84 183	92.5
83	77	United Technologies Corporation	United States	Aircraft	42 473	89 706	24 909	57 244	137 088	201 600	53.0
84	60	Sumitomo Corporation	Japan	Wholesale Trade	42 258	69 411	22 208	36 897	40 704	66 860	60.6
85	27	Imperial Brands PLC	United Kingdom	Tobacco	42 245	42 423	32 823	38 965	18 100	33 900	79.1
86	12	Danone Groupe SA	France	Food & beverages	41 855	46 325	21 872	24 277	90 173	99 091	90.5
87	90	RWE AG	Germany	Electricity, gas and water	41 791	80 533	20 577	48 224	23 817	58 652	45.1
88	92	Amgen Inc	United States	Pharmaceuticals	41 199	77 626	4 665	22 991	10 190	19 200	42.1
89	11	Schneider Electric SA	France	Electricity, gas and water	41 093	44 114	25 441	27 318	142 356	161 768	91.4
90	74	Hewlett-Packard Co	United States	Computer and Data Processing	40 228	79 629	30 542	50 123	98 512	195 000	54.0
91	94	Alphabet Inc	United States	Computer and Data Processing	39 672	167 497	47 491	90 272	17 066	72 053	33.3
92	73	Intel Corporation	United States	Electronic components	39 392	113 327	46 430	59 387	53 000	106 000	54.3
93	14	Volvo AB	Sweden	Motor Vehicles	37 948	44 020	34 194	35 266	64 804	84 039	86.8
94	13	WPP PLC	United Kingdom	Business Services	37 765	42 561	16 902	19 421	177 000	198 000	88.4
95	89	ITOCHU Corporation	Japan	Wholesale Trade	37 697	72 633	15 707	44 664	54 910	105 800	46.3
96	76	E.ON AG	Germany	Electricity, gas and water	37 681	67 143	18 394	42 231	26 443	43 138	53.7
97	80	Sony Corporation	Japan	Electric equipment	37 650	157 933	50 121	70 187	76 300	125 300	52.0
98	39	AP Moller-Maersk A/S	Denmark	Transport and storage	37 610	61 118	34 050	35 464	53 990	87 736	73.0
99	83	Vale SA	Brazil	Mining, quarrying and petroleum	37 413	99 157	25 123	27 161	15 527	73 062	50.5
100	59	América Móvil SAB de CV	Mexico	Telecommunications	37 158	73 352	42 188	52 202	103 887	194 193	61.7

Source: ⓒUNCTAD.

[a] Preliminary results based on data from the companies' financial reporting; corresponds to the financial year from 1 April 2016 to 31 March 2017.

[b] TNI, the Transnationality Index, is calculated as the average of the following three ratios: foreign assets to total assets, foreign sales to total sales and foreign employment to total employment.

[c] Industry classification for companies follows the United States Standard Industrial Classification as used by the United States Securities and Exchange Commission (SEC).

[d] In a number of cases foreign employment data were calculated by applying the share of foreign employment in total employment of the previous year to total employment of 2016.

[e] Data refers to 2015.

부표 2   The top 50 financial TNCs ranked by Geographical Spread Index (GSI), 2012 [a]   (Millions of dollars and number of employees)

Rank 2012	GSI[b]	Rank 2011	GSI[b]	Financial TNCs	Home economy	Assets Total	Employees Total	Affiliates Total	Number of foreign affiliates	II.[c]	Number of host countries
1	72.8	1	75.0	Allianz SE	Germany	915 788	141 938	717	585	81.6	65
2	72.4	2	73.7	Citigroup Inc	United States	1 864 660	266 000	840	595	70.8	74
3	71.2	3	72.4	BNP Paribas	France	2 514 570	198 423	984	723	73.5	69
4	68.5	6	67.2	Assicurazioni Generali SpA	Italy	582 398	81 997	493	436	88.4	53
5	68.3	5	68.1	HSBC Holdings PLC	United Kingdom	2 692 538	288 316	1040	746	71.7	65
6	65.9	8	65.6	Deutsche Bank AG	Germany	2 653 053	100 996	1331	1031	77.5	56
7	65.0	7	65.6	Societe Generale	France	1 648 917	159 616	557	386	69.3	61
8	64.1	9	61.1	Unicredit SpA	Italy	1 221 929	160 360	922	861	93.4	44
9	58.3	10	59.5	AXA S.A.	France	1 004 421	96 999	606	515	85.0	40
10	57.4	13	53.0	Standard Chartered PLC	United Kingdom	636 518	86 865	209	153	73.2	45
11	56.4	13	56.2	Credit Suisse Group Ltd	Switzerland	1 009 756	49 700	261	231	88.5	36
12	54.8	11	56.6	Zurich Insurance Group AG	Switzerland	409 270	52 648	328	318	97.0	31
13	53.1	4	69.2	UBS AG	Switzerland	1 375 684	64 820	494	279	56.5	50
14	52.9	12	51.2	Munich Reinsurance Company	Germany	340 622	47 206	525	272	51.8	54
15	49.6	17	50.3	ING Groep NV	Netherlands	1 540 724	95 025	585	327	55.9	44
16	49.0	22	45.5	The Bank Of Nova Scotia	Canada	668 378	75 362	135	108	80.0	30
17	48.7	18	49.7	Morgan Stanley	United States	780 960	61 899	220	163	74.1	32
18	48.5	16	50.6	Credit Agricole SA	France	2 428 968	87 451	418	229	54.8	43
19	46.7	25	43.2	The Royal Bank Of Canada	Canada	825 513	68 480	154	129	83.8	26
20	44.9	21	45.9	Nomura Holdings Inc	Japan	403 557	34 395	153	114	74.5	27
21	43.8	26	42.6	The Goldman Sachs Group Inc	United States	938 555	33 300	288	205	71.2	27
22	42.4	24	45.4	Dexia	Belgium	470 945	14 181	77	73	94.8	19
23	42.1	20	46.0	Mitsubishi UFJ Financial Group	Japan	2 494 137	83 491	131	86	65.6	27
24	41.8	19	47.8	Banco Santander SA	Spain	1 673 877	187 233	430	301	70.0	25
25	41.5	28	40.7	Skandinaviska Enskilda Banken AB	Sweden	377 139	18 912	169	121	71.6	24
26	40.4	23	45.5	KBC Groupe SA	Belgium	338 678	39 925	263	195	74.1	22
27	40.3	33	37.2	Berkshire Hathaway Inc	United States	427 452	271 000	875	296	33.8	48
28	40.3	31	38.4	Aviva PLC	United Kingdom	513 152	36 562	411	238	57.9	28
29	40.2	40	33.4	Prudential PLC	United Kingdom	504 316	25 414	275	171	62.2	26
30	39.1	38	33.5	Metlife Inc	United States	836 781	67 000	133	70	52.6	29
31	38.4	15	51.1	Swiss Reinsurance Company	Switzerland	215 785	10 788	50	41	82.0	18
32	37.1	34	36.4	Aegon NV	Netherlands	482 690	25 288	326	214	65.6	21
33	36.8	27[c]	41.1	State Street Corp	United States	222 582	29 740	117	88	75.2	18
34	36.7	39	33.4	BBV Argentaria SA	Spain	840 855	110 645	251	147	58.6	23
35	34.6	36	35.1	Bank of America Corporation	United States	2 209 974	284 635	439	138	31.4	38
36	34.2	42	32.9	Intesa Sanpaolo SpA	Italy	887 905	100 118	186	109	58.6	20
37	34.1	32	37.8	CIBC	Canada	393 582	42 239	51	37	72.5	16
38	33.3	45	30.1	Nordea Bank AB	Sweden	893 110	33 068	173	120	69.4	16
39	33.0	41	33.1	Commerzbank AG	Germany	838 341	58 160	648	243	37.5	29
40	32.9			Manulife Financial Corp	Canada	488 155	..	71	55	77.5	14

Rank 2012	GSI[b]	Rank 2011	GSI[b]	Financial TNCs	Home economy	Assets Total	Employees Total	Affiliates Total	Affiliates Number of foreign affiliates	Affiliates II.c	Number of host countries
41	32.6	29	39.7	Old Mutual PLC	United Kingdom	233 254	55 549	177	99	55.9	19
42	32.4	35	35.3	American International Group Inc	United States	548 633	57 000	235	88	37.4	28
43	32.3	37	34.0	JPMorgan Chase & Company	United States	2 359 141	260 157	691	219	31.7	33
44	31.7	43	32.6	Bank Of New York Mellon Corp.	United States	358 990	48 700	249	139	55.8	18
45	29.9	30	38.5	Barclays PLC	United Kingdom	2 422 516	141 100	1156	225	19.5	46
46	29.2	44	30.3	Australia and New Zealand Banking Group Ltd	Australia	667 748	46 152	112	56	50.0	17
47	28.8	49	27.4	Danske Bank A/S	Denmark	615 854	21 320	101	84	83.2	10
48	28.3	48	27.7	Svenska Handelsbanken AB	Sweden	367 055	11 184	52	32	61.5	13
49	27.5	46	29.2	Sumitomo Mitsui Financial Group Inc	Japan	1 581 545	64 225	200	63	31.5	24
50	27.1	..	..	Erste Group Bank AG	Austria	281 905	50 452	459	198	43.1	17

Source: UNCTAD

a The GSI is calculated for the world top 200 financial TNCs by total assets. Data on total assets and employees, from ThomsonONE, currency (USD) millions, period 2012. Data on affiliates are based on Dun and Bradstreet's WorldBase database.

b GSI, the 'Geographical Spread Index", is calculated as the square root of the Internationalization Index multiplied by the number of host countries.

c II, the "Internationalization Index", is calculated as the number of foreign affiliates divided by the number of all affiliates (Note: Affiliates counted in this table refer only to majority-owned affiliates).

부표 3   World Top 100 digital MNEs, by sales or operating revenues(2015)

	Classification first level	Company name	Classification second level	Total sales ($ million)	Total assets ($ million)	Share of foreign sales (%)	Share of foreign assets (%)	Ratio between share of foreign sales and share of foreign assets
1	IT devices & components	Apple	IT devices	215,639	321,686	65	39	1.65
2		Samsung Electronics	IT devices	171,126	206,550	90	31	2.88
3		Hon Hai Precision Industry	Components	135,996	70,038	99	91	1.09
4		International Business Machines	IT devices	81,741	110,495	63	54	1.15
5		Sony	IT devices	71,968	148,037	71	24	3.00
6		Intel	IT devices	55,355	101,459	80	29	2.75
7		Dell Technologies	IT devices	50,911	45,122	52	29	1.81
8		Toshiba	IT devices	50,165	48,083	59	36	1.67
9		Cisco Systems	Components	49,247	121,652	47	20	2.40
10		HP	IT devices	48,238	29,010	63	58	1.09
11		LG Electronics	IT devices	48,195	30,971	75	21	3.59
12		Legend Holdings	IT devices	47,728	47,176	68	45	1.53
13		Lenovo Group	IT devices	44,912	24,933	72	65	1.11
14		Fujitsu	IT devices	42,078	28,645	40	20	2.00
15		Pegatron	IT devices	36,826	14,445	85	73	1.16
16		Quanta Computer	IT devices	30,562	16,129	100	83	1.21
17		Telefonaktiebolaget Lm Ericsson	IT devices	29,253	33,689	98	34	2.93
18		Compal Electronics	IT devices	25,709	9,950	100	65	1.53
19		Taiwan Semiconductor Manufacturing	Components	25,593	50,292	89	3	31.30
20		Flextronics	Components	24,419	12,385	65	65	1.00
21		Sharp	IT devices	21,856	13,945	70	20	3.43
22		Wistron	Components	18,911	8,811	37	81	0.46
23		Jabil Circuit	Components	18,353	10,323	91	76	1.19
24		SK Hynix	Components	16,032	25,312	94	19	5.01
25		ZTE	Components	15,433	19,192	47	17	2.69
26		Nokia	IT devices	14,778	22,782	91	42	2.16
27		Asustek Computer	IT devices	14,331	10,122	86	46	1.89
28		Kyocera	Components	13,137	27,480	59	31	1.91
29		Texas Instruments	Components	13,000	16,230	88	47	1.85
30		Western Digital	IT devices	12,994	32,862	72	60	1.20
31		Micron Technology	Components	12,399	27,540	84	74	1.15
32		Inventec	Components	11,999	5,332	94	62	1.52
33		Seagate Technology	IT devices	11,160	8,252	70	64	1.09
34		China Greatwall Computer Shenzhen	Components	11,129	6,078	60	NA	NA
35		TPV Technology	Components	11,062	5,932	61	47	1.30
36		Innolux	Components	11,048	11,756	72	16	4.38
37		AU Optronics	Components	10,990	12,176	67	27	2.44
38		Murata Manufacturing	Components	10,751	13,476	93	30	3.12
39		TDK	Components	10,230	12,879	92	77	1.20
40		Seiko Epson	Components	9,700	8,358	76	38	1.99
41		Japan Display	Components	8,782	7,226	89	NA	NA
42		Advanced Semiconductor Engineering	Components	8,596	11,083	88	40	2.21
43		Acer	IT devices	8,003	5,211	92	78	1.18
44		STMicroelectronics	Components	6,897	8,195	76	83	0.91
45		Alps Electric	Components	6,872	4,997	81	40	2.05
46		Asml Holding	Components	6,845	15,802	100	24	4.14
47		Lite-On Technology	Components	6,582	6,361	30	3	9.76
48		Mediatek	Components	6,471	10,657	95	16	6.00
49		Renesas Electronics	Components	6,155	7,541	56	17	3.31
50		Nxp Semiconductors	Components	6,101	26,354	97	94	1.03
51		Tokyo Electron	Components	5,895	7,044	82	22	3.79
52		Nvidia	Components	5,010	7,370	87	22	3.90
	IT devices & components total			**1,637,164**	**1,887,427**	**75**	**39**	**1.91**
	(IT devices & components median - unweighted)					*78*	*40*	*1.90*

	Classification first level	Company name	Classification second level	Total sales ($ million)	Total assets ($ million)	Share of foreign sales (%)	Share of foreign assets (%)	Ratio between share of foreign sales and share of foreign assets
53	IT software & services	Microsoft	IT software & services	85,320	193,694	52	43	1.22
54		Hewlett Packard Enterprise	IT software & services	50,123	79,679	61	51	1.21
55		Oracle	IT software & services	37,047	112,180	53	33	1.63
56		Accenture	IT software & services	34,798	20,609	99	96	1.03
57		NEC	IT software & services	25,048	22,138	21	5	3.95
58		Qualcomm	IT software & services	23,554	52,359	98	18	5.61
59		SAP	IT software & services	22,637	45,061	87	92	0.94
60		Tata Consultancy Services	IT software & services	16,379	13,475	93	80	1.16
61		NTT Data	IT software & services	14,338	16,517	31	10	3.12
62		Capgemini	IT software & services	12,972	17,671	79	79	1.01
63		Cognizant Technology Solutions	IT software & services	12,416	13,061	21	81	0.26
64		Atos	IT software & services	11,633	11,628	84	79	1.07
65		Infosys	IT software & services	9,418	11,371	97	NA	NA
66		CGI Group	IT software & services	8,145	8,915	86	76	1.13
67		Wipro	IT software & services	7,726	10,665	90	NA	NA
68		Harris	IT software & services	7,467	11,996	6	4	1.51
69		Computer Sciences Corporation	IT software & services	7,106	7,736	57	57	1.00
70		Samsung SDS	IT software & services	6,698	5,400	47	4	11.07
71		Datatec	IT software & services	6,455	3,383	92	94	0.98
72		Adobe Systems	IT software & services	5,854	12,707	47	21	2.23
73		HCL Technologies	IT software & services	4,640	5,931	97	52	1.85
	IT software & services total			**409,774**	**676,177**	**63**	**46**	**1.38**
	(IT software & services median – unweighted)					*61*	*52*	*1.21*
74	Telecom	AT&T	Telecom	146,801	402,672	4	5	0.94
75		Nippon Telegraph and Telephone	Telecom	102,468	186,770	16	32	0.52
76		Softbank Group	Telecom	81,271	183,851	55	66	0.83
77		Deutsche Telekom	Telecom	75,368	156,686	64	64	1.00
78		Vodafone Group	Telecom	59,013	192,587	85	90	0.94
79		America Movil	Telecom	51,970	75,349	67	46	1.44
80		Telefonica	Telecom	51,407	133,882	72	77	0.94
81		Orange	Telecom	43,805	99,540	54	57	0.96
82		BT Group	Telecom	27,426	61,345	22	10	2.19
83		Telecom Italia	Telecom	21,467	77,550	25	12	2.08
84		Telstra	Telecom	19,242	32,144	5	8	0.63
85		Altice	Telecom	15,841	70,545	98	97	1.01
86		Bharti Airtel	Telecom	14,553	33,900	7	25	0.27
87		Telenor	Telecom	14,549	23,259	77	76	1.01
88		Emirates Telecommunication Group	Telecom	14,215	34,926	43	60	0.72
89		Saudi Telecom Company	Telecom	13,507	25,776	10	5	1.92
90		Swisscom	Telecom	11,771	21,317	16	18	0.93
91		Vivendi	Telecom	11,717	38,046	59	62	0.94
92		Telia Company	Telecom	10,268	30,094	58	71	0.80
93		Vimpelcom	Telecom	9,625	33,854	53	60	0.90
94		MTN Group	Telecom	9,460	20,191	75	66	1.14
95		Ooredoo	Telecom	8,835	25,866	77	75	1.02
96		Level 3 Communications	Telecom	8,229	24,017	19	17	1.10
97		Millicom	Telecom	6,730	10,363	100	100	1.00
98		Mobile Telesystems	Telecom	5,917	8,965	10	16	0.63
99		Vodacom Group	Telecom	5,436	5,342	23	34	0.67
100		PCCW	Telecom	5,072	9,646	17	16	1.07
	Telecom total			**845,964**	**2,018,482**	**42**	**46**	**0.92**
	(Telecom median – unweighted)					*53*	*57*	*0.94*
	Total ICT			**2,892,902**	**4,582,086**	**63**	**43**	**1.48**
	(ICT median – unweighted)					*71*	*44*	*1.21*

Source: ⓒUNCTAD, based on UNCTAD's FDI/MNE database, company reports and data from Orbis BvD and Thomson ONE.

Note: Companies are ranked by sales within each category ("classification first level"). Allocation of companies to categories and subcategories ("classification second level") is based on principal activity.

제16장
무역실무의 이해

 개 요

무역실무는 무역상인들이 오랜 기간 동안 반복하여 사용함으로써 확립된 무역거래의 관습이다.

1 │ 무역실무란 무엇인가

　우리나라는 인적자원이 거의 유일한 자원일 정도로 부존자원이 매우 부족한 국가로서, 오랜 기간 동안 무역을 통한 경제성장과 개발을 위하여 노력해 왔다. 그 결과 2011년부터 무역총액이 1조 달러를 넘어 섰으며, 2015년과 16년에는 다소 부진하였으나 2017년에는 다시 1조 달러를 초과하는 실적을 보여주고 있다. 특히 수출의 경우 5,739억 달러를 기록함으로써 무역통계를 작성하기 시작한 이래 61년만에 최대의 실적을 나타냈으며, 일평균 수출액도 21억 달러를 초과하였다. 이로써 우리나라 수출의 세계시장 점유율도 역대 최대인 3.6%를 기록했으며, 교역 비중 역시 3.3%로 역시 사상 최대의 수치를 보여주고 있다. 전 세계 수출 순위는 전년도 8위에서 6위로 상승하였다.

　이런 성과들은 여러 부분과 요인들이 복합적으로 작용한 결과이지만, 특히 눈에 보이지 않는 무역전문인력들의 노고와 그 역할에 주목하지 않을 수 없다.

　그렇다면 무역전문인력은 어떤 전문성을 갖추고 있는 사람이며 어떻게 양성되는 것인가? 무역서류나 작성하고 은행이나 세관 등을 왔다 갔다 하면 언젠가 무역전문인력이 될 수 있는 것인가? 만약 그렇다면 전국의 대학에 개설되어 있는 무역학과의 존재이유가 없을지도 모른다. 왜냐하면 그런 내용들은 아마 무역협회의 단기강좌 등을 통해서 얼마든지 습득할 수 있을 것이며 동시에 만약 그렇게 양성할 수 있는 무역전문인력이라면 이들의 부족으로 인해 무역확대에 어려움을 겪을 이유도 없을 것이기 때문이다.

무역서류의 작성도 중요하고 무역유관기관을 통해서 필요한 업무를 수행하는 것도 중요하지만, 무역전문인력이 되기 위한 전문지식은 그렇게 해서는 습득될 수 없다. 일정한 체계에 따라 필요한 영역의 전문지식을 습득하고 거래상대국의 언어와 문화, 관습 등을 이해하고 수용할 수 있는 준비가 되어 있어야 한다.

무역업무를 수행하는 데 충분한 정도의 전문성이라 함은 첫째, 무역실무에 대한 분야별 전문적인 지식과 둘째, 거래상대방과 의사소통이 가능할 정도의 외국어 구사능력 셋째, 국내·외 무역환경 변화에 대한 이해와 수용능력, 그리고 여기에다 현장경험까지 더해진다면 금상첨화가 될 것이다. 여기서 보듯 무역실무는 무역전문인력이 갖추어야 할 가장 기본적이면서도 핵심적인 영역이다. 그렇다면 무역실무란 무엇인가?

기본적으로 무역실무란 국가간 무역거래의 주체인 정부나 민간기업 또는 개인이 실제적으로 무역거래를 수행하는 과정에서 직면하게 되는 공적·사적인 모든 절차, 규정과 법규, 관습과 관행, 법과 제도 등을 포괄하는 것으로, 무역거래를 수행하는 담당자라면 누구나가 알아야 하고 또 반드시 알고 있어야만 하는 구체적인 지식과 기법을 의미한다.

2   무역거래의 3가지 흐름

무역실무에는 물품의 흐름, 대금의 흐름, 서류의 흐름과 같은 중요한 세 가지의 흐름이 있다. 이들 세 가지의 흐름은 무역실무란 큰 틀을 관통하는 중요한 줄기로서 이들 흐름을 추적하고 이해함으로써 무역거래의 전체적인 윤곽을 잘 조망할 수 있음은 물론이고 그 내부의 세부적인 내용에 대한 이해도 한결 쉬울 것으로 생각된다.

먼저 물품의 흐름을 살펴보면, 무역계약인 국제물품매매계약의 이행을 위해서는 우선적으로 매도인은 매수인에게 물품의 인도를 행하지 않으면 안 된다. 물품은 매도인의 수중을 떠나 수출국 내의 운송인, 세관 등을 거쳐 수입국 내로 반입되며 수입국 내에서도 유사한 당사자들의 손을 거쳐 최종적으로 수입상에게 인도된다. 무역거래의 수출·입 과정을 이해하기 위해서는 반드시 물품이 경유하는 각 당사자들과 이들의 역할을 이해해야만 한다.

둘째, 대금의 흐름으로, 대금은 물품의 흐름과는 반대의 방향으로 흐르게 된다. 계약당사자가 서로 의무를 부담하는 쌍무계약인 무역계약에서는 매도인의 물품 인도에 대한 반대급부로 매수인은 반드시 계약에서 정해진 방법에 따라 매도인에게 대금을 지급해야 한다. 일반적으로 무역거래의 대금결제는 수입상이 수출상에게 직접 행하는 방식 대신에 제3당사자인 은행을 개입시켜 행하는 관습을 발전시켜 왔다. 송금방식이나 신용장방식을 포함한 추심방식이 자금 흐름의 과정에서 다소 차이를 보이고 있기는 하지만 모두 은행이 개입하여 대금결제를 행할 뿐만 아니라 신용장에서는 은행의 역할이 매우 중요하다.

셋째, 서류의 흐름인데, 무역거래에는 수많은 종류의 서류가 사용되고 있다. 이들 서류들은 수출상의 의무 이행을 입증하거나 수출과 수입에 관련된 허가나 인증 또는 대금결제와 관련된 서류들로, 무역거래의 이행과 관련하여 매우 중요한 역할을 수행하게 된다. 특히 수출상의 입장에서 가장 중요한 절차인 대금결제를 받기 위해서는 일정한 조건을 구비한 다양한 서류들을 갖추지 않으면 안 된다. 게다가 물품의 소유권도 현물을 통해서 이전하기보다는 서류의 이전을 통해서 이전하는 관행을 유지하고 있기 때문에 서류의 중요성은 더욱 커진다. 이처럼 무역거래는 물품의 흐름과 대금의 흐름 못지 않게 무역거래에서 사용되는 각종 서류의 흐름을 이해하는 것이 매우 중요하다고 할 수 있다. 다만, 전자무역의 등장으로 종이서류가 전자문서로 대체되는 현상과 함께 서류의 형식이 전자적으로 전환되고 있음은 주지의 사실이며 향후 종이서류가 전통적으로 수행해 왔던 기능을 거의 대부분 전자문서가 대신할 수 있게 될 것으로 보인다.

3 무엇을 배울 것인가

　　무역실무에서 습득해야 할 내용들은 크게 다음과 같은 영역으로 나누어 볼 수 있지만, 우선은 국내에서 물건을 사고파는 상황을 연상하면서 따라가면 훨씬 쉽게 이해할 수 있을 것이다. 먼저 무역실무에는 수출입절차라는 큰 골격이 있는데, 이 절차는 무역계약을 체결한 이후 진행되는 일련의 과정으로 이해할 수 있다. 무역계약이 체결되면 수출상은 물품을 인도(무역운송)해야 하고 수출의 전 과정에서 발생할지도 모를 위험에 대한 대비(운송보험과 수출보험)를 하게 되며, 이후 수입상으로부터 대금을 회수(무역대금결제)하게 된다. 때때로 수출상과 수입상 사이에 분쟁이 발생할 수도 있으며 이 때에는 적절한 해결방안(무역분쟁과 상사중재)을 택하여 해결하게 될 것이다. 한편 대부분의 국가들은 자국의 무역진흥을 위하여 다양한 무역관련제도를 운영하고 있기 때문에 무역실무의 한 영역으로 무역관련제도가 포함된다. 그리고 무역은 상이한 관습과 법·제도를 가진 국가들 사이의 거래이기 때문에 이들 간의 거래를 규율하기 위해서는 통일된 공통의 규범이 필요하게 되므로 다양한 국제무역규칙들이 있는데, 이들에 대한 이해역시 필요하다. 그리고 무역의 새로운 트렌드로 등장하고 있는 전자무역도 무역실무의 한 영역으로 자리잡고 있다. 아래에서는 이들 내용을 간단하게 소개한다.

(1) 수출입절차

　　먼저 무역실무와 관련하여 우선적으로 염두에 두어야 할 것은 일국의 수출입절차이다. 왜냐하면 수출입절차가 가장 중요하다고 할 수는 없지만, 대부분의 무역실무는 수출입절차에 따른 무역계약의 이행과 관련한 것이기 때문이다. 그러므로 수출입절차는 무역실무의 큰 골격이라 할 수 있으며, 이런 사실 때문에 무역실무란 숲을 보기 위해서는 수출입절차란 틀을 먼저 이해해 두는 것이 바람직하다고 할 수 있다. 수출입절차는 본 장의 말미에 그림으로 나타나 있다. 한편 특정 국가의 경제사정이나 산업의 발달 정도에 따라 수출입에 대한 관리·규제·지원의 정도가 다름으로써 수출입절차가 모든 국가에서 동일하다고 할 수는 없겠지만, 대부분 유사한 절차를 운영하고 있다.

(2) 무역계약

무역계약은 수출 또는 수입거래를 하고자 하는 당사자간에 체결되는 매매계약으로서, 무역거래의 이행에 관련된 중요한 내용들이 여기에 포함되며, 계약당사자인 수출상과 수입상의 계약상의 권리와 의무가 무역계약에 의하여 결정된다. 따라서 불리하지 않고 서로에게 이익이 될 수 있도록 계약을 체결하기 위해서는 계약 조항으로 포함될 가능성이 있는 내용들에 대하여 충분히 숙지하고 있어야 한다. 이들 중에는 국제적으로 상이한 상관습을 통일하기 위하여 제정된 국제무역규칙인 Incoterms가 있으며, 무역계약의 기본조건들인 품질, 수량, 가격, 선적, 대금결제방법 및 시기, 보험, 분쟁해결 등에 대한 이해도 필요하다. 이외에도 무역계약은 국적을 달리하는 두 당사자 사이의 계약이기 때문에 계약을 둘러싸고 벌어질 수 있는 제반 사항을 규율하게 되는 기본법규라 할 수 있는 준거법도 무역계약의 영역에서 다루어지고 있다고 할 수 있다.

(3) 무역운송과 무역보험

무역거래의 당사자들은 무역계약의 이행을 위하여 운송계약과 보험계약과 같이 무역계약에 종속된 계약의 체결과 이행을 필요로 한다. 기본적으로 무역거래의 대상이 되는 물품은 외국에 있는 수입상에게 제공되어져야 하는데, 이를 위해서는 반드시 운송이란 서비스를 이용하게 되고 나아가 운송과정 중에 발생할지도 모르는 위험에 대한 대비를 위하여 운송보험에도 들게 된다. 기본적으로 국제물품운송의 방법으로는 해상운송, 항공운송, 육상운송 그리고 복합운송 등이 있으며, 반도체나 휴대폰 등과 같은 IT제품의 수출이 확대됨에 따라 항공운송의 비중도 크게 증가하고 있다. 일단 무역운송부분에서 가장 관심을 가져야 할 내용은 운송서류라고 할 수 있다. 특히 해상운송에서 사용되는 선화증권(Bills of Lading)은 무역화폐라 불리울 정도로 그 활용도와 중요성이 매우 큰 운송서류이다. 이외에도 운송계약과 이에 따른 운송인의 책임문제와 실제적인 운송과정에 대한 이해,

그리고 운송서류가 대금결제과정에서 하는 역할을 파악하는 것도 중요하다.

한편, 무역거래의 이행과정에서 발생하는 위험은 크게 운송과정 중에 발생하는 위험과 무역거래의 전 과정에서 발생하는 위험으로 나누어지는데, 전자는 해상보험과 같은 운송보험에 의하여 보상받을 수 있으며, 후자는 무역보험으로 보상받게 된다. 운송보험은 운송 유형에 따라 해상운송보험, 항공운송보험 등으로 나누어지지만, 해상운송보험이 가장 널리 채택되며, 해상보험에서는 해상보험계약과 해상보험증권, 그리고 신협회적화약관 등에 관심을 기울여야 한다.

무역보험은 무역거래에서 발생할 수 있는 수입상의 대금지급 불능과 같은 신용위험(credit risk)이나 수입국 내에서 발생하는 전쟁이나 외환거래 제한과 같은 비상위험(emergency risk)으로 인해 수출상이 입게 되는 손해를 보상하기 위한 보험이다. 무역보험은 일반적인 손해보험과는 다른 몇 가지의 특성을 가지고 있으므로 이를 먼저 이해하는 것이 중요하며 특히 WTO체제하에서 정부가 수출지원을 위해 운영할 수 있는 유용한 제도이다.

(4) 수출입통관

수출입통관이란 수출물품이 일국의 관세선을 벗어나거나 혹은 수입물품이 관세선을 넘어 들어오는 경우 당해국의 법규에 따라 세관의 절차를 이행하도록 하고 필요한 경우 관세를 부과하는 절차를 의미한다. 우리나라의 경우도 관세법에 따라 모든 수출입물품은 예외 없이 수출·입 통관을 필하도록 하고 있다. 그러므로 수출입 물품의 흐름을 이해하기 위해서는 세관절차를 이해하는 것이 필요하다. 현재 수출입통관의 전 과정이 EDI(electronic data interchange: 전자자료교환)방식으로 진행되므로 수출상이 직접 세관에 가지 않고도 수출입통관 절차를 이행하는 것이 가능하다.

(5) 무역대금결제

무역대금결제는 수출상의 물품 인도에 대한 반대급부로 수입상이 수출상에게 행하는 대금의 지급이다. 무역대금결제는 주로 신용장(letter of credit: L/C), 추심(collection), 송금(remittance) 등과 같은 방법이 채택된다. 그러므로 여기서는 주요 결제방식의 메커니즘을 먼저 이해하는 것이 중요하며, 각 결제방식이 고유하게 발전시켜 온 관행과 이에 따른 차이, 그리고 거래 규모나 거래지역에 따른 결제방식의 선택 기준 등을 파악하는 것이 적절한 결제방식을 선택하고 활용하는 데 유효하다고 할 수 있다.

(6) 무역분쟁과 상사중재

무역거래를 이행함에 있어서는 의도하지 않았음에도 불구하고 여러 요인에 의하여 계약상의 의무를 원활하게 이행하지 못하게 될 가능성이 있다. 그 원인은 여러 가지가 있을 수 있으나, 결과적으로 한 당사자의 의무위반으로 인해 다른 당사자가 손해를 입게 될 경우 그 손해를 배상해 주어야 할 의무가 발생하게 된다. 이럴 경우 분쟁을 적극적이고 능동적으로 원만하게 해결하는 것이 다음의 거래에도 긍정적인 영향을 주게 되며 상호신뢰가 두터워지는 계기가 될 수 있다. 무역거래에서 발생한 분쟁을 해결하는 방법은 여러 가지가 있지만, 최종적으로 소송에 이르지 않고 그 이전 단계인 중재(arbitrations)란 방법을 통해서 해결하는 것이 권장되고 있다. 그러므로 여기서는 분쟁해결을 위한 방법들 중에서 중재에 초점을 맞추어 중재의 성격과 내용 그리고 다른 분쟁해결방식과의 차이와 장점 등을 이해하는 것이 중요하다.

(7) 국제무역규칙

무역거래는 서로 상이한 법체계에서 거래를 해 왔던 당사자들 사이의 거래이므로, 각 당사자들은 자신에게 익숙한 규범을 적용하려고 시도해 왔다. 그러나 그렇게 될 경우 무역거래는 혼란과 분쟁이 끊이지 않게 될 것이다. 그러므로 무역거래의 참여자들은 이런 문제를 조화롭게 해결할 수 있는 방안을 오랜 기간에 걸쳐 모색해 왔다. 그것이 바로 무역거래의 각 분야별로 구축되어 있는 국제무역규칙이라 할 수 있다. 이들 국제무역규칙들은 오랜 기간 동안 무역상들이 구축해 왔던 관행들의 공통분모만을 모아서 만든 것으로, 실제의 무역거래는 다양한 국제무역규칙의 도움으로 원활하게 수행되고 있는 실정이다. 여기에서는 계약, 운송, 보험, 대금결제, 중재 등 각 분야별로 확립되어 있는 다양한 국제무역규칙을 이해하는 것이 매우 중요하다.

(8) 무역관련제도

무역을 행하는 국가들 대다수는 자국의 무역을 지속적이고 안정적으로 성장·발전시키기 위하여 다양한 제도를 운영하고 있는데, 수출입통관과 관세환급제도, 무역금융제도, 수출보험제도, 보세제도, 무역구제제도 등이 그것이다. 현재 무역을 수행하고 있는 담당자들은 이들 제도를 잘 숙지하고 활용함으로써 자신에게 유리한 환경을 스스로 만들어 가면서 무역을 할 수 있게 된다.

(9) 전자무역

컴퓨터와 정보통신 기술의 급속한 발전은 전통적인 무역거래의 전 과정에 많은 변화를 초래하고 있다. 현재 무역거래 과정 중 물류를 제외한 거의 모든 과정을 인터넷으로 수행하는 것이 가능하게 됨에 따라 종전의 무역거래 수행에 비하여 시간과 비용 절약적일 뿐만 아니라 매우 효율적인 거래의 수행이 가능하게 되었으며, 또한 거래 대상의 디지털화도 매우 빠르게 진행되고 있다. 이로써 전자무역은 무역실무분야에 새로운 도전을 요구하고 있다.

4 수출·입절차 도해

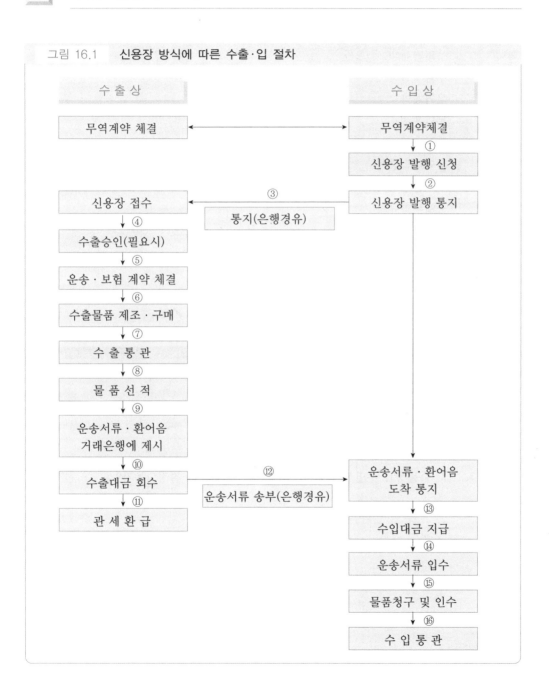

그림 16.1   신용장 방식에 따른 수출·입 절차

주요용어

무역실무

무역거래의 세 흐름

수출입절차

무역계약

무역운송

무역보험

무역대금결제

무역분쟁과 상사중재

국제무역규칙

무역관련제도

전자무역

연습문제

1. 무역거래에서 중요한 세 가지 흐름은 무엇인가?

2. 무역실무를 관통하는 가장 큰 골격은 무엇인가?

3. 수출상과 수입상의 권리 · 의무는 무엇에 따라 결정되는가?

제17장
무역계약

개 요

무역계약은 매도인과 매수인의 의사표시인 청약(offer)과 승낙(acceptance)에 의해 성립하는 계약이다. 이는 구두로도 성립하며 반드시 문서로 작성할 필요는 없지만, 계약의 원활한 이행과 불필요한 클레임의 발생을 회피하기 위해 매매계약서를 작성해 두는 것이 현명하다.

1 거래관계의 창설

1.1 해외시장조사

해외시장조사(market research)란 수출입절차의 최초 단계로서 특정 상품에 대한 판매 또는 구매가능성을 조사하는 것을 말한다.

시장조사 항목에는 일반정보(지리·문화·사회·정치·경제·법제도·금융·통상정책·유통·기타)와 상품관련 정보(소비자·공급자·시장·수급정보·제품·가격·경쟁제품·기타)가 있는데 이는 다음의 방법을 통해 조사할 수 있다.

① 인터넷상의 정부, 무역관련사이트 이용
② 국별 무역 통계자료 이용
③ 국내외 경제단체 및 유관기관 이용
④ 해외출장을 통한 직접조사

1.2 거래처의 선정

해외시장조사를 통해 유망한 해외시장을 선정한 후 그 시장에서 유능한 거래처를 다음의 방법으로 선정한다.

① 국내무역 관련 유관기관(KITA 및 KOTRA 등)의 이용
② 해외공공기관(WTCA 및 각국의 WTC, 각국의 상업회의소)의 이용
③ 무역거래 알선사이트(Silkroad21, EC21, KOBO, SMIPC 등)의 이용
④ 해외광고를 통한 방법
⑤ 각종 사절단 및 전시회 참가방법
⑥ 직접 방문을 통한 방법 등

1.3 거래제의

유망한 거래처를 발굴하면 다음과 같은 내용의 거래제의장(circular letter; letter proposing business)을 상대방에게 보낸다.

① 상대방을 알게 된 경로
② 자기소개 (취급상품과 업종)
③ 거래개시 희망
④ 거래조건과 지급조건(Terms and Conditions)
⑤ 신용조회처(Bank/Trade References)

또한 정가표, 상품목록, 견본 등도 함께 송부하는 것이 바람직하다.

1.4 신용조회

무역거래는 국내거래와 달리 매우 많은 위험이 존재하고 있기 때문에 거래 상대방의 신용조회가 중요한 의미를 지닌다. 신용조회의 내용은 3C's 라고 하는데 그 내용은 다음과 같다.

(1) Character(성격)

당해 업체의 개성(personality), 성실성(integrity), 평판(reputation), 영업태도(attitude toward business) 및 채무변제 이행열의(willingness to meet obligation) 등 계약이행에 대한 도의심에 관련된 내용

(2) Capital(자본)

당해 업체의 재무상태(financial status), 즉 수권자본(authorized capital)과 납입자본(paid—up capital), 자기자본과 타인자본의 비율 등 지급능력과 직결된 내용

(3) Capacity(능력)

당해 업체의 연간매출액(turn-over), 업체의 형태, 연혁(historical background) 내지 경력(career) 및 영업권(goodwill) 등 영업능력에 관한 내용

한편 신용조회는 다음의 방법들이 이용되는데, 은행에 조회하는 방법(Bank Reference), 동업자에게 조회하는 방법(Trade Reference), 전문 상업흥신소에 조사를 의뢰하는 방법(Credit Agency), 신용보증기금, 한국수출보험공사(정보조사실), 대한무역투자진흥공사(KOTRA)에 조회를 의뢰하는 방법 등이 있다.

또한 신용상태에는 변동이 있기 때문에 거래개시 직전에 1번만 조사하는 것이 아니라, 그 후에도 때때로 이를 실시하여 거래의 안전을 요하는 것이 바람직하다.

1.5 조   회

조회(inquiry)란 통상 매수인이 매도인에게 상품목록이나 견본의 송부 등을 요청하거나, 구입하고 싶은 특정 상품에 대한 내용이나 거래조건을 문의하는 것을 말한다. 조회는 매수인이 적극적으로 하는 경우도 있고, 또 매도인의 거래제의(proposal)에 답하여 하는 경우도 있다.

매수인의 조회에 대하여 매도인은 의뢰받은 것과 청구받은 것을 신

그림 17.1   **계약성립의 과정**

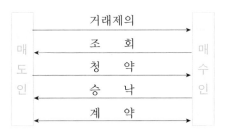

속·정확하게 회답하여 거래기회를 잃지 않도록 하여야 한다.

2 | 무역계약의 성립

2.1 무역계약의 기초

(1) 무역계약의 의의

오늘날 무역거래는 일반적으로 물품매매가 주종을 이루고 있어 무역계약이라고 할 경우 국제물품매매계약을 지칭하는 것이 보통이다.

무역계약 중에서 가장 전형적인 것이고 널리 행해지고 있는 물품매매계약의 정의는 영국 물품매매법(Sale of Goods Act: SGA) 제1조에 의하면 "매도인이 대금이라는 금전적인 대가를 받고 매수인에게 물품의 소유권을 이전하거나 이전하기로 약속하는 계약"("a contract whereby the seller transfers or agrees to transfer the property in goods to the buyer for a money consideration called the price")이라고 규정하고 있다.

(2) 무역계약의 법적 성격

무역계약은 다음과 같은 법적 성격을 가지고 있다.

① 합의계약(consensual contract)

계약당사자의 합의만으로 성립하는 계약이다. 즉, 일방의 청약(offer)에 대해 상대방이 승낙(acceptance)함으로써 성립되는 계약을 말한다.

② 쌍무계약(bilateral contract)

계약의 성립에 의해 당사자 쌍방이 상호 채무를 부담하는 계약을 말한다. 즉, 매도인은 물품인도의 의무를 부담하고 매수인은 대금지급의무를 부담하는 것을 의미한다.

③ 유상계약(remunerative contract)

당사자 쌍방이 서로 대가적 관계에 있는 급부를 목적으로 하는 계약을 말한다.

④ 불요식계약(informal[single] contract)

요식에 의하지 않고 문서나 구두에 의한 명시계약이나 묵시계약으로도 성립되는 계약을 말한다.

```
                   ┌ 낙성계약 - 계약의 성립 ┬ 계약조건의 청약
                   │                        └ 청약조건의 승낙
                   │
물품매매계약 ──────┼ 쌍무계약 - 채무의 부담 ┬ 매도인의 의무(물품인도의 의무)
                   │                        └ 매수인의 의무(대금지급의 의무)
                   │
                   │                        ┌ 급부(계약물품의 급부)
                   └ 유상계약 - 채무의 이행 ┤              ┌ 전액금전의 급부
                                            └ 반대급부 ┤ 일부금전 · 일부물품
                                                          의 급부
```

2.2 청 약

(1) 청약의 의의

청약(offer)이란 상대방의 승낙이 있으면 즉시 계약을 성립시킬 목적으로 청약자(offeror)가 피청약자(offeree)에게 일정한 조건으로 계약을 체결하고 싶다는 확정적 의사표시를 말한다. 따라서 청약은 청약의 준비행위에 불과한 청약의 유인(invitation to offer[treat])과는 구별하지 않으면 안 된다. 양자의 법적 효력에 있어서 차이는 청약의 경우에는 상대방의 승낙에 의하여 계약이 성립되지만, 청약의 유인의 경우에는 상대방의 승낙이 있어도 청약자의 확인이 없으면 계약은 성립되지 않는 데에 있다.

(2) 청약의 효력발생시기

청약은 일반적으로 피청약자에게 도달된 때에 그 효력이 발생한다. 즉, 도달주의를 원칙으로 하고 있다.

(3) 청약의 종류

청약의 종류를 청약의 주체, 발행지, 확정력 등을 기준으로 살펴보면 다음과 같다.

① 청약의 주체기준

매도인의 판매의사표시인 매도청약(offer to sell; selling offer; seller's offer)과 매수인의 구매의사표시인 매수청약(offer to buy; buying offer; buyer's offer; bid)이 있는데 일반적으로 청약이라 함은 전자가 이에 해당된다.

② 발행지 기준

거래상대국의 물품공급업자 및 본사를 대리하는 갑류무역대리업자인 오퍼상이 국내에서 발행 또는 의사표시한 청약인 국내발행청약과 거래상대국의 물품공급업자가 국외에서 발행 또는 의사표시한 청약인 국외발행청약이 있다.

③ 확정력 기준

청약자가 승낙회답기간을 명시하고 피청약자가 그 기간 내에 승낙하면 계약이 성립되는 청약으로 그 유효기간 내에는 원칙적으로 청약의 변경, 취소 또는 철회가 불가능한 확정청약(firm offer)과 청약자가 청약시에 승낙회답기간을 명시하지 않고 보내는 청약으로 피청약자가 승낙하기 전에는 청약자가 청약내용을 일방적으로 변경하거나 철회할 수 있는 자유청약(free offer)이 있다.

④ 수정청약(counter offer)

청약자의 청약(original offer)에 대해 피청약자가 그 조건을 변경하거나 수정을 추가하여 승낙하는 것을 수정청약(counter offer)이라 한다. 이는 원청약의 거절(rejection of the original offer)임과 동시에 피청약자에 의한 새로운 청약(new offer)의 성질을 가지며, 이 수정청약에 대하여 승낙이 있으면 계약이 성립된다.

오늘날의 무역거래에서는 한번의 청약으로 계약이 성립되는 경우는 매우 드물며 청약의 주고받음이 수차례 반복되는 것이 일반적이다.

⑤ 조건부 청약(conditional offer)

피청약자가 청약을 승낙하여도 즉시 계약은 성립되는 것은 아니고, 청약자의 확인이 있어야만 비로소 계약이 성립된다는 조건부청약인 offer subject to our final confirmation(sub-con)(매도인 최종확인조건부청약), 한정된 수량의 상품에 대하여, 동시에 다수의 상대방에게 청약하여 당해 상품의 품절과 동시에 청약의 효력도 감소한다는 조건부 청약인 offer subject to being unsold(=offer subject to prior sale; 선착순판매조건부청약), 시장가격의 변동에 따라 조건을 변경할 수 있는 청약으로 가격변동이 심한 상품의 매매에 이용되는 offer subject to market fluctuations(시황변동조건부청약), 재고품이 생긴 경우에 청약자가 그것을 인수할 것을 조건으로 하는 청약인 offer on sale or return(반품허용조건부청약) 등이 있다.

그림 17.2 **청약의 종류**

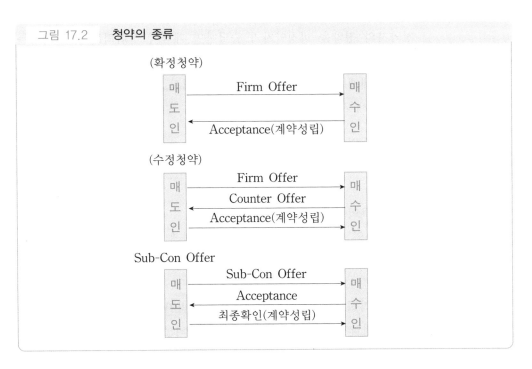

2.3 승 낙

(1) 승낙의 의의

승낙(acceptance)이란 피청약자가 청약자의 청약을 수락하여 계약을 성립시키겠다는 의사표시이다. 청약자의 청약에 대하여 피청약자의 승낙이 있어야 비로소 계약이 성립된다.

승낙은 청약의 내용과 완전히 일치하여야 한다. 이를 영미법에서는 청약과 승낙은 거울에 비친 모습처럼 완전히 동일하여야 한다는 의미에서 경상의 원칙(mirror image rule)으로 불린다. 승낙은 절대적(absolute)이고 무조건적(unconditional; unqualified)으로 청약의 조건과 일치(correspond)하여야 한다. 따라서 청약의 일부조건을 변경하거나, 조건을 추가하여 행한 승낙이나 부분적 승낙(partial acceptance)의 경우는 어디까지나 수정청약(counter offer)이며, 청약자가 다시 승낙하지 않는 한 계약은 성립되지 않는다.

(2) 승낙의 효력발생시기

청약자의 청약을 피청약자가 승낙하면 계약이 성립되는데, 청약자는 피청약자와 공간적으로 떨어져 있기 때문에 피청약자가 승낙의 의사표시를 하여 청약자에게 도달하기까지의 어느 시점에서 계약이 성립하는가에 관하여는 다음의 세 가지 입법주의가 있다.

① 발신주의(dispatch theory; mail box rule)

피청약자가 승낙의 의사표시를 발송한 때 계약의 성립을 인정하는 것이다.

② 도달주의(receipt theory)

피청약자의 승낙의 의사표시가 청약자에게 도달된 때 계약의 성립을 인정하는 것이다.

③ 요지(了知)주의

단지 물리적으로 승낙의 의사표시가 청약자에게 도달될 뿐만 아니라 현실적으로 청약자가 그 내용을 안 때에 계약의 성립을 인정하는 것이다.

승낙의 의사표시의 효력발생시기에 대한 각국의 입법례는 [표 17-1]과

표 17-1 승낙의 의사표시의 효력발생시기

통신수단 \ 준거법			한국법	일본법	영국법	미국법	독일법 비엔나조약
의사표시에 대한 일반원칙			도달주의	도달주의	도달주의	도달주의	도달주의
승낙의 의사표시	대화자간	대면	도달주의	도달주의	도달주의	도달주의	도달주의
		전화	도달주의	도달주의	도달주의	도달주의	도달주의
		Telex	도달주의	도달주의	도달주의	도달주의	도달주의
		E-mail	도달주의	도달주의	도달주의	도달주의	도달주의
	격지자간	우편	발신주의	발신주의	발신주의	발신주의	도달주의
		전보	발신주의	발신주의	발신주의	발신주의	도달주의

같다.

3 무역계약의 체결

3.1 무역계약의 기본조건

무역계약의 기본조건에는 품질(quality), 수량(quantity), 가격(price), 선적(shipment), 결제(payment), 보험(insurance), 포장(packing) 등이 있다.

(1) 품질조건

① 품질결정방법
무역거래에서 이용되고 있는 품질결정방법은 다음과 같다.
㉠ 견본매매(sale by sample): 오늘날 대부분의 무역거래에서 가장 널리 이용되는 방법으로 실제 매매되는 상품의 일부인 견본에 의해 품질을 결정하는 방법이다.
㉡ 규격매매(sale by type or grade): 국제적으로 규격이 정해져 있는

상품이라든가, 수출국의 공적규정에 의해 규격이 정해져 있는 상품의 경우는 규격에 의해 품질을 결정하는 방법이다.

ⓒ 표준품매매(sale on standard or sale by standard Quality): 농산물, 임산물, 수산물 등의 품질은 자연조건 등에 의해 좌우되므로 무역거래에서는 견본과 현품의 정확한 일치가 불가능하다. 따라서 표준품매매의 방법으로 거래되고 있다. 실제 인도된 물품의 품질과 표준품 사이에 차이가 있을 경우 가격에 의해 조정하는 방법이 이용된다. 국제상 표준품매매에 있어서 품질결정의 조건으로 다음의 두 가지 방식이 있다.

첫째는 평균중등품질(Fair Average Quality: FAQ)조건인데, 이는 주로 곡물류의 매매에 이용되는 품질조건으로 인도상품의 품질은 당해 계절의 수확물의 중등품질인 것을 조건으로 하는 거래이다.

둘째는 판매적격품질(Good Merchantable Quality: GMQ)조건인데, 이는 목재와 냉동어류와 같이 적절한 견본이용이 곤란한 경우에 이용되는 조건으로 인도상품의 품질이 당해 상품의 거래상 적격하다고 인정되는 품질(시장성이 있는 품질)인 것을 매도인이 보증하는 조건의 거래이다.

ⓔ 상표매매(sale by trademark or brand): 생산자의 상표(trademark)나 通名(brand)이 일반적으로 알려져 있는 상품의 경우에는 상표나 통명에 의해 품질을 결정하는 방법이다.

ⓜ 명세서매매(sale by specification): 기계류, 선박, 의료기구, 철도차량 등의 거래에서는 물품의 재료, 구조, 규격 등을 상세하게 설명한 명세서(specification)로 품질을 결정하는 방법이다.

② 품질결정시기

품질결정시기는 품질에 관한 최종결정을 선적시점으로 할 것인가 양륙시점으로 할 것인가에 따라 다음의 두 가지 조건이 있다.

㉠ 선적품질조건(shipped quality terms): 인도상품의 품질은 선적시점의 품질로 하는 조건(shipped quality to be final)으로 선적 이후의 품질변화에 대해서는 매도인은 면책을 주장할 수 있다. 무역계약에 품질의 특약이 없고 거래조건이 F Group(FCA, FAS, FOB)과 C Group(CFR, CIF, CPT, CIP)과 같은 적출지 인도조건은 선적품질조건으로 된다.

㉡ 양륙품질조건(landed quality terms): 인도상품의 품질은 목적지의

양륙시점의 품질로 하는 조건(landed quality to be final)으로 운송도중의 변질에 대해서는 매도인이 책임을 진다. 무역계약에 품질의 특약이 없고 거래조건이 D Group(DES, DEQ, DDU, DDP)과 같은 양륙지 인도조건은 양륙품질조건으로 된다.

(2) 수량조건

① 수량단위

수량의 단위는 중량(weight), 용적(measurement), 개수(piece, dozen, gross, etc), 포장단위(package), 길이(length), 면적(square) 등이 있으며 각각의 단위로 표시되어 거래된다. 이 중 특히 주의해야 할 것은 중량이다. 예를 들면, 톤(ton)에는 2,240lbs를 1ton으로 하는 영국 톤(English Ton; Long Ton; Gross Ton), 2,000lbs를 1ton으로 하는 미국 톤(America Ton; Short Ton; Net Ton) 및 1,000kgs, 즉 2,204lbs를 1ton으로 하는 프랑스 톤(French Ton; Metric Ton; Kilo Ton)이 있으므로 어느 톤으로 할 것인가를 명기해야 할 것이다.

② 수량결정시기

수량결정시기는 계약수량을 선적시의 수량으로 할 것인가 양륙시의 수량으로 할 것인가에 따라 다음의 두 가지 조건이 있다.

㉠ 선적수량조건(shipped quantity terms): 계약수량을 선적한 때의 수량을 최종으로 한다(shipped weight final).

㉡ 양륙수량조건(landed quantity terms): 계약수량을 양륙시의 수량을 최종으로 한다(landed weight final).

③ 과부족용인조항(More or Less Clause; ML Clause; MOL Clause)

곡물이나 광물 등과 같은 살물(bulk cargo)의 경우 화물의 성질상 정확히 계약상의 수량을 인도하기가 곤란하기 때문에 계약시에 일정범위의 과부족은 인정하고 있는데, 이를 과부족용인조항이라 한다. 신용장통일규칙(UCP)에서는 신용장에 특별한 금지문언, 또는 신용장에 포장단위(packing units)나 개개의 개수(individual units)에 의해 수량이 명시되어 있지 않는 한, 5%까지의 과부족을 인정하고 있다(UCP 제39조 b항).

계약에 과부족용인조건을 인정하는 경우, 수량 앞에 about, approximately, circa 등의 표현이 사용되는 경우에는 10% 이내의 과부족을 허용한다(UCP 제39조 a항).

(3) 가격조건

① 가격의 매매기준가격(basis of price)

무역거래의 거래가격은 계약물품의 인도장소가 어디인가에 따라, 다시 말해 수출지인가 수입지인가에 따라, 또 매도인과 매수인이 어느 범위까지의 비용을 부담하는가에 따라 변한다. 이들 무역거래의 거래가격 기준으로는 오랜 거래관습에서 거래가격을 간단한 약어로 표시하는 Trade Terms(정형거래조건 또는 가격조건)가 있다. 그러나 이 정형거래조건의 해석은 각국마다 일치하지 않기 때문에 국제상업회의소(ICC)가 이들 조건의 해석에 관한 국제규칙을 제정한 것이 인코텀즈(Incoterms)이다. 이는 1936년에 처음으로 제정된 이후 1953년, 1967년, 1980년, 1990년, 2000년, 2010년에 추가 · 수정이 있었으며 2010년 개정판에서는 후술하는 11종류의 정형거래조건이 규정되어 있다.

② 거래통화(currency)

무역거래에 있어서 통화를 자국통화, 상대국통화 혹은 제3국 통화 중 어느 통화로 할 것인가를 정하여야 한다. 만약 외국통화를 결제통화로 사용하는 경우에는 환위험을 해소하는 수단을 강구해 둘 필요가 있다.

(4) 선적조건

상품의 인도장소는 정형거래조건에 의해 결정되는데, 상품이 수출지 또는 수출항에서 인도되는 것을 적출지조건의 거래, 수입항 또는 수입지에서 인도되는 것을 양륙지조건의 거래라 한다.

① 선적시기

선적시기의 결정방법은 다음과 같다.

첫째, October Shipment(10월 선적)처럼 선적시기를 특정한 달로 표시하는 경우로 이는 10월 1일부터 31일까지 선적하는 것을 의미한다. 둘째, August/September Shipment(8월/9월 선적)처럼 선적시기를 특정 달의 연속으로 표시하는 경우로 이는 8월 1일부터 9월 30일까지 선적하는 것을 의미한다. 셋째, within 30 days after receipt of L/C와 같이 선적시기를 특정 기간으로 표시하는 경우로 이는 신용장 수령 후 30일 이내 선적을 완료하지 않으면 안 된다. 넷째, 선적시기를 특정일(예를 들면 5월 20일)로 지정하는 경우인데, 이는 가장 바람직한 것이라 할 수 있다. 다섯째, immediate shipment, prompt shipment 혹은 as soon as possible shipment와 같은 표현을 사용하는 경우이다. 이러한 표현은 당사자간에 분쟁을 초래할 우려가 있으므로 그 사용을 피해야 할 것이다. 신용장통일규칙에서도 이를 지적하여 "이러한 표현은 사용해서는 안 된다. 만일 신용장에 사용된 때는 은행은 이를 무시 한다"고 규정하고 있다(UCP 제46조 b항).

한편, 선적기일과 관련하여 "Shipment shall be effected on or about(date)"의 표현이 사용되는 경우가 있다. 이는 지정일의 5일 전부터 5일 후까지의 기간 내(양단일 포함)에 선적이 이행되어야 하는 것으로 해석한다(UCP 제46조 c항).

② 분할선적(partial shipment)

분할선적은 신용장에서 금지되어 있지 않는 한 허용된다(UCP 제40조 a항).

신용장에 일정기간 내의 할부선적(shipment by instalment, instalment shipment)이 명시된 경우 그 기간 내에 선적되지 않았다면, 신용장에 별도의 명시가 없는 한, 당해 할부부분 및 그 이후의 모든 할부부분에 대하여 신용장은 효력을 상실한다(UCP 제41조).

그리고 선적이 동일항로, 동일운송수단에 의해 이루어졌음을 표시하고 있는 운송서류는 그것이 동일목적지를 표시하고 있는 한, 그 운송서류의 선적일자, 선적항, 인수지 또는 발송지가 다르더라도 분할선적으로 간주되지 않는다(UCP 제40조 b항).

③ 환적(transhipment)

환적이란 신용장에 명시된 적재항으로부터 양륙항까지 해상운송중 한 선박에서 다른 선박으로의 양하 및 재적재를 의미하는데, 환적시 멸실 및 손상의 위험이 크므로 일반적으로 금지된다.

④ 선적일의 증명과 선하증권 일자

선적일의 증명은 보통 선하증권 일자(B/L Date)로 하는 것이 거래상의 관습이지만 분쟁발생을 막기 위해 매매계약서에 명기해 두는 편이 좋다.

예 The date of Bill of Lading shall be taken as the conclusive proof of the date of shipment.

(5) 대금결제조건

① 결제시기

선적시점을 기준으로 다음의 세 가지로 나눌 수 있다.

㉠ 선지급(Advance Payment, Payment in Advance): 물품이 선적 또는 인도되기 전에 미리 대금을 지급하는 것으로, 이에는 주문과 동시에 대금을 지급하는 주문불(Cash with Order: CWO), 물품이나 서류가 인도되기 전에 대금을 송금하는 단순[사전]송금방식(Remittance Basis), 수출상이 신용장 수령과 더불어 일정금액을 미리 지급받을 수 있는 방식의 선대신용장(Red Clause[Packing] L/C)이 있다.

㉡ 연지급[후지급](Deferred Payment): 물품의 선적이나 인도 또는 어음의 일람 후 일정기일 경과 후에 대금지급이 이루어지는 것으로, 이에는 기한부신용장(Usance L/C Basis), 인수도조건(D/A Basis), 본지점 간에 매 거래시마다 결제하지 않고 일정기간의 거래에서 발생하는 채권채무를 상쇄하여 그 잔액만을 지급하는 조건인 장부결제[청산계정](Open Account) 등이 있다.

㉢ 동시지급(Concurrent Payment): 물품 또는 물품을 대표하는 서류 등과 상환으로 대금을 지급하는 것으로, 이에는 수입지에서 물품과 상환으로 대금을 지급하는 방식인 현금결제(Cash on Delivery: COD), 선적서류와 상환으로 선적지에서 대금지급이 이루어지는 서류상환불(Cash against Documents: CAD)이 있다.

② 결제방식

무역대금의 결제방식은 크게 다음의 세 가지로 구분할 수 있다.

㉠ 신용장결제방식: 신용장(Letter of Credit: L/C)이란 신용장발행의뢰인(수입상)의 요청에 의하여 신용장발행은행이 수출자인 수익자(beneficiary)에게 신용장조건과 일치하는 서류를 은행에 제시할 것을 조건으로 대금지급을 약속하는 보증장이다. 즉, 신용장이란 "발행은행의 수익자에 대한 조건부 지급확약서"라고 할 수 있다.

ⓛ 추심결제방식: 무신용장 결제방식인 추심결제방식에는 지급도 조건(Documents against Payment: D/P)과 인수도 조건(Documents against Acceptance: D/A)이 있다. 전자의 경우는 어음의 지급인인 수입상이 어음지급을 함과 동시에 선적서류를 인도하는 조건을 말하며, 후자의 경우는 어음의 지급인인 수입상이 어음지급을 하지 않고 환어음을 인수함과 동시에 선적서류를 인도하는 조건을 말한다.

ⓒ 송금방식: 수입상이 수출상에게 물품대금을 송금하여 주는 방식으로 송금시기를 기준으로 사전송금방식과 사후송금방식이 있다. 전자는 수출상이 물품이나 선적서류를 인도하기 전에 물품대금을 미리 송금받는 방식으로 단순송금방식이라 하고, 후자는 수출상이 물품이나 선적서류를 먼저 인도한 후 물품대금을 나중에 송금받는 방식으로 COD, CAD, BWT (Bonded Warehouse Transaction)가 있다. 여기서 BWT란 수출상이 일방적으로 물품을 거래상대국의 보세창고에 입고시킨 후 현지에서 매매계약이 체결되면 물품을 보세창고에서 꺼내 통관한 후 판매하는 거래를 말한다.

(6) 보험조건

해상운송 도중에 폭풍우나 본선의 충돌 등 항해에 관한 사고에 의해 손해가 발생하였을 때 이에 대한 대책으로 해상보험(marine insurance)이 있다.

거래조건이 CIF나 CIP인 경우에는 매도인이 보험계약을 체결할 의무가 있는 반면, EXW, FCA, FAS, FOB, CFR, CPT 등의 경우에는 매수인이 보험계약을 체결해야 한다.

해상보험에는 담보위험에 따라 다음 3종류의 기본적 보험약관이 있다.

① Institute Cargo Clauses (A)
② Institute Cargo Clauses (B)
③ Institute Cargo Clauses (C)

위의 Institute Cargo Clauses (A)조건은 종래의 All Risks Clauses, (B)는 WA, (C)는 FPA에 해당된다.

이들 보험약관에는 전쟁위험과 동맹파업위험에 대한 손해를 보상해 주지 않으므로 이를 보상받기 위해서는 별도로 협회전쟁약관(화물)[Institute

War Clauses(Cargo)] 및 협회동맹파업약관(화물)[Institute Strikes Clauses(Cargo)]을 부보해 둘 필요가 있다.

(7) 포장조건

포장(packing)이란 물품을 운송·보관하는 데 있어 물품을 보호하고 물품의 가치를 유지하거나 높이기 위해 적절한 재료나 용기를 이용하여 행하는 것이다.

① 포장방법의 종류

포장은 통상 다음의 세 가지로 나눌 수 있다.

㉠ 개장(unitary packing): 물품의 최소 소매단위를 개별적으로 포장하는 것을 말한다.

㉡ 내장(interior packing): 개장물품의 운송이나 취급에 편리하도록 몇 개의 個裝을 합하여 포장하는 것을 말한다.

㉢ 외장(outer packing): 몇 개의 내장을 상자 등의 외부용기에 다시 포장하는 외부포장을 말한다.

② 화인(貨印)

화인(shipping marks)이란 무역화물의 외장에 표시하는 기호로, 운송인이나 수입상으로 하여금 다른 물품과의 식별을 용이하게 하고, 그 화물의 내용을 표시하는 것을 주목적으로 한다. 이에는 수하인을 표시하는 가장 주요한 주화인(main mark), 송하인인 생산자 또는 공급자를 표시하는 부화인(counter mark), 내용물품의 품질을 표시하는 품질표시(quality mark), 목적지나 목적항을 표시하는 항구표시(port mark), 화물의 일련번호(case number), 원산지표시(country of origin mark), 주의표시(care mark) 등이 있다.

3.2 계약서 작성

청약(offer)과 승낙(acceptance)에 의해 계약이 성립되거나, 매수인의 주문(order)을 매도인이 승낙(acknowledge)하면 계약은 성립된다.

이와 같이 계약이 성립되면 당사자는 후일의 문제를 피하기 위해 계약

내용의 증거로 매매계약서(Sales Contract; Contract Sheet)를 작성하고, 계약서에 서명하여 2통을 상대방에 보내어 1통에 상대방의 서명을 받아 각각 1통씩 보관한다.

매매계약서의 표면에 기재해야 할 조항은 일반적으로 다음과 같다.

> 매도인·매수인의 주소, 회사명, 상품명, 품질, 수량, 가격, 결제조건, 선적시기, 목적지, 양하항, 포장, 하인, 보험, 검사, 제조업자명

한편 매매계약서의 이면에 기재되는 주요 조항은 다음과 같다.

① 품질보증조항(Warranty Clause)

매도인이 물품의 품질에 대하여 무거운 책임을 지는 것을 회피하기 위해 계약서의 이면에 인쇄하여 두는 면책조항이다.

② 불가항력조항(Force Majeure Clause)

불가항력에 의해 계약이행이 지연 또는 불가능하게 되는 경우를 대비하여 미리 넣어 둘 필요가 있는 면책조항이다.

③ 권리침해조항(Infringement Clause)

특허(patent), 실용신안(utility model), 디자인(design), 상표(trademark), 저작권(copyright), 공업소유권(industrial property)의 침해에 관한 것으로 매도인은 매수인의 지시대로 물품을 선적한 결과 발생하는 의장권, 상표, 특허, 저작권 등의 침해에 대하여 책임을 지지 않는다는 면책조항이다.

④ 완전합의조항(Entire Agreement Clause)

계약서가 유일한 합의서이고 그것 이외의 내용은 인정하지 않는 조항이다. 즉, 거래교섭 중에 주고받은 문서나 구두의 표시 등을 무효로 하여 계약내용의 안정을 꾀하려는 조항이다.

⑤ 클레임조항(Claim Clause)

클레임의 제기기간, 분쟁의 해결방법 등이 규정되어 있는 조항이다.

⑥ 중재조항(Arbitration Clause)

분쟁이 발생한 경우의 해결방법을 규정하고 있는 조항으로 중재지, 중재기관, 준거법 등을 정하여 합의해 두면 좋다.

⑦ 준거법조항(Governing[Applicable; Proper] Law)

계약해석의 기준이 되는 법률을 지정해 두는 조항이다.

⑧ Hardship Clause

불가항력조항이 불가항력적 사태가 발생한 경우의 당사자의 면책을 규정함에 주안을 두고 있는 데에 비해, 이 조항은 계약체결 후 원재료비의 폭등 등 제 환경의 변화에 의해 계약당사자의 일방의 이행이 곤란하게 된 경우 매매 양 당사자가 서로 성의를 가지고 가격조정이나 기간연장 등 계약내용의 변경에 대하여 협의할 것을 규정한 것을 말한다.

⑨ 가격증감조항(Escalation [Escalator] Clause)

장기인도계약에서 계약성립 이후 인도시까지에 원료비, 운임, 보험료, 환율변동에 따라 계약가격을 변경할 것을 미리 계약에 정해 두는 조항을 말한다.

⑩ 채무불이행조항(Default Clause)

매도인 또는 매수인에게 계약불이행이 있는 경우 어떻게 대처할 것인가를 규정하고 있는 조항이다.

4   정형거래조건

정형거래조건이란 무역거래에서 표준화된 거래조건을 말하며, 이에 관한 국제규칙에는 무역조건의 해석에 관한 국제규칙인 인코텀즈(Incoterms), 미국의 개정미국무역정의(Revised American Foreign Trade Definitions, 1990) 등이 있다.

4.1 인코텀즈(Incoterms)

(1) 인코텀즈의 의의

인코텀즈는 국제상업회의소(International Chamber of Commerce: ICC)가 제정한 무역조건의 해석에 관한 국제규칙(International Rules for the Interpretation of Trade Terms)을 말한다.

인코텀즈는 International의 "In"과 Commerce의 "Co"에 "Terms"를 조합한 약칭으로 매도인과 매수인의 의무, 비용의 분담, 위험부담의 분기점 등을 정하고 있다. 1936년에 처음 제정된 이후 1953년, 1967년, 1980년, 1990년, 2000년, 2010년에 추가와 수정이 있었고 최근 2010년 개정판에는 아래의 11가지 규칙이 규정되어 있다.

인코텀즈는 법률이나 계약이 아니라 국제규칙이므로 무역거래에서 법적인 구속력을 지니고 있지 않다. 따라서 당사자 쌍방이 인코텀즈의 사용을 바라는 경우에는 계약서 중에 「Incoterms 2010의 규정에 의해 준거된다」고 명기해 둘 필요가 있다(The trade terms under this contract shall be governed and interpreted under the provisions for "Incoterms 2010").

(2) 인코텀즈 2010의 주요 특징

① 새로운 두 가지 규칙의 신설(Two new Incoterms rules-DAT and DAT)

인코텀즈 2010에서는 인코텀즈 2000에서의 DAF, DES, DEQ 및 DDU 규칙을 대체하여 합의된 운송방식에 관계없이 사용할 수 있는 새로운 규칙—DAT 및 DAP 규칙—을 신설하였다. 따라서 인코텀즈 규칙의 수도 13가지에서 11가지로 줄어들었다.

신설된 두 가지 규칙하에서 인도는 지정목적지에서 발생한다. 즉, DAT에서는 종전의 DEQ 규칙과 마찬가지로 물품이 도착된 운송수단에서 양하된 상태로 지정목적항 또는 터미널에서 매수인의 임의처분 상태로 놓여졌을 때 인도가 발생하고, DAP에서는 이전의 DAF, DES, DDU 규칙과 마찬가지로 물품이 도착된 운송수단에서 양하되지 않는 상태로 지정목적지에서 매수인의 임의처분 상태로 놓여졌을 때 인도가 발생한다.

신설된 두 가지 규칙은 이전의 DAF, DES, DEQ 및 DDU 규칙과 같이 도착지 인도 규칙으로, 매도인은 물품을 지정 목적지까지 운송하는 데 관련되는 모든 비용(적용가능한 경우 수입통관에 관련되는 비용제외)과 위험을 부담한다.

② 인코텀즈 2010상의 11가지 규칙의 분류(Classification of the 11 Incoterms 2010 rules)

인코텀즈 2010은 11가지 규칙을 두 종류로 분류하고 있다. 즉, 어떠한 단일 또는 복수의 운송방식에 사용되는 규칙과 해상 및 내륙수로에 사용되는 규칙으로 분류하고 있다.

〔어떠한 단일 또는 복수의 운송방식에 사용되는 규칙〕

EXW   EX WORKS

FCA   FREE CARRIER

CPT   CARRIAGE PAID TO

CIP   CARRIAGE AND INSURANCE PAID TO

DAT   DELIVERED AT TERMINAL

DAP   DELIVERED AT PLACE

DDP   DELIVERED DUTY PAID

〔해상 및 내륙수로에 사용되는 규칙〕

FAS   FREE ALONGSIDE SHIP

FOB   FREE ON BOARD

CFR   COST AND FREIGHT

CIF   COST INSURANCE AND FREIGHT

첫 번째 종류는 선택된 운송방식에 관계없이 또한 단일 또는 복수의 운송방식이 사용되었는지 관계없이 사용할 수 있는 일곱 가지 규칙(EXW·FCA·CPT·CIP·DAT·DAP·DDP)을 포함한다. 이들은 해상운송이 전혀 없는 경우에도 사용할 수 있다. 그러나 이들 규칙은 선박이 운송의 일부에 사용되는 경우에도 사용할 수 있다는 것을 기억하는 것이 중요하다.

두 번째 종류는 물품의 인도장소와 도착장소는 모두 항구이며, FAS, FOB, CFR 및 CIF가 여기에 속한다. 이 중 마지막의 세 규칙에서는 인도지점으로서의 본선의 난간(ship rail)의 문구가 전부 삭제되고 본선에 적재된(on board the vessel) 때에 물품이 인도되는 것으로 되었다.

참고로 인코텀즈 2000에서의 13가지 규칙의 분류는 다음과 같다.

그 룹 별	약 호	거래조건	수송수단
E-그룹 출발지인도조건	EXW	Ex Works	M
F-그룹 주운송비 미지급 인도조건	FCA FAS FOB	Free Carrier Free Alongside Free On Board	M S S
C-그룹 주운송비 지급인도조건	CFR CIF CPT CIP	Cost and Freight Cost Insurance and Freight Carriage Paid To Carriage and Insurance Paid To	S S M M
D-그룹 도착지인도조건	DAF DES DEQ DDU DDP	Delivered At Frontier Delivered Ex Ship Delivered Ex Quay Delivered Duty Unpaid Delivered Duty Paid	M S S M M

표 17-2　　인코텀즈 2000 규칙의 분류

주: 운송수단란의 기호의 의미는 다음과 같다.
　　M=복합수송을 포함한 모든 운송수단에 적합.
　　S=해상운송 및 내륙수로운송에 적합.

　③ 국내 및 국제거래에 사용가능한 규칙(Rules for domestic and international trade)

　인코텀즈 규칙은 전통적으로 물품이 국경을 통과하는 국제물품매매에 사용되었으나, 세계 여러 지역에서 유럽연합과 같은 자유무역지역(trade bloc)의 등장으로 다른 나라간의 국경통관절차는 덜 중요시되었다. 따라서 인코텀즈 2010 규칙은 부제(subtitle)에서 이 규칙이 국제 및 국내매매계약에 모두 사용할 수 있다고 공식적으로 인정하고 있다. 그 결과 인코텀즈 2010 규칙은 여러 곳에서 수출/수입통관절차가 적용되는 경우(where applicable)에만 존재한다는 것을 명시하고 있다.

　④ 사용지침(Guidance Notes)

　각 인코텀즈 규칙 앞에는 사용지침이 있다. 이는 언제 이 규칙을 사용해야 하는지, 위험은 언제 이전되는지, 매도인과 매수인간에 비용은 어떻게 분담되는지와 같은 각 인코텀즈 규칙의 기본 원칙을 설명한다. 사용지침은 실제의 인코텀즈 규칙의 일부가 아니고, 사용자가 특정 거래를 위해 적절한 인코텀즈 규칙을 정확하고 효율적으로 사용하는 것을 도와주는 것을 의도하고 있다.

⑤ 전자적 통신(Electronic communication)

이전의 인코텀즈 규칙에서는 EDI 메시지에 의해 대체될 수 있는 서류를 명시하였다. 그러나 인코텀즈 2010 규칙의 A1/B1에서는 당사자가 합의하거나 관습적인 경우에 전자적 수단에 의한 통신은 종이 통신과 동일한 효력을 부여하고 있다.

⑥ 부보(Insurance cover)

인코텀즈 2010 규칙은 협회적하약관(Institute Cargo Clauses)의 개정 이후 인코텀즈 규칙의 첫 번째 버전이고, 이들 약관에 행해진 개정사항을 반영하고 있다. 인코텀즈 2010 규칙은 운송 및 보험계약을 다루는 A3/B3에서 보험에 관한 정보제공의무를 부과한다. 이들 규정은 인코텀즈 2000 규칙의 A10/B10에서 볼 수 있는 일반적인 규정에서 이동된 것이다.

⑦ 보안관련 통관과 이들 통관에 필요한 정보(Security-related clearance and information required for such clearances)

오늘날 물품의 이동에서 보안에 관한 우려가 고조되었고, 이에 따라 물품이 고유한 성질 이외의 이유로 생명이나 재산에 위협을 제기하지 않는다는 확인이 요구되었다. 따라서 인코텀즈 2010 규칙은 각 인코텀즈 규칙의 A2/B2와 A10/B10에서 매도인과 매수인간에 보안관련 통관과 이들 통관에 필요한 정보를 취득하거나 이를 취득하는 데 협조해야 할 의무를 할당하였다.

⑧ 터미널 처리비용(Terminal handling charges)

인코텀즈 CPT, CIP, CFR, CIF, DAT, DAP 및 DDP 규칙하에서 매도인은 물품을 합의된 목적지까지 운송하는 준비를 해야 한다. 운임은 매도인이 지급하지만, 운송 비용은 보통 매도인의 총 매매가격에 포함되어 있으므로 실제로는 매수인이 지급한다. 운송 비용은 때때로 항구 또는 컨테이너 터미널 시설 내에서 물품을 취급하고 운송하는 비용을 포함하며, 운송인 또는 터미널 운영자는 이러한 비용을 물품을 수령하는 매수인에게 부과하는 것은 당연하다. 이러한 상황에서 매수인은 동일한 서비스에 대한 이중 지급 즉, 총 매매가격의 일부로서 매수인에게 한번 지급하고 이와 관계없이 운송인 또는 터미널 운영자에서 지급하는 것을 피하고 싶을 것이다. 인코텀즈 2010 규칙은 각 인코텀즈 규칙의 A6/B6에서 그러한 비용을 명시적으로 할당함으로써 이러한 이중 지급을 피하려고 한다.

⑨ 연속매매(String sales)

제조물매매에 대립되는 일차산품의 매매의 경우에 화물은 운송 중 자주 연속적으로 매매된다. 이런 경우에 연속매매의 중간에 있는 매도인은 물품을 선적하지 않는다. 왜냐하면 물품은 이미 연속매매의 최초의 매도인에 의하여 선적되었기 때문이다. 따라서 연속매매의 중간에 있는 매도인은 물품을 선적하지 않고 선적된 물품을 조달함으로써 매수인에 대한 의무를 이행한다. 이를 명확히 할 목적으로 인코텀즈 2010 규칙은 관련 인코텀즈 규칙에서 물품을 선적할 의무의 대안으로 "선적된 물품을 조달"할 의무가 포함되었다.

(3) 인코텀즈 2010 규칙의 내용

① EXW: Ex Works(⋯ named place) 공장인도조건: 이 조건은 매도인이 수출통관하지 않고 또 수취용 차량에 적재하지 않고, 물품을 자신의 공장, 창고 등에서 매수인에게 인도하는 매매조건이며, 매수인은 매도인의 시설로부터 물품을 수령하는 데 관련된 모든 비용과 위험을 부담한다. 따라서 이 조건은 매도인에게는 최소의 의무를 나타내며, 가장 부담이 적고 그만큼 가격이 저렴하다.

② FCA: Free Carrier(⋯ named place) 운송인인도조건: 이 조건은 매도인이 지정된 장소에서 매수인이 지명한 운송인에게 수출통관된 물품을 인도하는 조건이다. 인도가 매도인의 시설에서 행해지는 경우에는, 매도인은 적재의 책임을 지지만, 인도가 다른 장소에서 행해지는 경우에는, 매도인은 양하의 책임을 지지 않는다. 이 조건은 복합운송을 포함하여 모든 운송방식에 사용될 수 있다.

③ FAS: Free Alongside Ship(⋯ named port of shipment) 선측인도조건: 이 조건은 매도인이 지정선적항의 본선 선측에서 물품을 인도하는 매

매조건이다. 매수인은 그 이후의 물품에 대한 모든 비용과 위험을 부담해야 한다. 수출통관은 종전에는 매수인의 의무였으나 현재는 매도인의 의무로 변경되었다. 이 조건은 해상운송 및 내륙수로운송에만 사용할 수 있다.

④ FOB: Free on Board(… named port of shipment) 본선인도조건: 이 조건은 매도인이 물품을 선적항의 본선상에서 인도하는 매매조건이다. 매수인은 그 이후의 물품에 대한 모든 비용과 위험을 부담한다. 이 조건은 매도인에게 수출통관의무가 있으며, 해상운송 및 내륙수로운송에만 사용할 수 있다.

⑤ CFR: Cost and Freight(… named port of destination) 운임포함조건: 이 조건은 매도인이 물품의 선적까지의 비용과 물품을 지정목적지까지 운송하기 위해 필요한 운임을 지급하지만, 물품에 대한 위험부담 및 인도 이후에 발생하는 사건에 의한 추가비용은 물품이 선적항에서 본선의 난간을 통과한 때에 매도인으로부터 매수인에게 이전되는 매매조건이다. 이 조건은 매도인에게 수출통관의 의무가 있으며, 해상운송 및 내륙수로운송에만 사용할 수 있다.

⑥ CIF: Cost, Insurance and Freight(… named port of destination) 운임·보험료 포함조건: 이 조건은 매도인이 CFR조건하에서와 같은 의무에, 운송중의 물품의 멸실 또는 손상위험에 대하여 해상보험을 취득할 의무가 추가되는 매매조건이다. 이 조건은 매도인에게 수출통관의무가 있고, 해상운송 및 내륙수로운송에만 사용할 수 있다.

⑦ CPT: Carriage Paid to(… named place of destination) 운송비 지급조건: 이 조건은 매도인이 물품을 지정목적지까지 운송하기 위해 필요한 운송비를 지급하지만, 물품에 대한 위험부담은 물품이 (최초의) 운송인에게 인도된 때에 매도인으로부터 매수인에게 이전되는 매매조건이다. 이 조건은 매도인에게 수출통관의무가 있으며, 복합운송을 포함한 모든 운송방식에 사용할 수 있다.

⑧ CIP: Carriage and Insurance Paid to(… named place of destination) 운송비·보험료 지급조건: 이 조건은 매도인이 CPT조건하에서와 같은 의무에, 운송중의 물품의 멸실 또는 손상위험에 대하여 보험을 취득할 의무가 추가되는 매매조건이다. 이 조건은 매도인에게 수출통관의무가 있고, 복합운송을 포함한 모든 운송방식에 사용될 수 있다.

⑨ DAT: Delivered At Terminal(… named terminal at port or place of destination) 도착터미널인도조건: 이 조건은 물품이 도착한 운송수단으로부터 일단 양하되어 지정 목적항이나 목적지의 지정터미널에서 매수인에게 인도하는 매매조건이다. 매도인은 지정목적항 또는 목적지의 터미널까지 물품을 운송하고 이를 양하하는 데 관련된 모든 위험을 부담한다. 이는 선택된 운송방식에 관계없이 사용될 수 있으며, 또 둘 이상의 운송방식이 채용된 경우에도 사용될 수 있다.

⑩ DAP: Delivered At Place(… named place of destination) 도착장소인도조건: 이 조건은 물품이 지정목적지에서 양하할 준비를 갖추어 도착한 운송수단상에서 매수인에게 인도하는 매매조건이다. 매도인은 그러한 지정장소까지 물품을 운송하는 데 수반하는 모든 위험을 부담한다. 이는 선택된 운송방식에 관계없이 사용될 수 있으며, 또 둘 이상의 운송방식이 채용된 경우에도 사용될 수 있다.

⑪ DDP: Delivered Duty Paid(… named place of destination) 관세지급 인도조건: 이 조건은 매도인이 지정목적지에서 수입통관을 하고, 또한 도착한 운송수단으로부터 양하되지 않은 상태로 물품을 매수인에게 인도하는 매매조건이다. 매도인이 수입통관을 하고 수입관세를 지급할 의무를 진다. EXW조건은 매도인의 최소의 의무를 나타내지만, DDP조건은 매도인의 최대의 의무를 나타낸다. 이 조건은 운송방식에 관계없이 사용할 수 있다.

4.2 개정 미국무역정의(Revised American Foreign Trade Definitions, 1990)

(1) 개정 미국무역정의의 의의

FOB란 본래 선적항에서 본선에의 인도를 의미하는데, 미국에서는 FOB를 지정국 내 적출지에서 지정국 내 운송인에의 인도조건에서 수입국 지정 내륙지점까지의 반입인도조건에까지 확대하여 사용됨으로써 미국상인과의 무역거래에서 그 해석에 관한 분쟁이 발생하는 경우가 종종 있었다.

따라서 이들 거래조건용어의 통일을 위해 1919년 12월 전 미국무역회의가 개최되어 여기서 '수출가격조건의 정의'(Definitions of Export

Quotations; 일명 'India House Rules for FOB)를 채택하였다. 이후 무역거래 관습의 변화에 따라 전 미국무역협회(National Foreign Trade Council), 전 미국수입업자협회(National Council of American Importers) 및 미국상업회의소(Chamber of Commerce of the United States)의 합동위원회에서 개정작업이 이루어져 1941년 전 미국무역회의에서 '1941년 개정미국무역정의'가 채택되었고 1990년에 제2차 개정이 있었다.

(2) 거래조건

1990년 개정 미국무역정의에서 규정하고 있는 거래조건은 다음과 같다.

① EXW(Ex Works—named place) (지정장소 공장인도)

② FOB(Free on Board) (본선인도)

㉠ FOB(named inland carrier at named inland point of departure) (지정국 내 적출지에서 지정국 내 운송인에의 인도)

㉡ FOB(named inland carrier at named inland point of departure)Freight Prepaid to(named point of exportation) (지정국 내 적출지에서 지정국 내 운송인에의 인도, 단 지정수출지까지의 운임지급)

㉢ FOB(named inland carrier at named inland point of departure) Freight Allowed to(named point) (지정국 내 적출지에서 지정국 내 운송인에의 인도, 단 지정지점까지의 운임공제)

㉣ FOB(named inland carrier at named point of exportation) (지정국 내 수출지에서 지정국 내 운송인에의 인도)

㉤ FOB Vessel(named port of shipment) (지정선적항에서 본선적재 인도)

㉥ FOB(named inland point in the country of importation) (수입국지정 내륙지점까지의 반입인도)

③ FAS Vessel(named port of shipment) (지정선적항 선측인도)

④ C&F(named point of destination) (지정목적지까지의 운임포함 인도)

⑤ CIF(named point of destination) (지정목적지까지의 운임·보험료포함 인도)

⑥ DEQ Delivered

㉠ Ex Quay(Duty Paid) (관세지급 부두인도)

주요용어

청약(offer)

확정청약(Firm offer)

수정청약(Counter offer)

승낙(acceptance)

품질조건(Terms of Quality)

과부족용인조항(More or Less Clause)

가격조건(Terms of Price)

대금결제조건(Terms of Payment)

인코텀즈(Incoterms)

연습문제

1. 무역계약의 성립요건에 대하여 설명하시오.

2. 무역계약상의 품질결정방법에 대하여 설명하시오.

3. "We offer you firm subject to our final confirmation"이라는 offer에 대해 "We accepted your offer"라고 회신하였을 때 계약의 성립 여부에 대하여 설명하시오.

4. 계약서 작성시 결정해야 할 제 조건에 대하여 설명하시오.

제18장
무역운송

개 요

국가간에 거래되는 모든 무역물품(visible goods)은 무역운송의 대상이 되며, 복합운송이
오늘날 가장 대표적인 운송방식이다.

1 무역운송의 이해

무역계약의 이행을 위하여 수출상은 수입상에게 물품의 인도를 행하면
서 무역운송을 이용하게 된다. 무역운송은 수출상과 수입상 사이에서 물품
의 공간적 이동이라는 서비스를 제공함으로써 무역계약의 원활한 이행을
돕는다.

무역운송의 방식에는 선박을 이용한 해상운송, 1930년대부터 상업적
이용이 시작된 항공운송, 육상운송, 컨테이너의 등장으로 가능해진 복합운
송 등이 있다. 해상운송은 가장 오래된 무역운송의 방식으로서 오늘날에도
여전히 주요한 운송수단으로 활용되고 있다. 항공운송은 신속성을 대신하
는 비싼 운임으로 인하여 제한적으로만 활용되었으나 근년에 들어서는 반도
체나 컴퓨터와 그 부품 등과 같은 IT산업과 관련된 물품의 거래가 증가함에
따라 항공운송의 이용도 크게 증가하고 있는 실정이다. 한편, 육상운송은
그 자체만으로는 무역운송으로 많이 활용되지는 않았으나 복합운송이 일반
화하면서 해상운송의 대체구간으로서 육상운송을 선택하는 사례가 늘어나
고 있다. 복합운송은 무역운송에 도입된 컨테이너의 장점을 최대한 활용하
여 '문전에서 문전까지(door to door)'라는 무역운송의 이상을 가장 잘 실현

할 수 있는 운송형태로 자리잡고 있다.

한편, 어떤 방식의 운송이든지 관계없이 운송계약에 따라 운송인이 화주로부터 물품을 인수하게 되면 그 증거로서 운송증권을 발행하게 된다. 해상운송에서의 선화증권이나 항공운송의 항공화물운송장이나 복합운송증권 등이 그것이다. 그런데 무역실무에서 운송증권은 단순히 운송인과 화주와의 관계를 규율하기 위해서만 존재하는 것은 아니다. 오히려 운송증권은 무역거래의 전 과정, 특히 무역대금의 결제와 관련하여 매우 중요한 역할을 한다. 특히 해상운송증권인 선화증권은 신용장으로 대표되는 대금결제 과정에서 물품을 선적한 수출상이 대금을 회수하는 과정에서 결정적인 역할을 한다. 그것은 선화증권이 가지는 권리증권이라는 독특한 성격 때문이며, 무역실무 관행의 상당 부분이 선화증권의 이런 특성을 토대로 발달해 왔다. 무역운송에서 등장하는 운송증권은 또 다른 무역서류들인 상업송장, 보험증권, 포장명세서, 원산지증명서 등과 함께 무역거래의 전체 과정에서 매우 중요한 의미를 갖는다.

2 해상운송

해상운송은 가장 오랜 역사를 가지고 있으면서 또한 현재도 가장 많이 이용되고 있는 운송방식이다. 그 이유로는 대량의 화물 수송이 가능할 뿐만 아니라 저렴한 운임 그리고 장거리운송에 적합한 특성 등을 들 수 있다. 일반적으로 해운산업은 국가의 기간산업으로서 국민경제에 미치는 영향이 매우 크다. 특히 우리의 경우처럼 무역에 의존적인 산업구조를 지니고 있는 경우에는 더욱 그러하다.

2.1 해상운송의 형태

해상운송의 형태는 선박의 운항형태에 따라 정기선운송과 부정기선운송의 두 가지로 나뉘어진다.

(1) 정기선운송

정기선(Liner)이란 정기선로를 따라 미리 짜여진 운항일정에 의해 정기적·계속적·반복적으로 운항하는 선박을 말하며, 주로 공산품 등의 일반화물이나 포장화물의 운송에 사용된다. 일반적으로 정기선은 불특정 다수화주의 소량화물을 받아 예정된 일정에 따라 규칙적으로 운항한다. 또한 공시된 운임률표에 따른 운임을 징수하며 개품운송계약의 형태를 취한다. 정기선이 취항하는 항로에는 대개 정기선사들이 형성한 카르텔인 해운동맹이 결성되어 있으므로 운임이나 기타 운항조건이 이들 해운동맹에 의하여 결정된다. 그러나 오늘날 해운동맹을 둘러싼 환경변화로 인해 해운동맹의 영향력은 감소하고 있으며 멀지 않은 장래에 해운동맹은 쇠퇴할 것으로 예상된다.

정기선운송은 화물의 유무에 관계없이 예정된 일정에 따라 규칙적인 운항이 이루어지므로 많은 선박이 필요하고 대규모의 경영조직이 수반되는 등 고정비용을 많이 필요로 하는 운송형태이므로 부정기선에 비해 운임이 상대적으로 높다. 최근에는 컨테이너선에 의한 정기선운송이 세계 해운의 주류를 이루고 있다.

(2) 부정기선운송

부정기선(Tramper)이란 대량의 산적화물(bulk cargo)――석탄, 원유, 광석, 원면, 곡물 등과 같은 무포장화물――을 화주의 요청에 따라 특정 시기 및 장소에 불규칙적으로 취항하는 선박을 의미한다. 그러므로 일정한 항로나 규칙적인 항해 없이 화물이 있는 곳이면 선박이 찾아가는 형태라 할 수 있다. 부정기선은 화주와 선주 간의 합의에 의하여 항로의 선택이 가능하며, 운임도 운송계약 체결 당시의 수요와 공급에 따라 양자간의 개별적인 협상에 의해 결정된다. 부정기선 운송은 비교적 적은 자본으로도 운영이 가능하기 때문에 경쟁이 치열하며 운임은 일반적으로 정기선운임보다 저렴하다. 오늘날 유조선(oil tanker)이나 자동차수송선(car carrier) 등이 대표적인 부정기선이라 할 수 있다.

일반적으로 정기선과 부정기선을 구분하는 기준은 선박의 크기나 속력 등에 따른 것이 아니라 선박의 운항형태나 방식의 차이이다. 따라서 정기선과 부정기선은 각각 고유의 영역을 가지고 있으나 상호 보완성이 매우 강하다고 할 수 있다.

2.2 해상운송계약

해상운송계약이란 해상운송인이 화주에 대하여 선박에 의한 물품의 운송을 인수하고 화주는 이에 대한 반대급부로 운임을 지급할 것을 약정함으로써 성립하는 계약을 말한다. 해상운송계약은 낙성·무요식계약이기 때문에 계약서와 같은 형식이 필요하지 않으며 화주의 운송 요청에 대하여 운송인의 승낙을 통한 양자간의 합의만 있으면 계약은 성립하게 된다.

해상운송계약은 크게 개품운송계약과 용선운송계약으로 나눌 수 있는데, 개품운송계약은 정기선운송에, 용선운송계약은 부정기선운송에 사용되는 계약 형태이다. 개품운송계약이 체결되면 운송인은 화주에게 선하증권을 발행하며, 용선운송계약에서는 용선계약서가 작성된다.

(1) 개품운송계약

개품운송계약(contract of affreightment in a general ship)이란 개개의 화물을 대상으로 운송계약을 체결하는 운송방식으로 정기선운송은 모두 이와 같은 계약형태를 취한다. 개품운송계약은 운송인이 다수의 화주로부터 화물을 개별적으로 집화·인수하여 운송계약을 각각의 화주와 개별적으로 체결하는 것을 말하며, 이 경우 다수 화주의 화물은 혼적하게 되므로 정기선운송에 적합하다.

개품운송계약은 화주인 수출상 또는 수입상이 운송인인 선박회사에 운송을 요청하게 되는데, 계약 내용을 명확하게 하고 후일의 분쟁을 예방하기 위하여 선적신청서를 작성하게 된다. 운송인이 이를 승낙하면 운송계약이 체결되는데, 이때 운송인은 운송계약 체결의 증거로 선화증권(Bills of Lading: B/L)을 발행해 화주에게 제공한다.

(2) 용선운송계약

용선운송계약(contract of charterparty)이란 해상운송인이나 선박소유자가 선박의 일부 또는 전부를 제공하여 화물을 운송하기로 약정하고 이에 대해 화주(용선자)는 그 보수로서 운임(용선료)을 지급할 것을 약속하는 계약을 말한다. 용선계약에서는 계약서의 작성을 필요로 하며, 이를 용선계약서(Charter Party: C/P)라 한다.

용선운송계약에는 용선의 범위에 따라 전부용선계약과 일부용선계약, 그리고 용선방법에 따라 정기용선계약과 항해용선계약으로 나누어지며 그외 나용선계약이 있다. 일반적으로 무역거래에서 주로 활용되는 용선계약은 항해용선계약이다.

2.3   선화증권

선화증권(Bills of Lading)이란 운송계약의 증거로서 운송인이 화주로부터 물품을 인수한 후 화주에게 발행하는 운송증권이다. 그러나 선화증권은 운송계약의 증거로서의 기능 이외에도 권리증권으로서의 기능과 운송화물의 수령증으로서의 기능을 가지고 있다.

(1) 권리증권(document of title)

선화증권이 권리증권이란 의미는 선화증권이 운송중에 있는 화물에 대한 소유권을 나타내는 유가증권이라는 것이다. 선화증권의 이런 기능 때문에 무역상들은 운송중에 있는 화물의 소유권을 선화증권의 매매를 통해서 이전시키는 것이 가능하다.

(2) 물품의 수령증(receipt of goods)

이는 선화증권은 운송인이 화물을 인수한 시점에서의 수량과 상태 등을 나타내는 증거로서 사용된다는 의미이며, 이 기능으로 인해 운송인은 양륙항에서 선화증권에 기재된 내용과 다른 주장을 할 수 없게 된다.

(3) 운송계약의 증거(evidence of contract)

이 기능은 선화증권이 운송계약서 그 자체는 아니지만 운송계약서가 존재하지 않는 상황에서 운송인과 화주 간에 체결된 운송계약의 존재를 입증해 줄 수 있는 유일한 증거가 바로 선화증권이란 점에 바탕을 두고 있다.

한편 선화증권은 3통이 1조(set)로 발행되며, 이들 중 한통이 목적항에서 운송인에게 정당하게 제시되면 나머지 2통은 그 시점부터 무효로 된다. 그리고 대개 선화증권은 지시식으로 발행되어 은행이나 관련 당사자 사이에서 용이하게 유통된다.

3 항공운송

3.1 항공운송의 의의

항공운송이란 항공기에 의하여 물품을 운송하는 것을 의미한다. 국제물품운송은 주로 해상운송에 의존하고 있지만, 항공운송의 비약적인 발전에 따라 최근에는 고부가가치 상품이나 경량고가화물의 거래량 증가와 함께 항공운송의 이용도 폭발적으로 증가하고 있다. 더구나 최근에는 단순한 항공운송뿐만 아니라 다른 운송수단과 연계하여 해상/항공/육상 또는 항공/육상 등을 연계한 일관운송까지도 가능하게 되어 항공운송의 영역이 점차 확대되고 있는 실정이다.

항공운송의 단점인 비싼 운임에도 불구하고 이처럼 항공운송의 이용이 증가하게 된 배경에는 무엇보다도 화물의 단위화(unitization)가 가장 큰 영향을 미쳤다. 즉 컨테이너나 팔레트와 같은 규격화된 적재용기의 개발로 적재와 양화 화물의 단위화가 이루어짐으로써 시간과 비용을 절감할 수 있었기 때문이다.

3.2 항공화물 운송장

항공화물운송장(Air Waybill: AWB)이란 화주가 화물을 항공기로 운송할 것을 항공회사에 의뢰하고 화물을 인도하면 항공회사 또는 항공화물운송대리점이 발행하는 비유통성 운송증권이다. 그런데 항공화물운송장은 항공회사가 단순히 화물을 화주로부터 수령했다는 증거로서 발행하는 수취증에 불과하기 때문에, 해상운송에서의 선화증권과 같은 유가증권이 아니다. 항공화물운송장이 유가증권이 아닌 가장 큰 이유는 항공운송은 운송기간이 워낙 짧기 때문에 운송과정중에 소유권을 이전해야 할 필요성이 거의 발생하지 않기 때문이다.

항공운송에서는 항공화물이 목적지에 신속하게 도착하므로 도착 즉시 수화인이 화물을 찾을 수 있도록 하기 위하여 항공화물운송장은 화물과 함께 목적지로 보내지며 기명식, 수취인식으로 6통 또는 그 이상이 발행되는데, 이들 각각은 운송인용(원본 1) 송화인용(원본 2), 수화인용(원본 3), 기타 관계자용 등으로 구분된다.

4 컨테이너운송

4.1 컨테이너운송의 의의

컨테이너(container)란 물류부문의 포장, 수송, 하역 및 보관 등 모든 과정에서 육·해·공을 연합하여 경제성, 수익성, 안전성을 최대한으로 충족시키고 화물운송 도중 화물의 이적 없이 일관수송을 가능하게 하는 혁명적인 수송도구이다. 컨테이너운송은 이런 컨테이너를 사용하여 운송 기간의 단축뿐만 아니라 화물운송에 관련된 조작, 보관, 선적 및 양륙에 소요되는 시간과 비용을 절감하게 함으로써 정박기간의 단축과 운송 원가를 절감할 수 있게 하였다. 더구나 상이한 운송방식의 결합에 의하여 실현되는 일관수송으로 'door to door'서비스가 가능하게 되었다. 그러므로 컨테이너운송은 이종운송수단에 의한 국제복합운송을 가능하게 하여 오늘날 정기선운송의 주류를 이루고 있다.

4.2 컨테이너운송의 장·단점

(1) 장   점

컨테이너운송의 장점은 크게 경제성, 신속성, 안전성의 세 측면에서 나타난다.

① 경 제 성

㉠ 컨테이너 자체가 포장재로서의 기능을 수행하므로 포장비가 절감될 수 있다.

㉡ 화물 취급에 소요되는 시간과 비용의 절감을 통해 운임의 인하가 가능하다.

㉢ 하역절차의 간소화와 기계화에 따른 하역비의 절감이 가능하다.

② 신 속 성

㉠ 상이한 운송수단 간의 접속이 원만하고 환적할 때 지체되지 않으므로 운송기간을 단축할 수 있다.

㉡ 복잡한 선적단계를 거치지 않으므로 운송서류를 간소화할 수 있다.

③ 안 전 성

컨테이너 용기 자체가 견고하며 밀폐되어 있어서 하역 작업상의 안전은 물론 화물 운송중의 풍랑이나 온도, 습도 등의 변화에 충분히 견딜 수 있다.

(2) 단   점

① 막대한 자본소요

컨테이너 자체와 컨테이너를 취급하기 위한 장비와 공간, 그리고 고가의 선박 구입 등 초기에 많은 자본을 필요로 한다.

② 취급화물의 제한

취급화물에 제한이 있어 모든 무역화물을 컨테이너로 수송할 수 없다.

③ 높은 보험료율의 적용

컨테이너는 주로 갑판에 적재되는데, 갑판적재화물은 비싼 보험료를 부담해야 한다.

4.3 컨테이너운송시설 및 기능

컨테이너를 이용하여 신속한 선적과 양륙, 그리고 효율적인 운송을 위해서는 컨테이너 터미널과 CY, CFS 등의 시설과 공간이 필요하다.

(1) 컨테이너 터미널(Container Terminal)

컨테이너 터미널에는 본선을 접안시키기 위한 안벽(Berth)과 안벽 옆에 위치하는 야드 부분의 에이프런(Apron), 선적을 대기하는 컨테이너를 정연하게 적재해 두는 Marshaling Yard, 컨테이너의 인수·인도 및 보관을 행하는 Container Yard, 여러 화주들의 화물을 수령·적입하는 Container Freight Station 등이 있다.

(2) Container Yard(CY)

C/Y는 넓은 의미로는 컨테이너의 인수·인도 및 보관을 하는 모든 장소로서, Marshaling Yard, Apron을 포함하는데, 컨테이너 한 개에 가득 차는 만재화물(full container load: FCL)의 인도와 인수가 여기서 이루어진다. 그리고 C/Y는 컨테이너 터미널 안에 있을 수도 있고 외부에 있을 수도 있다. 터미널 내에 있을 경우 on-dock CY라고 하며, 멀리 떨어져 있는 CY를 off-dock CY라 한다.

(3) Container Freight Station(CFS)

컨테이너 한 개를 가득 채울 수 없는 소량화물(less than container load: LCL)의 인도·인수·보관 또는 LCL화물을 컨테이너 내에 적입하거나 끄집어내거나 하는 작업이 CFS에서 이루어진다. 모든 LCL화물은 CFS를 거치지 않고는 선적될 수 없다. 최근에는 컨테이너 터미널을 넓게 활용하기 위하여 CFS를 터미널 밖에 설치하는 경우도 있는데, on-dock CY와 연결될 수 있는 장소에 설치해야만 화물유통을 원활하게 할 수 있다.

4.4 컨테이너화물의 운송형태

컨테이너화물의 운송형태는 화물의 양, 목적지, 집화방식 및 운송형태에 따라 다르다.

(1) CFS/CFS운송

선적항의 CFS로부터 목적항의 CFS까지 컨테이너에 의해 운송하는 방법으로서 가장 초보적인 이용방식이다. 이는 LCL/LCL운송이라고도 부르며 운송인이 여러 송화인으로부터 컨테이너에 가득 채울 수 없는 소량화물(LCL화물)을 목적지별로 분류하여 한 컨테이너에 혼재 운송하여 목적항의 CFS에서 여러 수화인에게 화물을 인도하는 운송방식이다. LCL화물의 운송형태는 송화인과 수화인이 여러 사람인 경우에 활용되는 운송형태이다.

(2) CFS/CY운송

운송인이 지정한 선적항의 CFS로부터 목적지의 CY까지 컨테이너에 의해서 운송되는 화물운송 형태로서, 운송인이 여러 송화인으로부터 화물을 선적항의 CFS에 집화하여 컨테이너에 적입한 후 최종목적지의 수화인의 공장 또는 창고까지 화물을 운송한다. 이는 대규모 수입상이 여러 송화인으로부터 각 LCL화물을 인수하여 자신의 지정창고까지 운송하고자 하는 경우에 이용되며 현재 우리나라에서 가장 많이 활용되고 있다.

(3) CY/CFS운송

선적지의 운송인이 지정한 CY로부터 목적항의 CFS까지 컨테이너에 의한 화물운송방식이며 한 사람의 송화인과 여러 사람의 수화인으로 구성되고 있다. 즉 수출상이 FCL화물을 컨테이너로 운송하여 수입항의 CFS에서 화물을 내려 수화인들에게 인도하는 방식의 운송이다. 이 방식은 한 수출상이 수입국의 여러 수입상에게 일시에 운송하고자 할 때 이용된다.

(4) CY/CY운송

컨테이너의 장점을 최대로 활용한 운송방식으로서, 수출상의 공장 또는 창고에서부터 수입상의 창고까지 육상, 해상, 항공을 연결하는 컨테이너에 의한 일관운송형태로 수송되는 방식이며 운송도중 컨테이너의 개폐 없이 운송된다. 이는 운송의 3대원칙인 경제성, 신속성, 안전성을 최대한으로 충족시키는 운송형태라 할 수 있다.

4.5 컨테이너화물의 선적과정

컨테이너화물의 흐름은 FCL화물과 LCL화물의 흐름이 서로 상이하므로 이를 별도로 이해하는 것이 필요하다.

(1) FCL화물

FCL화물은 화물이 있는 현장인 화주의 창고나 공장에서 통관할 뿐만 아니라 컨테이너에 적입되어 컨테이너 터미널에 직접 운송되고 선적의 순서대로 정렬되어 본선이 입항하면 선적이 시작된다.

(2) LCL화물

LCL화물은 아래의 세 가지 유통경로 중 하나의 방식으로 선적된다.

첫째, 화물은 수출상의 창고 또는 공장에서 트럭으로 CFS에 집화되어 통관될 뿐만 아니라 목적지별로 컨테이너에 적입되고 full container화되어 Marshaling Yard에 반입된다.

둘째, 화물은 혼재업자에 의하여 집화/통관되고 혼적되어 Marshaling Yard에 반입되든가 또는 컨테이너에 적입하지 않은 채로 CFS에 반입된다.

셋째, 화물이 Inland Depot(육상운송과 연결이 용이한 지점에 컨테이너화물의 집배, 적입, 적출, 통관 등을 행하는 내륙의 물류거점)에 집화되어 여기서 통관되거나 또는 다른 LCL화물과 혼적되어 full container화되어 Marshaling Yard에 반입된다.

5   복합운송

5.1 개   념

　　복합운송(combined transport)이란, 하나의 운송계약하에서 서로 상이한 2개 이상의 운송수단을 결합하여 물품의 발송지부터 최종목적지까지 일관하여 운송하는 것을 말한다. 복합운송에 복수의 운송인이 참여한다는 점에서 통운송과 비슷하지만, 통운송은 주로 한 가지의 운송방식에 복수의 운송인이 참여하지만 복합운송에서는 적어도 두 가지 이상의 상이한 운송방식을 이용한다는 점에서 다르다.

　　이런 복합운송은 오늘날 해상과 육상을 연결하는 형태와 해상과 항공을 연결하는 형태의 두 가지가 주로 이용되고 있다. 해륙복합운송은 대륙을 횡단하는 육상운송을 통해 해상과 육상을 연결하는 운송형태인데, 대륙을 다리처럼 활용하는 모습을 보여 랜드 브릿지 서비스(land bridge service)로 불리고 있다. 그리고 해·공복합운송은 해상운송이 가지는 저렴한 운임과 항공운송이 가지는 신속성을 효과적으로 결합하기 위하여 해상과 대륙을 선박과 항공기로 연결하는 형태이다.

5.2 컨테이너화와 복합운송의 관계

　　복합운송은 컨테이너의 등장으로 발달하게 된 운송형태이다. 즉 컨테이너는 문전에서 문전까지의 복합운송을 가능하게 하는 가장 중요한 요소이다. 컨테이너에 의한 일관운송이 반드시 복합운송을 전제로 하는 것은 아니지만 복합운송에서는 반드시 컨테이너를 이용하고 있다. 복합운송은 컨테이너화의 궁극적인 목표인 door to door service의 필연적인 결과라 할 수 있다. 따라서 현실적으로 컨테이너운송 자체가 복합운송은 아니지만 복합운송을 지향하는 매체가 되며 복합운송은 컨테이너화 발전의 연장선상에 있는 것으로 이해하는 것이 타당하다.

5.3 장   점

복합운송의 궁극적인 목적은 규격화 및 표준화된 컨테이너의 연계 또는 일관운송을 통해 문전에서 문전까지 화물을 운송하는 것으로서 컨테이너 운송상의 장점에 따라 물류관리상 많은 긍정적 효과를 가져오게 되는데, 이들 장점을 살펴보면 다음과 같다.

㉠ 통관절차가 간소화되며 인도지연이 발생할 가능성이 감소하므로 화물유통의 신속성이 제고된다.

㉡ 수송중 화물에 손상이 발생할 가능성이 감소하므로 화물유통의 안전성이 증대된다.

㉢ 컨테이너 자체가 외장재로서의 역할을 하므로 포장비를 절감할 수 있으며, 안전성이 증대됨으로써 보험료의 인하요인이 발생하는 등 화물유통의 경제성이 확보된다.

㉣ 운송서류가 간소화될 수 있다.

㉤ 운송관련 비용이 감소될 수 있으며, 하역설비의 자동화를 통해 신속한 하역이 가능해진다.

5.4 복합운송인

복합운송에서는 주로 운송주선업자(freight forwarder)들이 전 운송구간에 걸쳐 효율적인 운송수단을 선정하고 운송책임을 부담하고 있다. 운송주선업자는 일반적으로 운송수단을 소유하지 않은 채 화주들을 위하여 운송을 주선하는 계약운송인을 말하는데, 여기에는 복합운송주선업자, 해상운송주선업자, 항공운송주선업자, 통관업자 등이 있다.

이들의 주요 기능은 화주의 대리인으로서 적절한 운송수단을 선택하여 이들을 유기적으로 결합해 주는 것이다. 이 외에도 운송주선업자들은 운송관련 서류의 작성, 통관 대행, 포장, 창고, 혼재업무 등 운송에 관한 총괄적인 업무를 수행하고 있다. 특히 2개국 이상의 국제복합운송에 있어서 상대방 국가의 주선업자와 제휴하여 전 운송구간에 걸쳐 일괄적으로 책임지는 운송주체자로서의 기능을 수행하고 있다.

5.5　복합운송 경로

(1) 해·육복합운송경로

① 시베리아 랜드 브릿지(Siberian Land Bridge: SLB)

SLB는 시베리아대륙을 교량처럼 활용하여 극동과 유럽이나 중동지역을 연결하는 경로라 할 수 있다. 극동지역으로부터 대륙운송의 접점인 러시아의 나호트카(Nakhodka)나 보스토치니(Vostochny)까지 컨테이너선으로 해상운송하고 그 곳에서 시베리아횡단철도에 의해 육상운송한 후 유럽 또는 중동의 운송기관과 연결하여 목적지까지 운송한다.

② 차이나 랜드 브릿지(China Land Bridge: CLB)

CLB는 중국대륙철도와 실크로드(Silkroad)를 이용하여 극동지역과 유럽지역을 연결하는 경로이다. 최근에 개발되어 SLB보다 이용빈도가 적지만 중국 경제의 발전과 기후, 운송거리 등의 제 조건이 SLB보다 유리하여 앞으로 많이 활용될 가능성이 있는 경로라 할 수 있다.

③ 아메리카 랜드 브릿지(America Land Bridge: ALB)

ALB는 미국 대륙의 횡단철도를 이용하여 극동과 유럽을 연결하는데, 태평양 및 대서양을 항해해야 하는 만큼 운송구간이 너무 길어 많이 이용되지 않는다.

④ 미니 랜드 브릿지(Mini Land Bridge: MLB)

MLB는 미국 대륙을 이용하여 극동지역과 미 대서양 연안 또는 걸프만을 연결하는 경로로, 유럽과 미 태평양 연안을 미 대륙 횡단철도를 연결하는 경로를 말한다. ALB 운송구간의 반만을 이용한 운송경로이다.

(2) 해·공복합운송 경로

일본에서부터 북미 서해안을 연결하는 태평양 항로에서는 해상운송을 이용하고 미국 내륙지역 및 대서양상에는 항공운송을 이용하여 극동지역, 미국 중동부 및 유럽권을 연결하는 경로이다. 이 운송구간은 ALB와 동일하지만, 미국 내륙지방과 대서양 횡단운송에서 항공기를 이용하여 운송기간을 단축하는 점이 상이하다.

5.6   복합운송증권

　　복합운송증권은 해상, 육상, 항공 중 두 가지 이상의 운송수단을 이용한 복합운송에서 운송계약을 입증하기 위하여 복합운송인이 발행하는 증권이다. 복합운송증권은 선화증권이 가지고 있는 세 가지의 기능 중 운송계약의 증거로서의 기능과 물품수령증으로서의 기능만을 가지고 있기 때문에 선화증권처럼 권리증권이 아니며 따라서 유통이 불가능하다. 다만 우리나라의 경우 복합운송증권의 경우에도 유통성을 수용하는 현상이 실무적으로 나타나고 있으며, 나아가 이의 법제화를 시도하려는 움직임도 나타나고 있다.

주요용어

정기선운송과 부정기선운송
해운동맹
선화증권
용선운송계약
항공화물운송장
컨테이너운송
CFS와 CY
FCL과 LCL
복합운송
랜드 브릿지(Land Bridge)

연습문제

1. 정기선운송과 관계있는 운송계약형태는 무엇인가?

2. 선화증권의 세 가지 특성은 무엇인가?

3. 동북아에서 육로를 통해 유럽으로 물품을 운송하는 복합운송 경로는 무엇인가?

4. 다음 설명에서 정·오를 판단하시오.
    1) 해운동맹은 정기선사와 관련이 있다 ································ (   )
    2) CY는 LCL화물이 집화되는 곳이다 ································ (   )
    3) 2개의 다른 선박으로 물품을 운송하는 것은 복합운송이다 ··· (   )

제19장
무역보험

개 요

해상보험계약은 보험자가 피보험자에게 계약에서 합의된 방법과 범위 내에서 해상손해, 즉 해상사업에 수반되는 손해를 보상할 것을 약속하는 계약이다.

한편, 수출·수입, 해외건설·투자, 환변동위험관리, 용역수출 및 기타 대외거래에서 발생하는 위험을 담보하기 위한 무역보험(수출보험과 수입보험)이 있다.

1 해상보험

1.1 해상보험의 개념

(1) 해상보험의 정의

1906년 영국해상보험법(Marine Insurance Act, 1906: MIA) 제1조에 의하면 해상보험을 다음과 같이 정의하고 있다.

"해상보험계약은 보험자가 피보험자에게 계약에서 합의된 방법과 범위 내에서 해상손해, 즉 해상사업에 수반되는 손해를 보상할 것을 약속하는 계약이다."

(2) 해상보험의 당사자

해상보험의 주요 당사자는 다음과 같다.

① 보험자(insurer, assurer)

보험계약자와 보험계약을 체결하고, 보험사고가 발생한 경우에 보험금 지급의무를 지는 자를 말한다.

② 피보험자(assured, insured)

피보험이익을 가지는 자로서 보험사고가 발생한 경우에 보험금 지급을 받을 수 있는 보험계약상의 수익자를 말한다.

③ 보험계약자(policy holder)

보험계약의 당사자로서 자신의 이름으로 보험계약을 체결하고 보험료 지급의무를 지는 자를 말한다.

④ 보험대리점(insurance agent; agent forthe insurer)

특정 보험회사를 위해 보험계약 체결의 대리를 업으로 하는 자를 말한다.

⑤ 보험중개인(insurance broker)

보험자와 보험계약자 간에 보험계약체결의 매개를 하는 자로서 보험계약자의 대리인을 말한다.

(3) 해상보험의 중요원칙

① 최대선의의 원칙(principle of utmost good faith)

해상보험계약은 최대선의에 의거한 계약이며, 당사자의 일방이 최대선의를 준수하지 않는 경우에는 다른 당사자는 당해 계약을 무효로 할 수 있다. 실무에 입각하여 구체적으로 말하면 피보험자는 자신이 알고 있는 일체의 중요한 사항(material circumstance)을 보험계약 체결 전에 보험자에게 고지(disclosure)해야 한다는 것이다. 그렇지 않으면 실제로 보험사고가 발생하여 보험회사에 구상하여도 보험금을 받을 수 없는 경우가 생긴다. 여기서 중요한 사항이란 신중한 보험자가 보험료를 산정함에 있어 또는 위험을 인수할 것인가 아닌가를 결정함에 있어 보험자의 판단에 영향을 미치는 일체의 사항을 가리킨다.

또 피보험자가 보험계약 체결에 앞서 보험자에게 하는 일체의 중요한 표시(every material representation)는 진실이어야 한다. 여기서 중요한 표시란 고지의 경우와 같이 신중한 보험자가 보험료를 결정하거나 위험을 인수할 것인가 아닌가를 결정함에 있어 보험자의 판단에 영향을 미치는 표시를 의미한다.

② 근인주의(principle of the proximate cause)

영국해상보험법(MIA) 제55조 제1항에 의하면 "본법에 별도의 규정이 있는 경우 및 보험증권에 반대의 규정이 없는 한 보험자는 피보험위험에 근인하여 발생한(proximately caused) 일체의 손해에 대하여 책임을 지는데, 상기 두 가지 경우를 제외하고 피보험위험에 근인하여 발생하지 않은 일체의 손해에 대하여 책임을 지지 않는다"고 규정하여 근인주의를 채택하고 있다.

여기서 근인이란 손해발생에 시간적으로 가장 가까운 원인(cause nearest in time)이 아니라 손해를 발생시키는 효과(cause proximate in efficiency)에 있어서 가장 가까운 원인이라는 의미이다.

③ 담보(warranty)

담보란 피보험자가 반드시 지켜야 할 약속사항으로서, 피보험자가 특정사항을 행하거나 행하지 않을 것, 특정 조건의 충족을 약속하거나 특정 사실상태의 존재를 긍정하거나 부정하는 약속사항이다. 이에는 명시담보와 묵시담보가 있는데, 전자는 보험증권 기타 문서에 기재되므로 문면대로 약속을 실행하면 되지만 후자는 보험증권 기타 문서에 기재되어 있지 않으므로 피보험자가 보험실무를 처리함에 있어 주의를 요한다.

묵시담보는 크게 선박이 항해개시시 통상의 해상위험에 충분히 견딜 수 있는 내항성을 지녀야 한다는 내항성담보(warranty of seaworthiness)와 부보된 항해사업은 적법한 것이어야 하며, 피보험자가 사정을 지배할 수 있는 한 적법한 방법으로 진행되어야 한다는 적법담보(warranty of legality)로 나눌 수 있다.

일반적으로 담보위반의 경우에는 보험증권에 명시의 규정이 있는 경우를 제외하고 보험자는 담보위반일로부터 책임을 면한다.

(4) 보험가액과 보험금액

보험가액(insurable value)이란 피보험이익을 금전[경제적]으로 평가한 가액이다. 피보험이익은 보험 목적물(선박 또는 적하)의 안전이나 도착으로 인하여 이익을 얻거나, 또 이것이 멸실이나 손상으로 인하여 불이익을 입는다고 하는 보험의 목적물과 피보험자와의 이해관계이므로 보험가액은 해상위험에 의해 피보험자가 입는 손해의 최고한도액이다. 실무상 보험가액은 당사자간에 협정되는데, 이를 협정보험가액 또는 보험평가액이라 한다.

보험금액(insured amount; sum insured)이란 보험자가 1회의 사고에 대하여 보상해야 할 최고한도액을 말한다.

보험금액은 보험가액과 동액인 전부보험(full insurance)으로 하는 것이 일반적이다. 보험금액이 보험가액보다 적을 경우를 일부보험(under insurance)이라 한다. 반대로 보험금액이 보험가액보다 큰 경우를 초과보험(over insurance)이라 하는데, 그 초과부분은 무효로 된다.

또한 피보험자는 보험자의 위험부담에 대한 대가로서 보험료(insurance premium)를 지급한다.

(5) 피보험이익

피보험이익(insurable interest)이란 보험의 목적물에 해상위험이 발생함으로써 피보험자가 손해를 입을 우려가 있는 이러한 보험의 목적물과 피보험자의 관계를 말한다. 이 경우 관계는 일정한 요건을 갖추어야 한다. 일반적으로 피보험이익의 요건으로서 다음의 세 가지를 들 수 있다.

① 적법성[합법성]
피보험이익은 우선 적법할 것, 즉 법률상 용인된 것이어야 한다.
② 경 제 성
피보험이익은 경제적 이익, 즉 금전으로 평가할 수 있는 이익이어야 한다.
③ 확정성[확실성]
피보험이익은 원칙적으로 계약체결시에 확정될 수 있어야 하나 그렇지 못한 경우 늦어도 보험사고 발생시까지는 확정할 수 있는 것이어야 한다.

1.2 해상위험

(1) 해상위험의 의의

해상위험은 항해에 기인하고 항해에 부수하여 발생하는 사고를 말한다. 해상위험에는 보험자가 담보할 수 있는 위험(담보위험)과 담보할 수 없는 위험(면책위험)이 있다.

(2) 해상위험의 종류

Lloyd's Policy에서는 다음과 같이 위험조항(Perils Clause)에서 보험자가 담보하는 위험을 명시하고 있다.

표 19-1	Lloyd's Policy의 위험조항(Perils Clause)에서의 담보위험
종 류	**내 용**
해상위험 (Marine Risks)	① 해상고유의 위험(Perils of the Seas) 　　㉠ 주요 위험(Major Casualties): 침몰(sinking), 좌초 　　　(stranding), 충돌(collision) 　　㉡ 풍파의 이상한 작용에 의한 손해: 악천후(heavy weath- 　　　er)에 의한 해수손 ② 화재(fire) ③ 강도(thieves) ④ 투하(jettison) ⑤ 선장 및 선원의 악행(barratry of master and mariners)
전쟁 등의 위험 (War Risks)	군함(men-of-war), 외적(enemies), 해적(pirates), 표도 (rovers), 포획면허장(letter of mart), 보복포획면허장(counter letter of mart), 포획(surprisals), 나포(taking at sea), 국 왕·군주·인민에 의한 강류·억지·억류(arrests, restraints and detainments of all kings, princes, and people)
기타 일체의 위험 (all other perils)	앞에 열거된 위험과 같은 종류의 위험

주: 전쟁 등의 위험은 포획나포부담보약관(Free from Capture & Seizure Clause: F. C. &
　　S. Clause)에 의해 면책되므로 결론적으로 담보위험으로 명시되는 것은 해상고유의 위
　　험, 화재, 강도, 투하, 선장 및 선원의 악행, 기타 일체의 위험이다.

다음으로 협회적하약관(ICC)상에서의 보험자의 담보위험과 면책위험에 대하여는 후술하기로 한다.

(3) 보험기간

보험기간(duration of risk)은 보험자가 피보험목적물에 대하여 부담하는 위험부담책임이 존속하는 기간으로 위험부담기간 또는 책임기간으로도 불린다. 보험자가 보상책임을 지기 위해서는 위험이 이 기간 중에 발생한 것임을 필요로 한다.

구 보험증권의 본문에 의하면 화물에 대한 보험기간은 다음과 같이 규정하고 있다.

"상기 화물 및 상품에 대한 위험은 상기선박에 그것이 적재될 때에 개시되고, 상기 화물 및 상품이 ……에 도착할 때까지, 또한 그것이 그곳에서 양하되어 안전하게 양륙될 때까지 계속된다."

즉, 이 조항에 의하면 적하에 대해서 위험(즉 보험자의 위험부담책임 또는 보험기간)은 선박에 적재될 때에 개시되고 안전하게 양륙될 때에 종료된다.

한편 ICC(1982년) 제8조 운송조항(transit clause)에 의하면 보험기간은 피보험화물이 운송개시를 위해 출하지의 창고 또는 보관장소를 떠날 때부터 개시되고, 목적지의 수하인 또는 기타 최종창고 또는 보관장소에 인도될 때, 통상의 운송과정 이외의 보관 또는 할당(allocation)·분배(distribution)를 위한 기타 창고 또는 보관장소에 인도될 때, 또는 최종양하항에서 본선으로부터 양하 후 60일(수입화물은 30일)이 경과한 때 중 어느 것이든 먼저 발생한 때에 종료된다는 창고간담보의 원칙이 규정되어 있다.

1.3 해상손해

(1) 해상손해의 의의

보험의 목적(물)에 해상위험이 발생함으로써 생기는 피보험자의 재산상의 불이익 또는 경제상의 부담을 말한다.

(2) 해상손해의 종류

해상손해를 분류하면 다음과 같다.

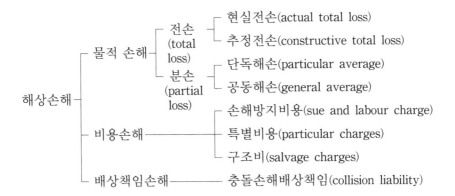

① 전손(total loss)

전손은 피보험이익의 전부의 소멸이며, 이는 현실전손과 추정전손으로 구분된다.

현실전손은 첫째, 보험의 목적물의 실질적인 멸실(physical destruction) 둘째, 화물 본래의 성질 상실(alteration of species) 셋째, 회복전망이 없는 박탈(irretrievable deprivation) 넷째, 선박의 행방불명(missing ship)의 경우에 성립한다. 추정전손은 보험의 목적물의 현실전손이 불가피한 것으로 보이거나 현실전손을 면하기 위하여 비용이 발생할 경우 보험 목적물의 가액을 초과하는 비용이 소요되므로 합리적으로 위부하였을 경우에 발생되는 손해를 말한다. 추정전손이 발생한 경우 피보험자는 보험에 부보된 목적물이 해상사고로 인해 그 손해 정도가 심할 경우에 그 피보험이익과 관련된 모든 권리를 보험자에게 양도하는 것을 위부(abandonment)라 한다.

② 분손(partial loss)

분손은 피보험이익의 일부의 소멸이며, 이는 피해자가 단독으로 부담하는 손해인 단독해손과 이해관계자가 공동으로 부담하는 손해인 공동해손으로 구분한다. 후자의 경우 선박, 적하가 공동의 위험에 처했을 때 공동의 안전을 위해 이례적인 희생이나 비용이 임의적으로 그리고 합리적으로 발생했을 경우에 이러한 희생손해 및 비용손해에 대해 손해를 면한 이해관계자 간에 이를 분담하는 제도이다. 공동해손에는 공동해손희생(general average sacrifice)과 공동해손비용(general average expenditure)이 있다. 공동해손은 선박, 적하의 공동해손 이해관계자 전부에 의해 공평하게 부담되어야 한다.

이 이해관계자 각각의 분담금을 공동해손분담금(general average contribution)이라 한다.

③ 손해방지비용(sue and labour charge)

이는 담보위험으로 인한 손해를 방지 또는 경감하기 위해 피보험자, 그 대리인 또는 사용인에 의하여 지출된 비용이다. 보험자는 물적손해와 손해방지비용의 합계액이 보험금액을 초과하더라도 손해방지비용을 보상한다.

④ 특별비용(particular charges)

이는 보험의 목적물의 안전 또는 보존을 위해 피보험자에 의해 또는 피보험자를 위해 지출된 비용으로서 공동해손과 구조료 이외의 비용을 말한다.

⑤ 구조비(salvage charges)

구조비란 구조계약과 관계없이 해법상(海法上) 구조자가 회수할 수 있는 비용이다. 이에 반하여 구조계약을 체결하고 이루어진 구조(계약구조)에 대해 지급되는 보수는 구조보수(salvage award)라 하여 구별된다.

⑥ 충돌손해배상책임

피보험선박이 다른 선박과 충돌한 결과 피보험자가 상대선박의 선주 및 화주에 대하여 책임져야 하는 배상책임을 말한다. 이는 협회적하약관(Institute Cargo Clause)이나 협회선박약관(Institute Time Clause-Hulls)상의 쌍방과실충돌약관(Both to Blame Collision)과 3/4충돌손해배상책임약관(3/4 Collision Liability Clause)에 의해 화주와 선주의 제3자에 대한 배상책임을 보험자가 보상해 주고 있다.

(3) 해상보험의 보상조건

① 기본조건

우선 구 협회적하약관상의 기본조건으로는 FPA, WA, All Risks의

표 19-2	구 협회적하약관상의 보상범위

보험조건의 종류			손해의 종류	보상범위의 내용
보험조건의 보상범위의 구분	A/R (전위험담보)	WA (분손담보)	FPA (분손부담보)	전 손	• 현실전손 • 추정전손
				공동해손	• 공동해손희생손해 • 공동해손비용 • 공동해손분담액
				특정분손	• 침몰 · 좌초 · 대화재(S.S.B)가 발생 • 화재, 충돌, 폭발 및 피난항에서의 양하에 합리적으로 기인하는 손해 • 적재 · 양하 · 환적 중 포장당 1개마다의 전손(sling loss)
				비용손해	• 손해방지비용, 기타 특별비용(피난항 등에서의 양하, 보관, 환적, 계반 등의 비용) • 구조비(임의구조비), 부대비용
				기타 분손	• 특정 분손 이외의 분손(해일, 홍수에 의한 손해, 유실손, 기타 악천후에 의한 분손) 단, 소손해면책조건의 적용도 가능
	(화물의 고유의 하자 또는 성질, 운송의 지연 등은 면책)			각종 부가 위험	• 각종 부가위험을 일괄담보 • 소손해 면책비율의 적용은 없다.
	특 약				동맹파업위험담보
	특 약				전쟁위험담보

【참조】

① WAIOP(With Average Irrespective of Percentage): 분손담보(WA)조건하에서 여하한 소손해가 발생한 경우에도 보험자가 이를 담보하는 면책비율 부적용 분손담보조건.

② Franchise(소손해면책비율): 보험자가 일정비율 이하의 소손해에 대하여는 보상하지 않는 것을 말한다. 그러나 면책비율을 초과하면 손해 전부가 보상됨.

③ Excess: 면책비율을 넘는 화물의 손해에 대하여 초과부분만이 보상되는 것.

세 가지가 있다. FPA는 Free from Particular Average의 약어로 '단독해손부담보' 또는 '분손부담보'라 한다. WA는 With Average의 약어로 '분손담보'라 하며, All Risks는 '전 위험담보'라 한다.

구 협회적하약관상의 각 조건별 보상범위는 [표 19-2]와 같다.

다음으로 신협회적하약관상의 기본조건으로는 ICC(A), ICC(B) 및 ICC(C)의 세 가지가 있는데, 이는 각각 구 약관의 All Risks, WA 및 FPA에 대응되는 조건이다.

신협회적하약관상의 각 조건별 보상범위는 다음의 [표 19-3]과 같다.

표 19-3 ICC상의 각 조건별 담보위험과 면책위험 일람표(○는 담보, ●는 면책)

담보위험	A	B	C
◎ 아래의 사유에 상당인과 관계가 있는 보험의 목적물의 멸실 · 손상			
– 화재 또는 폭발	○	○	○
– 본선 또는 부선의 좌초 · 교사 · 침몰 · 전복	○	○	○
– 육상운송용구의 전복 · 탈선	○	○	○
– 본선 · 부선 · 운송용구의 충돌 · 접촉	○	○	○
– 피난항에서의 화물의 하역	○	○	○
– 지진 · 화산의 분화 · 낙뢰	○	○	
◎ 아래의 사유로 생긴 보험의 목적물의 멸실 · 손상			
– 공동해손희생손해	○	○	○
– 투하	○	○	○
– 갑판유실	○	○	
– 본선 · 부선 · 선창 · 운송용구 · 컨테이너 · 지게자동차 · 보관장소에 해수, 호수, 강물의 침입	○	○	
– 본선 · 부선으로의 선적 또는 하역작업 중 바다에 떨어지거나 갑판에 추락한 포장당 1개마다의 전손	○	○	
◎ 상기 이외의 보험의 목적물에 발생한 멸실 · 손상 일체의 위험	○		
◎ 공동해손 · 구조비(면책위험에 관련된 것은 제외됨)	○	○	○
◎ 쌍방과실충돌	○	○	○

면책위험	A	B	C
○ 피보험자의 고의의 위법행위	●	●	●
○ 통상의 누손, 통상의 중량과 용적의 부족 또는 자연소모	●	●	●
○ 포장 또는 준비의 불충분(이 경우「포장」이란 컨테이너 또는 지게자동차에 적부(積付)하는 것을 포함하며 다만 그 적재가 이 보험의 위험개시 전에 행하여지거나 피보험자 혹은 그 사용자에 의해 행해지는 것에 한한다.)	●	●	●
○ 보험의 목적물 고유의 하자 또는 성질	●	●	●
○ 지연이 담보위험에 의해 생긴 경우라도 지연에 근인하여 생긴 멸실·손상·비용	●	●	●
○ 선주, 관리자, 용선자, 운항자의 파산 또는 재정상의 채무불이행	●	●	●
○ 보험의 목적 또는 그 일부에 대한 어떤 자의 불법행위에 의한 의도적인 손상 또는 파괴	○	●	●
○ 원자핵분열 및 원자핵융합, 핵반응 또는 방사능과 방사성물질을 이용한 병기사용에 의해 발생한 멸실·손상·비용(핵무기사용)	●	●	●
○ 본선·부선의 불내항·부적합(피보험자 또는 그 사용인이 알고 있는 경우에 한함)	●	●	●
○ 전쟁위험	●	●	●
○ 동맹파업위험	●	●	●

【참조】 면책위험에는 어떠한 경우에도 면책되는 절대적 면책위험과 특약이 없는 한 면책되는 상대적 면책위험(전쟁, 동맹파업위험 등)이 있다.

② 부가위험 담보조건

ICC(A)나 ICC(A/R)를 보험조건으로 한 경우에는 일반적으로 부가조건을 부보할 필요가 없지만, ICC(FPA), ICC(WA)나 ICC(B), ICC(C)로 부보하는 경우에는 필요시 아래의 부가조건을 추가하여 부보해야 할 것이다.

ㄱ 도난·발하·불착위험(Theft, Pilferage and Non-Delivery: TPND)

ㄴ 雨·淡水損(Rain and/or Fresh Water Damage: RFWD)

ㄷ 유류, 타 화물과의 접촉(Contact with Oil and/or Other Cargo: COOC)

ㄹ 파손(Breakage)

ㅁ 누손 및 부족손(Leakage/Shortage)

ⓑ 투하 및 갑판유실(Jettison and Washing Overboard: JWOB)
ⓢ 습기 및 열손(Sweat & Heating: SH)
ⓞ 곡손(曲損)(Denting & Bending)

2   무역보험

2.1   한국무역보험공사의 업무

(1) 다양한 무역보험 종목

상품 및 자본재 수출·수입, 해외건설·투자, 환변동위험 관리, 문화·서비스 등 용역 수출 및 기타 대외거래에서 발생하는 위험을 담보하기 위한 다양한 무역보험 종목 운영

(2) 신용정보서비스 및 채권추심 서비스 제공

신용조사 및 신용정보 관리 등의 신용정보서비스와 해외미수채권에 대한 채권회수 대행 등 채권추심 서비스 제공

(3) 국민에게 신뢰받는 공기업

「청렴경영·투명경영·나눔경영·소통경영」 등 윤리경영과 경영혁신을 통한 고객만족경영 강조로 '국민에게 신뢰받는 공기업' 실현

(4) 무역보험기금 운용

무역보험기금에 대한 정부 출연금액을 바탕으로 매년 국회 의결로 결정되는 계약체결한도 내에서 무역보험을 인수하고 적립된 기금을 공사 책임 하에 운용

(5) 무역보험의 역할 증대

무역진흥을 통하여 안정적인 무역과 대외투자를 견인, 국가경쟁력을 강화하고 국민경제 발전에 기여하는 무역보험의 역할 증대

2.2 수출보험의 종류

한국무역보험공사는 각종 대외거래와 관련하여 13개의 보험제도, 2개의 보증제도 및 기타 서비스를 제공하고 있다.

(1) 단기성 종목

- 결제기간 2년 이내의 수출거래 대상
- 단기수출보험, 수출신용보증(선적전, 선적후, Nego), 중소기업Plus＋보험 등

(2) 중장기성 종목

- 결제기간 2년 초과 수출거래 대상
- 중장기수출보험(선적전, 공급자신용, 구매자신용), 해외사업금융보험, 해외투자보험(주식, 대출금, 보증채무, 부동산에 대한 권리), 해외자원개발펀드보험, 해외공사보험, 수출보증보험, 이자율변동보험, 서비스종합보험 (기성 · 연불방식, 일시결제), 수출기반보험(선박)
- ※ 해외투자(주식, 대출금, 보증채무, 투자금융, 부동산에 대한 권리), 해외자원개발펀드보험, 해외공사보험, 수출보증보험은 결제기간에 대한 제한이 없으나 통상 중장기거래와 관련하여 이용되는 경우가 많음

(3) 기타 보험종목 및 서비스

환변동보험, 부품 · 소재 신뢰성보험, 수입자 신용조사 서비스, 해외채권추심대행 서비스

2.3 수입보험의 종류

한국무역보험공사는 선급금 지급조건 수입거래에서 수입업체가 선급금을 회수할 수 없게 되는 경우에 발생하는 손실을 보상하는 제도인 수입보험을 운영하고 있는데, 그 종류에는 다음의 두 가지가 있다.

(1) 수입자용 수입보험

국내기업이 주요자원의 수입을 위하여 해외에 소재하는 수입계약 상대방에게 선급금을 지급하였으나 비상위험 또는 신용위험으로 인하여 선급금이 회수되지 못함에 따라 발생하는 손실을 보상하는 보험이다.

(2) 금융기관용 수입보험

금융기관이 주요자원의 수입을 위하여 필요한 자금을 국내수입기업에 대출하였으나 국내기업의 파산 등으로 대출금이 회수되지 못함에 따라 발생하는 손실을 보상하는 보험이다.

주요용어

보험자(insurer)

피보험자(insured)

피보험이익(insurable interest)

보험가액(insurable value)

보험금액(insured amount)

담보(warranty)

현실전손(actual total loss)

추정전손(constructive total loss)

위부(abandonment)

연습문제

1. 적하보험의 보험기간에 대하여 설명하시오.

2. 협회적하약관상의 담보위험과 면책위험에 대하여 설명하시오.

3. 해상손해의 종류에 대하여 설명하시오.

4. 수출보험의 종류에 대하여 설명하시오.

제20장
무역대금결제

개 요

무역대금의 결제는 무역계약에서 정한 바에 따라 수출상이 행하는 물품인도에 대하여 수입상이 이행해야 할 가장 중요한 의무이며, 당사자들은 거래의 특성과 여러 위험요인을 평가하여 적절한 결제방식을 선택하는 것이 매우 중요하다.

국제무역거래는 국내 상거래와는 달리 국가를 달리하는 당사자들 사이의 거래이기 때문에 대금결제의 과정에서 다음과 같은 몇 가지 위험이 존재한다.

첫째, 국제무역거래는 대금회수에 대한 불확실성이 존재한다. 왜냐하면 무역거래에서는 물품의 인도와 대금지급이 동시에 이루어지기보다는 대부분의 경우 물품인도와 대금지급 사이에 상당한 시간적 격차가 존재하기 때문에 대금회수에 불확실성이 존재하게 된다.

둘째, 국제무역거래에는 신용위험이 존재한다. 무역거래는 격지자간의 거래이므로 상대방의 신용상태에 대한 정보가 상대적으로 부족하게 되어 신용위험이 존재하게 된다.

셋째, 거래 상대방 국가의 외환수급사정의 악화, 정치적 위험과 같은 국별위험(country risk)이 존재한다.

그러므로 무역거래의 당사자들은 이와 같은 요인을 고려하여 결제방법을 선택해야 한다.

현재 국제무역거래에서 주로 사용되는 무역대금결제의 방법들로는 신용장(letter of credit: L/C)방식과 추심(collection: D/P, D/A)방식, 그리고 송금(remittance)방식 등이 있으며, 이 외에도 국제팩토링(factoring)방식과 포피팅(forfeiting)방식, 그리고 최근에는 신용장의 전자화 시도를 비롯하여 다양한 전자적 결제방식이 사용되고 있다.

1   신용장에 의한 대금결제

1.1   신용장의 메커니즘

(1) 신용장의 정의

신용장은 무역거래의 다양한 결제방식 중의 하나이지만, 가장 대표적인 방식으로 오랫동안 무역상들에 의해 채택되어 왔던 제도이다. 이처럼 오랜 기간 동안 무역상들에 의하여 지지되어 온 가장 큰 이유는 무엇보다도 신용장이 수출상의 신속하고도 안전한 대금회수를 가장 잘 보장해 주었기 때문이다. 이런 이유 때문에 신용장이 가지고 있는 적지 않은 단점들에도 불구하고 지금까지 무역당사자들 사이에 보편적인 대금결제방식으로 자리잡고 있는 것이다.

신용장방식이 무역거래에 도입된 배경의 핵심은 수출상이 물품인도 후에 수입상이 대금지급을 지연하거나 또는 지급하지 않을지도 모른다는 불안감이 존재한다는 점이다. 신용장 이외의 대금결제방식은 수출상이 부담하게 되는 신용상의 불안을 완전하게 해소하지는 못하였기 때문에 신용장방식은 이런 한계를 극복하기 위하여 도입된 결제방식이다. 그러므로 신용장의 가장 큰 특성이자 장점은 수출상의 대금 미회수 위험을 제거하여 수출상이 안심하고 수출에 전념할 수 있도록 하는 점이라 할 수 있다.

한편 신용장의 정의는 신용장 거래의 전반을 규율하는 신용장통일규칙(Uniform Customs and Practice for Documentary Credit: UCP)에 구체적으로 명시되어 있는데 현재 적용되고 있는 UCP 600에 따르면, 신용장이란 "그 명칭에 관계없이 「발행의뢰인의 요청과 지시에 따르거나, 또는 발행은행이 신용장의 제 조건과 일치하는 소정의 서류와 상환으로 수익자(수출상)에게 직접 지급 또는 환어음을 인수하거나, 타 은행에게 지급, 환어음의 인수 또는 매입을 수권하는 모든 약정(arrangement)」"을 의미하는 것으로 규정하고 있다.

(2) 신용장거래의 당사자

기본적으로 신용장 거래는 무역계약에서 당사자들이 신용장 방식으로 대금결제를 하기로 합의함으로써 시작된다. 그러나 일단 신용장이 발행되면 무역계약의 당사자들이 아닌 은행들이 참여하게 되므로 신용장 거래의 참여자들은 무역계약의 당사자인 수출상과 수입상 이외에 다수의 은행들로 구성된다. 이들 참여자들을 역할에 따라 구분하면 다음과 같다.

① 수익자(Beneficiary)

수익자는 수출상이며, 발행은행이 발행한 신용장을 사용하는 사람으로서, 신용장제도 하에서 가장 많은 혜택을 받는 당사자이다.

② 발행의뢰인(Applicant)

수입상으로서, 무역계약에 따라 자신의 거래은행에 수출상 앞으로 신용장을 발행해 줄 것을 요청, 의뢰하는 당사자이다.

③ 발행은행(Issuing Bank)

수입상의 거래은행으로서, 발행의뢰인의 요청과 지시에 따라 수익자 앞으로 신용장을 발행하는 은행이며, 신용장이 발행됨에 따라 발행은행은 수출상이 제시하는 환어음과 운송서류에 대한 지급을 확약하는 당사자이다.

④ 확인은행(Confirming Bank)

확인은행은 발행은행의 대외적 신뢰도에 문제가 있거나 또는 수입국의 외환사정이 악화됨으로써 대외지급을 제한하게 될 가능성이 있는 경우와 같이 발행은행이 대금을 지급할 수 없는 상황이 초래되는 경우에 필요하게 된다. 이때 수익자는 발행의뢰인에게 공신력 있는 제3의 은행으로 하여금 이미 발행된 신용장을 보증해 줄 것을 요청하게 되는데, 이때 발행은행의 지급확약에 더하여 수출상에게 신용장에 따른 대금지급을 추가로 확약하는 은행을 확인은행이라 한다.

⑤ 매입은행(Negotiating Bank)

수출상은 선적을 완료하게 되면 자신이 발행은행 앞으로 발행한 환어음과 운송서류를 거래은행에 제출하여 환어음 대금을 이 은행으로부터 회수하게 되는데, 이때 수출상의 환어음과 운송서류를 매입하고 수출상에게 대금을 지급하는 은행은 매입은행이라 한다.

⑥ 통지은행(Advising Bank)

신용장거래에서 발행은행은 자신이 발행한 신용장을 수익자에게 통지하도록 하고 있으며, 수익자에게 신용장의 원본을 제공하도록 하고 있다. 일반적으로 발행은행은 수익자에게 신용장의 발행 사실과 그 내용을 통지할 때 수익자인 수출상 국가에 있는 은행을 이용하게 되는데, 이처럼 발행은행의 요청으로 신용장의 발행 사실과 내용을 수익자에게 통지해 주는 은행을 통지은행이라 한다.

⑦ 지급은행(Paying Bank)

수익자가 제시한 운송서류에 대하여 직접 대금을 지급해 주는 은행으로서, 발행은행으로부터 대금을 지급하도록 권리를 부여받은 은행을 말한다.

⑧ 인수은행(Accepting Bank)

수익자가 발행한 환어음이 기한부어음인 경우, 은행은 지급에 앞서 인수를 하게 되는데, 이때 어음을 인수하는 은행을 인수은행이라 하며, 인수은행은 당해 어음의 만기에는 지급은행이 된다.

⑨ 상환은행(Reimbursing Bank)

상환은행은 신용장상의 결제통화가 제3국 통화이거나 또는 발행은행과 매입은행 사이에 환거래계약이 체결된 은행이 아닌 경우 제3국 은행이 결제은행으로 되어 발행은행을 대신하여 매입은행 등에 대금을 상환하는 역할을 하는 은행을 말한다.

⑩ 양도은행(Transferring Bank)

양도가능신용장이 발행된 경우 최초 수익자가 제2의 수익자에게 신용장을 양도하고자 할 때 양도의 통지에서부터 지급/인수/매입 등의 업무를 담당하게 되는 은행을 말한다. 대개의 경우 발행은행의 본·지점이나 통지은행 등이 양도은행으로서의 역할을 하게 된다.

그림 20.1	신용장의 거래과정(매입신용장)

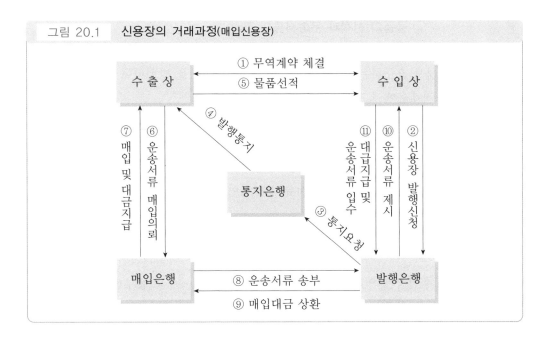

(3) 신용장방식의 거래과정

신용장 거래는 무역계약에서 대금을 신용장방식에 의하여 결제하기로 약정함으로써 시작되는데, 이를 순서대로 정리하면 다음과 같다.

① 매매합의

매매계약에서 대금결제를 신용장방식으로 할 것을 합의하고 이를 계약 서에 명시한다.

② 신용장의 발행 의뢰

수입상은 계약에 따라 자신의 거래은행에 수출상인 수익자 앞으로 신용장을 발행해 줄 것을 요청한다. 이때 신용장에 기재될 내용은 수입상이 발행은행에 제출한 신용장 발행신청서에 따른다.

③ 신용장의 발행 및 통지

수입상의 거래은행인 발행은행은 발행의뢰인의 요청과 지시에 따라 신용장을 발행하고 이를 수출국에 있는 통지은행을 통하여 수출상에게 통지한다. 이때 통지은행은 신용장의 진정성을 확인한다.

④ 물품의 선적과 운송서류의 정비

수출상은 신용장 발행통지를 받은 후 물품을 조달하여 선적한 후 신용장에서 요구하는 운송서류를 정비하고 환어음을 발행하여 이를 함께 자신의 거래은행에 제시하게 된다.

⑤ 신용장 대금의 회수

수출상이 제시한 운송서류와 환어음을 받은 은행(이때의 은행은 앞에서 본 매입은행, 지급은행, 또는 인수은행 중의 어느 한 은행이 된다)은 신용장 조건과 수출상이 제시한 운송서류의 조건이 일치하면 환어음 대금을 수출상에게 지급한다.

⑥ 운송서류와 환어음의 발행은행으로의 송부 및 대금상환

어음대금을 지급한 은행은 자신이 지급한 어음대금을 상환받기 위하여 수입국에 있는 발행은행에 운송서류와 환어음을 송부하고 어음대금의 상환을 청구한다.

⑦ 발행의뢰인에 상환청구 및 운송서류의 인도

수출국의 은행으로부터 상환청구를 받은 발행은행도 신용장 조건과 운송서류의 일치성 여부를 심사한 다음, 일치하면 이들 은행에게 어음대금을 지급한 후, 수입상인 발행의뢰인에게 운송서류를 제시하고 어음대금을 상환받는다.

⑧ 물품의 인수

발행은행으로부터 운송서류를 인도받은 수입상은 이들 서류를 운송회사에 제출하고 이와 상환으로 물품을 인도받는다.

(4) 신용장의 독립·추상성

신용장은 무역거래의 직접적 당사자들이 아닌 은행들이 참여하여 거래가 이루어진다. 그런데 은행들은 물품을 거래해 본 경험도 없거니와 물품에 대한 지식도 없어서 은행들이 물품과 관련한 여러 가지 내용에 개입되는 것을 꺼리게 된다. 예컨대 물품에 대한 검사를 은행에 요구하는 것이나 매매계약 내용의 확인 등과 같은 일들은 은행들 입장에서는 잘 할 수 없을 뿐만 아니라 잘 알 수도 없다. 만약 이런 성격의 일들을 은행에게 부담하려 한다면 은행들은 신용장의 거래과정에 참여하지 않으려고 할 것이다. 따라

서 은행들에게 이런 부담을 지우지 않고 은행들은 오로지 서류만으로 모든 것을 판단하고 그 판단에 따라 대금을 지급하거나 거절하도록 하였다. 이와 같은 성질을 신용장거래의 독립·추상성이라 하는데, 이는 전적으로 은행들로 하여금 서류 이외의 내용에 대한 책임을 면제해 줌으로써 신용장거래과정에 은행들이 능동적으로 참여할 수 있도록 하기 위한 장치이다.

(5) 신용장의 장점

신용장에 의한 대금결제방식은 수출상과 수입상 양자에게 모두 여러 가지 이점을 제공하지만, 그 중에서도 특히 수출상은 신용장을 이용함으로써 수입상에 비하여 상대적으로 큰 혜택을 받게 된다. 먼저 수출상의 이점을 정리하면 다음과 같다.

① 안정적인 대금회수

수출상은 수입상의 지급불능 또는 지급거절로 인하여 대금을 회수할 수 없게 된 경우일지라도 신용장 조건과 일치하는 운송서류를 발행은행에 제시함으로써 대금회수를 받을 수 있게 된다. 따라서 신용장은 수출상의 신용위험을 제거함으로써 수출상이 안정적인 대금회수를 보장받게 한다.

② 신속한 대금회수

선적을 마친 수출상은 신용장 조건과 일치하는 운송서류를 정비해 은행에 제시함으로써 즉시 수출대금을 회수할 수 있으므로 신용장은 수출상으로 하여금 신속한 대금회수를 가능하게 한다.

③ 거래의 확정

일단 신용장이 발행되면 수입상은 임의로 신용장을 취소하거나 신용장의 조건을 변경할 수 없게 된다. 그러므로 수출상의 입장에서는 신용장이 발행되면 본인이 신용장의 취소나 조건변경에 동의하지 않는 한, 당해 거래가 안정적으로 이행될 것이란 신뢰를 가질 수 있다.

④ 금융의 편의

수출상은 선적 전이라 하더라도 신용장을 담보로 하여 물품의 확보를 위해 필요한 생산자금, 원자재 구매자금, 원자재 수입자금 등을 은행으로부터 미리 융통할 수 있다.

다음으로 수입상의 입장에서 본 장점은 다음과 같다.

① 물품 인도시기 예측

신용장에 최종선적일과 유효기일이 명시되어 있으므로 계약물품의 정확한 인도시기를 예상할 수 있다.

② 계약의 나머지 조건에 대한 수입상의 교섭력 강화

수출상에게 유리한 대금결제상의 편익을 제공함으로써 계약상의 다른 조건, 예컨대 선적조건이나 가격채산 등의 면에서 유리한 입장에 설 수 있다.

③ 수입금융의 이용

수입상은 운송서류를 제시한 발행은행에 대금을 지급해야 운송서류를 인도받을 수 있지만, 화물대도(Trust Receipt: T/R)를 이용함으로써 어음대금 지급 전이라도 운송서류를 인도받을 수 있으며, 또한 기한부신용장을 이용하여 보다 장기간의 지급유예를 받을 수도 있다.

1.2   신용장의 종류

신용장은 여러 가지의 기준에 따라 다양하게 분류될 수 있다. 예컨대 간단하게는 신용장의 용도가 무엇인가? 신용장이 서류의 제출을 요구하고 있는가의 여부 등이 될 수 있으며, 나아가서는 기존 신용장에 확인이 추가되었는지의 여부, 환어음의 만기일이 언제인가, 상환청구권의 유무 등 그 기준은 다양하다. 그리고 하나의 신용장은 여러 성격의 신용장이 될 수 있다. 이는 하나의 신용장이 상업신용장이면서 화환신용장이고, 동시에 확인신용장이면서 또한 일람출급신용장이 될 수 있다는 의미이다. 이하에서는 이들 신용장의 종류를 여러 기준별로 나누어 살펴본다.

(1) 상업신용장과 여행자신용장

이는 신용장의 이용이 상업적 목적으로 이루어지는가 아닌가에 따른 분류이다. 상업신용장(commercial credit)이란 국제물품매매계약과 같이 상업적인 목적을 가지고 이루어지는 거래의 대금결제에 사용되는 신용장을 의미하고, 여행자신용장(traveller's credit)이란 해외여행자의 현금 휴대에 따른 불편과 위험을 제거하기 위하여 이용되는 신용장이다. 따라서 우리가 관심을 갖는 신용장은 상업신용장이다.

(2) 화환신용장과 무화환신용장

이는 신용장 거래시에 운송서류의 제시가 필요한가 그렇지 않은가에 따른 분류라 할 수 있다. 화환신용장(documentary credit)이란 신용장 발행은행이 수익자가 발행한 화환어음에 신용장 조건과 일치하는 운송서류(상업송장, 선화증권, 보험증권 등)를 첨부할 것을 조건으로 발행하고, 발행은행은 이들 서류와 상환으로 신용장 대금을 지급·인수·매입할 것으로 확약하는 신용장이다. 한편 무화환신용장(clean credit)은 운송서류의 첨부 없이 환어음만으로 대금결제가 이루어지는 거래에 사용되는 신용장이다. 그러므로 무화환신용장은 주로 용역거래 등에 사용될 가능성이 많다고 할 수 있다.

(3) 취소가능신용장과 취소불능신용장

이는 이미 발행된 신용장이 수익자의 동의 없이 조건변경이나 취소될 수 있는가의 여부에 따른 분류이다. 취소가능신용장(revocable credit)이란 신용장이 발행된 이후, 발행은행이 수익자에게 사전통지 없이 언제라도 신용장 조건 변경이나 취소를 할 수 있는 신용장이다. 이런 성격으로 인하여 실제의 신용장 거래에서는 취소가능신용장이 이용되는 사례는 거의 없다. 이에 반하여 취소불능신용장(irrevocable credit)은 신용장이 발행된 후 수익자에게 통지된 이후에는 수출상인 수익자의 동의 없이는 신용장의 조건변경이나 취소가 발행은행이나 수입상의 임의대로 이루어질 수 없는 신용장이다. 그러므로 일단 취소불능신용장이 발행되면 수출상은 자신이 동의하지 않는 한 신용장은 취소되거나 조건변경이 이루어지지 않을 것이므로 안심하고 수출거래를 수행할 수 있게 된다.

(4) 매입신용장, 지급신용장, 인수신용장

이는 발행은행이 수출상 이외에 환어음의 피배서인이나 어음의 선의의 소지인에게도 지급확약을 행하고 있는지의 여부에 따른 분류이다. 매입신용장(negotiation credit)이란 신용장에 근거해 발행된 환어음이 매입(negotiation)될 것을 예상하여 매입을 허용하고 있는 신용장으로서, 환어음의 발행인인 수출상뿐만 아니라 어음의 선의의 소지자인 매입은행에 대해서도 지급을 확약하고 있는 신용장을 말한다. 따라서 매입신용장하에서 매입은행은 발행은행으로부터 대금을 받기 전이라도 미리 수익자에게 환어음 대금을 지급할 수 있게 된다. 한편 지급신용장(straight credit)은 신용장에 의한 환어음의 매입 여부에 대해서는 아무런 언급이 없이, 신용장 조건에 일치하게 발행된 서류가 발행은행 또는 동 은행이 지정하는 은행에 제시되면 지급할 것을 확약한 신용장을 말한다. 인수신용장(acceptance credit)은 기한부환어음의 지급인에 의한 인수를 명시하고 있는 신용장을 말하며, 인수신용장의 발행은행은 동 은행이 환어음의 지급인으로 명시되어 있는 경우에는 그 환어음을 인수할 것을 확약하고 있다.

(5) 확인신용장과 무확인신용장

이는 발행은행 이외의 제3의 은행이 수익자에게 대금지급을 추가로 확약하고 있는지의 여부에 따른 분류라 할 수 있다. 확인신용장(confirmed credit)이란 발행은행 이외의 제3의 은행이 수익자가 발행하는 환어음의 지급, 인수, 매입을 확약하고 있는 신용장을 말하며, 이런 확약이 추가되지 않은 신용장을 무확인신용장(unconfirmed credit)이라 한다. 확인은행은 대개 수출상이 소재하고 있는 지역의 은행이 되는 경우가 많으며, 확인신용장을 수령한 수익자는 발행은행 이외의 제3의 은행으로부터 다시 한번 지급확약을 받게 되는 것이어서 그만큼 신용장 거래의 안정성은 높아지게 된다.

(6) 일람출급신용장과 기한부신용장

이는 신용장에 의해 발행되는 환어음이 일람출급어음인지 아니면 기한부어음인지에 따른 분류이다. 일람출급신용장(sight credit)이란 신용장에 의하여 환어음이 발행되어 지급인에게 제시되면 즉시 지급되어야 하는 일람출급환어음이 발행된 신용장이고 기한부신용장(usance credit)이라 함은 어음이 지급인에게 제시된 후 일정기간이 경과한 후 지급받게 되는 기한부어음이 발행된 신용장이다. 그러므로 기한부신용장이 발행된 경우에 수익자는 합의한 일정기간이 경과한 후에 어음대금을 받게 된다.

(7) 상환청구가능신용장과 상환청구불능신용장

이는 환어음을 매입한 매입은행 등이 어음 부도시에 어음의 발행인에게 어음대금을 상환 청구할 수 있는가의 여부에 따른 구분이다. 상환청구가능신용장(with recourse credit)이란 매입은행이나 기타 은행이(발행은행과 확인은행 제외) 매입한 환어음이 지급불능이 되었을 경우 환어음의 발행인인 수익자에게 환어음 대금의 상환을 청구할 수 있는 신용장이다. 상환청구불능신용장(without recourse credit)이란 지급불능의 상황에도 불구하고 이들 은행이 환어음 발행인에게 어음대금의 상환청구를 하는 것이 불가능한 신용장이다. 일반적으로 매입은행 등은 상환청구가능신용장을 선호하게 된다.

(8) 자유매입신용장과 매입제한신용장

이는 수익자가 환어음과 운송서류를 매입할 수 있는 은행이 특정 은행으로 제한되는가의 여부에 따른 구분이다. 자유매입신용장(open credit)이란 발행된 어음이 매입될 것을 예상하고 어음의 발행인, 어음의 배서인, 어음의 선의의 소지인에게 발행은행이 지급할 것을 확약하고 있는 신용장으로서, 어느 은행이라도 매입을 할 수 있으며, 나아가 매입을 행한 은행은 발행은행에게 상환을 청구할 수 있는 권리를 가진다. 한편, 매입제한신용장(restricted credit)은 매입행위가 특정한 은행으로 제한되어 있어서 아무 은행이나 수익자의 환어음 매입 요청에 응할 수 없는 신용장을 말한다. 이처럼 매입제한신용장이 이용되는 가장 큰 이유는 수출상이 소재한 지역에 발행은행의 본점이나 지점, 또는 환거래은행이 있을 경우 이들 은행을 통해 거래하기를 원하는 것으로 이해할 수 있다.

(9) 원신용장과 내국신용장

이는 발행은행으로부터 도착한 원래의 신용장인가 아니면 이 신용장을 근거로 해서 다시 발행된 신용장인가를 기준으로 한 구분이다. 원신용장 (master credit)이란 무역계약에 정해진 결제방법에 따라 수입상이 발행은행을 통해 발행한 최초의 신용장을 의미하며, 일반적으로 우리가 신용장이라 칭하는 대개의 신용장이 바로 원신용장이다. 이에 비해 내국신용장(local credit)이란 이 원신용장을 받은 수출상이 물품 조달을 위하여 국내의 원자재 공급업자나 완제품 공급업자로부터 공급을 받을 때 이들에게 수출상의 거래은행이 발행해 주는 신용장이다. 내국신용장을 이용하는 국내 공급업자들은 내국신용장 발행은행으로부터 물품 대금의 상환을 확실히 보장받게 되고 나아가 무역금융도 제공받을 수 있게 된다. 그러나 원신용장과 내국신용장은 서로 별개의 신용장이다.

(10) 양도가능신용장과 양도불능신용장

이는 수출상이 받은 신용장을 제 3 자에게 양도할 수 있는가의 여부에 따른 분류이다. 양도가능신용장(transferable credit)이란 신용장금액의 전부 또는 일부를 제 3 자가 이용할 수 있도록 양도할 수 있는 권리가 신용장의 수익자에게 허용된 신용장을 말한다. 신용장이 양도될 수 있기 위해서는 반드시 신용장상에 'transferable'이란 표현이 있어야만 가능하다. 양도불능신용장(non-transferable credit)은 신용장상에 'transferable'이란 표현이 없는 신용장을 말한다.

(11) 기   타

이상에서 본 신용장 이외에도 특수한 용도로 사용되는 신용장이나 보증신용장이 있다. 특수한 용도에 사용하기 위한 신용장으로서는 동일한 거래처와 동일한 물품을 지속적으로 거래하는 당사자들 사이에 사용될 수 있는 회전신용장(revolving credit), 수익자에게 물품의 제조, 가공에 필요한 자금을 선적 이전에 제공하는 것을 허용하고 있는 전대신용장(red clause credit), 수출입 양국의 무역을 균형시키기 위한 목적으로 사용되는 연계무역신용장(counter trade credit) 등이 있다.

그리고 보증신용장(stand-by credit)이란 지금까지 보아 온 상품의 수출입거래에 사용되는 신용장과 달리, 금전채무의 보증 또는 여신 담보를 위하여 사용되는 신용장으로서, 발행은행이 발행의뢰인의 요청과 지시에 따라 발행하고, 신용장의 유효기일 이전에 발행의뢰인의 채무불이행을 입증하는 진술서 또는 채무불이행 통지서와 환어음 등의 제시를 조건으로 수익자에게 신용장 금액을 지급할 것을 약속하는 증서이다.

1.3 신용장통일규칙

(1) 의   의

신용장통일규칙(Uniform Customs and Practice for Documentary Credits: UCP)이란 신용장 업무를 취급하는 당사자들이 준수해야 할 제반사항과 해석의 기준을 규정한 국제규칙이다. 국제무역거래의 여러 영역에서 국제무역규칙이 필요한 이유와 마찬가지로, 신용장통일규칙도 신용장 거래 관습이 서로 상이한 당사자들이 신용장 거래를 하는 과정에서 발생한 분쟁을 해결하거나 또는 분쟁을 사전적으로 예방하고 나아가 신용장 거래관습의 국제적 통일을 기하기 위하여 탄생되었다. 국제상업회의소(International Chamber of Commerce: ICC)가 1933년에 제정하였다. 이후 지금까지 6차례 개정되어 지금은 2007년에 개정되어 2007년 7월부터 발효한 제6차 신용장통일규칙이 사용되고 있다. 오늘날 전 세계 대부분 국가의 은행들이 신용장통일규칙을 채택하고 있으며, 이로 인해 오늘날 신용장 거래는 원활하게 진행될 수 있게 되었다.

(2) 신용장통일규칙의 법률적 구속력

신용장통일규칙은 민간단체인 국제상업회의소가 제정한 국제규칙이기 때문에 규칙 자체만으로는 구속력을 가지지 못하는 한계를 지니고 있다. 따라서 신용장통일규칙이 법률적 구속력을 갖기 위해서는 이 규칙을 신용장 거래의 준칙으로 하겠다는 당사자들의 합의가 있어야 한다.

실제로 신용장통일규칙 제 1 조에는 "화환신용장에 관한 통일규칙 2007
년 개정 ICC 출판번호 600은 화환신용장에 적용되는 규칙이다(이 규칙은 적
용될 수 있는 범위까지 보증신용장에도 적용된다). 신용장 내용에 그 신용장이
이 통일 규칙에 의한다고 분명히 명시되어 있을 때는 신용자에서 분명히
변경되거나 제외되지 않는 한 모든 당사자를 구속한다"고 규정되어 있다.
그러므로 신용장 거래의 당사자들은 신용장상에 "This credit is subject
to Uniform Customs and Practice for Documentary Credits, 2007
Revision, ICC Publication No. 600"이란 준거문언을 삽입하면 신용장통
일규칙은 신용장 거래에 참여하는 당사자를 구속하는 법률적 효력을 갖게
된다. 우리나라의 대법원도 신용장통일규칙은 모든 화환신용장 거래에 적
용되고 그 거래 당사자를 구속하는 것으로 인정한 판례를 갖고 있다.

(3) 신용장통일규칙의 구성

2007년에 개정된 UCP 600은 모두 39개 조항으로 구성되어 있다.

UCP 600에서 신설된 조항은 2조(정의), 3조(해석), 9조(신용장 및 변경통
지), 12조(지정), 15조(일치하는 제시), 17조(원본서류 및 사본) 등이 있고, UCP
500에서 폐지된 조항으로는 5조(신용장의 발행/변경지시), 6조(최소가능한…),
8조(취소), 12조(불완전 또는 불명료한 지시), 38조(다른 서류들) 및 기타 많은
조항이 UCP 600 내 원문으로 통합되었다.

1.4 e-UCP

e-UCP는 신용장 거래관행이 종이 신용장에서 전자적 형태의 신용장
으로 전환됨에 따라 신용장 거래에서의 새로운 가이드라인을 제공하기 위
하여 2002년 4월에 최초로 제정되었으며, 이후 2007년 7월에 1차로 개정되
어 현재는 e-UCP 1.1이 사용되고 있다. 이의 정식 명칭은 『전자적 제시를
위한 화환신용장의 통일관습 및 관행에 관한 새로운 부칙: New
Supplement to the Uniform Customs and Practice for Documentary
Credits for Electronic Presentation』이며, 명칭에서 보듯이 e-UCP는

UCP의 개정이 아니고 UCP에서 규정하고 있지 않은 전자적 제시부분을 보완하기 위해 제정된 추록이다.

적용범위는 e−UCP가 적용된다고 표시하는 경우 UCP는 자동적으로 적용되며, 이에 따라 전자신용장은 수익자가 종이서류를 제시하든 전자서류를 제시하든 선택할 수 있도록 하고 수익자가 전자서류를 제시한 경우에는 e−UCP, 종이서류를 제시한 경우에는 UCP가 적용되도록 하고 있다. 그리고 e−UCP는 12개의 조문으로 전자기록의 제시와 관련된 내용으로만 구성되어 있다.

2 추심에 의한 대금결제

2.1 정   의

추심(collection)이란 신용장이 없는 대금결제방식으로서, 수출상이 매매계약에 일치한 물품을 선적하고 준비한 운송서류에 수입상을 지급인으로 하는 환어음을 첨부하여 이를 거래은행에 추심을 의뢰하면 이 은행은 수입상의 거래은행에 다시 추심을 요청하고 최종적으로 수입상에게 운송서류와 환어음을 추심하여 대금을 결제하는 방식이다. 추심방식은 신용장처럼 은행의 지급확약 없이 수입상의 신용만으로 결제가 이루어지므로 수출상의 입장에서는 대금미회수 위험이 있는 결제방식이지만, 수입상의 입장에서는 신용장 발행에 따른 담보금의 적립과 같은 비용부담이 없기 때문에 선호되는 방식이라 할 수 있다. 따라서 추심방식에 의한 대금결제는 수출상과 수입상의 상호 신뢰를 바탕으로 한 경우에 보다 폭넓게 선택될 여지가 있다고 할 수 있다. 실제로 추심에 의한 대금결제방식은 오랜 기간 동안의 거래를 통하여 서로에 대한 신뢰가 두터운 당사자들 간의 거래, 혹은 본사와 해외지사 사이의 거래에서 많이 활용되고 있다.

2.2   추심거래의 당사자

(1) 추심의뢰인(Principal)

추심의뢰인은 거래은행에 추심을 의뢰하는 당사자인 수출상을 말하며, 동시에 환어음을 발행하기 때문에 환어음의 발행인(drawer)이기도 하다. 추심의뢰인은 추심과정에서 발생하는 은행의 모든 수수료와 비용을 부담해야 할 의무가 있다.

(2) 추심의뢰은행(Remitting Bank)

추심의뢰은행은 의뢰인인 수출상으로부터 추심을 의뢰받은 은행으로서, 대개 수출상의 거래은행이 된다. 추심의뢰은행은 추심의뢰인의 대리인으로서의 성격을 지니고 있으므로 수출상이 제시한 추심지시서(collection instruction)의 내용을 준수해야 한다. 추심의뢰은행은 수출상이 제출한 운송서류와 환어음을 수입상 소재지의 환거래은행에게 송부하면서 추심을 의뢰하게 된다.

(3) 추심은행(Collecting Bank)

추심은행은 수출지의 추심의뢰은행이 송부해 온 운송서류와 환어음을 수입상에게 제시하여 환어음 금액을 받아 추심의뢰은행에게 송금하는 은행을 말한다. 추심은행은 추심의뢰은행이 동봉한 추심지시서에 따라 행위할 뿐이며, 어음의 지급에 대해서는 아무런 책임을 지지 않는다.

(4) 제시은행(Presenting Bank)

제시은행은 표현 그대로 운송서류와 환어음을 지급인에게 제시하는 은행이다. 제시은행은 추심은행이 수입상의 거래은행인 경우와 아닌 경우에 따라 달라지는데, 전자의 경우는 추심은행이 제시은행이 되지만, 후자의 경우에는 추심은행이 추심을 위하여 수입상의 거래은행에 운송서류와 환어음을 송부하게 되고 수입상의 거래은행이 최종적으로 수입상에게 환어음을 제시하게 되어 제시은행과 추심은행이 달라지게 된다.

(5) 지급인(Drawee)

지급인은 추심지시서에 따라 추심은행으로부터 환어음의 제시를 받게 되는 자로서, 수입대금을 지급해야 할 의무가 있는 수입상이 된다.

2.3 추심방식의 거래과정

추심방식은 D/P와 D/A의 두 종류로 나뉘어진다. 이는 신용장의 종류에서 본 일람출급신용장과 기한부신용장을 구분했던 기준과 마찬가지로, 두 가지 방식의 구분은 추심거래시에 발행되는 환어음이 일람출급어음이냐 기한부어음이냐에 따라서 전자는 D/P, 후자는 D/A로 표현된다. D/P(documents against payment)는 계약에 따라 발행되는 환어음이 일람출급어음이며, 제시은행이 수입상에게 어음을 제시하였을 때 대금의 지급의무가 발생하고, D/A(documents against acceptance)인 경우에는 기한부어음이 발행되고, 제시은행이 환어음을 제시했을 때 수입상은 어음 인수를 한 다음에 약정된 만기일에 가서 어음대금을 지급하면 된다. 수출상

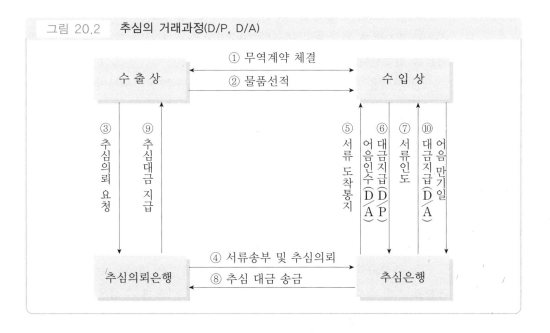

그림 20.2 추심의 거래과정(D/P, D/A)

의 입장에서 보면 D/A는 외상거래인 셈이다. 그러므로 추심거래의 결제과
정을 이해하기 위해서는 먼저 이들 양자의 차이를 인식하고 있어야 한다.

① 수출상과 수입상은 추심방식에 의해 대금을 결제하기로 하는 매매
계약을 체결한다.

② 수출상은 약정된 선적기일 내에 물품을 선적하고 필요한 운송서류
를 정비한다.

③ 수출상은 관련 운송서류와 함께 환어음을 발행하여 자신의 거래은
행인 추심의뢰은행에 제시하여 추심을 해 주도록 요청한다. 이때 수출상이
발행하는 환어음이 일람출급어음이면 D/P가 되고 기한부어음이면 D/A가
된다.

④ 추심의뢰은행은 추심에 필요한 모든 지시사항을 기재한 추심의뢰서
를 작성하여 수출상의 환어음·운송서류를 함께 수입상의 거래은행인 추심
은행에 송부하여 수입상 앞으로 추심을 의뢰한다.

⑤ 추심은행은 추심서류가 도착하면 환어음의 지급인인 수입상에게 즉
시 서류도착통지서를 송부하고 대금지급을 요청하거나(D/P), 환어음의 인
수를 위하여 제시한다(D/A).

⑥ 수입상은 추심은행으로부터 제시받은 환어음의 대금을 지급하거나
(D/P), 제시받은 환어음의 이면에 'accept'라는 표시와 함께 배서하고 환
어음을 인수한다(D/A).

⑦ 환어음 대금을 받거나 또는 환어음의 인수가 이루어지면 추심은행
은 운송서류를 수입상에게 인도한다. 그러면 수입상은 받은 운송서류를 통
해서 화물을 인수하고 수입통관을 이행한 다음 화물을 임의로 처분할 수
있게 된다. D/A의 경우 수입상은 화물을 처분한 자금으로 환어음 만기일
에 대금을 추심은행에 지급한다.

⑧ 추심은행은 추심의뢰은행에게 수입상으로부터 수령한 환어음 대금
을 송금하거나(D/P), 인수확약서를 먼저 보내고 만기일에 대금을 수입상으
로부터 받으면 이를 추심의뢰은행에 송금하게 된다(D/A).

⑨ 추심의뢰은행은 추심은행으로부터 송금받은 대금을 수출상에게 지
급함으로써 수출상은 대금을 회수하게 되며, 이로써 추심에 의한 D/P,

D/A의 결제과정은 종료하게 된다.

3 송금에 의한 대금결제

3.1 정   의

송금방식에 의한 대금결제란 수입상이 자신의 대금지급의무를 물품의 인수 전이나 후에 대금의 전액을 송금하거나 또는 수출상이 물품 또는 서류를 인도할 때 수입상이 대금을 송금하는 방식이다.

송금방식에 의한 대금의 결제는 송금 시기를 언제로 하는가에 따라 수출상과 수입상의 이해관계가 극명하게 달라지게 된다. 즉 사전송금은 수출상에게는 유리하지만 수입상은 물품을 인수받지 못할 위험이 있으며, 반대로 사후송금은 수입상에게는 유리하지만 수출상은 대금 미회수 위험에 노출되게 된다. 이런 특성으로 인하여 송금방식은 보편적인 무역대금결제방식으로 채택되어 오지 못하였다.

그러나 국제무역거래를 둘러싼 환경의 변화는 송금방식의 위상을 바꾸어 놓았다. 즉 전자상거래의 활성화는 무역거래 대금 규모의 축소를 불러왔고, 우리나라의 경우 1997년의 IMF로 인하여 개인들이 무역업을 창업하면서 소액의 무역거래가 빈번하게 되었으며, 기업들의 활발한 해외활동으로 인하여 해외자회사나 지점이 본사와 거래하게 되는 기회가 많아지면서 대금 회수의 불안이 없는 무역거래로 성격이 변화하였다. 이들 변화의 특징은 신용위험이 감소하였거나 소액의 무역거래가 급증하였다는 점이다. 따라서 신용위험이 없어진 본·지사간 거래뿐만 아니라 소액결제에 다소의 위험부담이 있기는 하지만, 간편하고 비용부담도 적은 송금방식을 선호하게 된 것은 자연스런 현상이다. 그러므로 대금결제방식으로서 송금의 비중이 점차 확대되고 있다고 할 수 있다.

3.2 송금거래의 당사자

송금이란 무역거래 대금의 채무자인 수입상이 현금이나 수표, 어음 등을 은행을 통하여 채권자인 수출상에게 송금하는 것이다. 그러므로 송금거래에는 수출상과 수입상, 그리고 수입상의 송금의뢰를 받아 수출상의 거래은행에 송금서비스를 제공하는 송금은행과 송금을 받아 수출상에게 전달하는 수출상 거래은행인 지급은행의 네 참여자가 있다.

3.3 송금결제방식의 종류

(1) 결제시기에 따른 분류

① 사전송금방식(Advance Remittance)

이는 수입상이 물품이나 운송서류의 인도 전에 은행을 통하여 수출상에게 대금을 송금하여 지급하는 방식으로 단순송금방식이라고도 한다. 사전송금방식은 수입상에게 자금부담과 위험이 따른다.

② 사후송금방식(Later Remittance)

이는 수출상이 물품을 선적하고 난 후 수입상이 물품이나 운송서류를 인수한 후 대금을 은행을 통하여 수출상에게 지급하는 방식이다. 이 방식은 수출상이 물품 제공 후 수출대금을 받지 못하게 될 위험이 있다.

③ 동시지급방식

동시지급방식에는 운송서류를 인도하면서 대금을 받는 방식과 물품을 제공하면서 대금을 받는 방식의 두 가지가 있다. 서류인도결제방식(Cash against Documents: CAD)은 수출상이 물품을 선적하고 이를 증명하는 제반 운송서류를 거래은행을 통하거나 직접 수입상에게 제시하면 수입상은 운송서류와 상환으로 대금을 지급하는 방식이다. 그리고 물품인도결제방식(Cash on Delivery: COD)은 수출상이 물품을 선적하여 수입국에 있는 자신의 지사나 대리인에게 물품을 송부하면 수입상이 물품의 품질 등을 검사한 후 물품과 상환으로 대금을 지급하는 방식이다. 이 방식은 수입상이 대금을 지급하기 이전에 직접 물품의 상태나 품질을 검사할 수 있다는 장점이 있다.

(2) 송금수단에 따른 분류

이는 수입상이 수출상에게 대금의 상환을 위하여 송금할 때 이용하는 수단이 무엇인가에 따라 송금수표방식, 우편송금환방식, 전신송금환방식으로 나누어진다.

① 송금수표방식(Demand Draft: D/D)

이는 은행이 송금수표를 발행하여 송금인에게 교부하고 송금인은 수취인에게 이를 송부하면 수취인은 이를 지급은행에 제시하여 대금을 찾는 방식이다.

② 우편송금환방식(Mail Transfer: M/T)

송금의뢰를 받은 은행이 송금수표를 의뢰인에게 교부하는 대신에, 일정금액을 수취인에게 지급하여 줄 것을 지급은행 앞으로 지시하는 지급지시서(payment order)를 작성하여 이를 지급은행에 직접 우편으로 지시하여 대금을 회수하도록 하는 방식이다. 그러나 이 방식은 지급지시서의 송부과정에서 분실이나 도난의 위험이 있다.

③ 전신송금환방식(Telegraphic Transfer: T/T)

이는 수입상의 요청에 따라 송금은행이 지급은행에 대하여 일정한 금액을 지급하여 줄 것을 위탁하는 지급지시서를 전신환의 형식으로 발행하여 이를 송금은행이 직접 지급은행 앞으로 전송하는 방식이다. 이 방식은 송금과정이 분실이나 도난의 위험이 없으며 또한 신속하게 처리되므로 환율변동에 따른 손해발생의 위험도 줄어든다. 그러므로 신속을 요구하는 경우나 비교적 큰 금액을 송금하는 경우에 적합하다.

3.4 송금방식의 거래과정

송금방식에 따른 거래과정은 어떤 송금수단을 선택하더라도 큰 차이는 없다. 즉, 처리과정은 동일하지만 송금시 사용하는 수단에 따라 시간과 비용면에서 차이가 있을 뿐이다. 따라서 이하에서는 오늘날 널리 활용되고 있는 전신송금환방식으로 사후 송금하는 경우를 가정하여 설명한다.

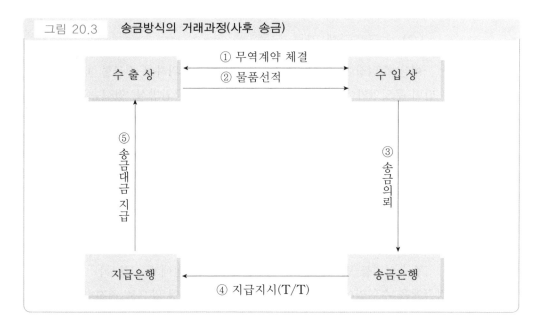

그림 20.3　송금방식의 거래과정(사후 송금)

① 수출상과 수입상은 무역계약에서 대금은 T/T방식으로 결제하기로 약정한다.

② 수출상은 수입상에게 물품을 선적하여 발송한다.

③ 수입상은 거래은행인 송금은행에 T/T방식으로 송금을 의뢰한다.

④ 송금은행은 환거래계약이 체결된 지급은행에게 지급지시서를 전신으로 보낸다.

⑤ 수출상은 지급은행에 지급청구를 하여 대금을 지급받거나 또는 지급은행의 송금도착 통지에 의하여 대금을 지급받는다.

⑥ 수입상은 매도인이 선적한 물품을 수령함으로써 거래는 종료된다.

4 　기타의 결제방식

4.1　국제팩토링

국제팩토링(factoring)이란 전 세계 팩터(factor)의 회원망을 통하여 수입상의 신용을 바탕으로 이루어지는 무신용장방식의 새로운 무역대금결제 방식이다. 국제팩토링방식에는 수출상과 수입상, 그리고 수출국 팩터와 수입국 팩터의 네 참여자가 등장하게 된다.

수출국의 팩터는 수출상을 위하여 신용조사, 신용위험의 인수, 금융제공, 수출채권과 관련된 대금회수를 보장하고 회수업무에 따른 장부 기장 등의 회계업무와 전도금융에 이르기까지 제반 서비스를 제공한다. 수입국의 팩터는 수입상에게 신용을 공여해 줌으로써 해외의 수출상으로부터 신용으로 상품을 구매하는 것을 가능하게 한다. 국제팩토링을 이용하면, 수출상은 대금 미회수 위험을 감소시킬 수 있으며 동시에 전도금융을 이용할 수 있고 수입상은 건별로 신용장을 발행하지 않고도 수입팩터의 지급보증 한도 내에서 포괄적인 신용구매가 가능하다.

4.2 포 피 팅

포피팅(forfeiting)이란 국제상거래에서 일반적으로 5년 만기의 약속어음이나 환어음의 할인으로써, 수출거래에 따른 환어음이나 약속어음을 소구권 없이(without recourse) 고정이자율로 할인하는 금융결제방식을 말한다. 포피팅에는 수출상과 수입상 그리고 포피터(forfeiter)와 보증은행이 당사자로 등장한다. 포피터는 중장기어음을 할인 매입하는 은행이며, 보증은행은 수입상을 위하여 지급을 보증하는 어음보증 또는 지급보증서를 발행하는 은행이다. 포피팅을 이용하게 되면 수출상은 중장기채권을 상환청구의 부담 없이 할인을 통하여 자금화할 수 있으며 동시에 대금회수불능의 위험에서 벗어날 수 있다.

한편 위의 국제팩토링과 포피팅은 수출상에 대한 소구권이 없고 또한 할인선지급 방식인 점에서 유사하지만, 포피팅이 통상 1년 이상 5년 미만의 중장기 금융인 반면 팩토링은 180일 이내의 단기금융이다. 또한 포피팅은 보통 수입상이 발행한 약속어음을 할인하고 정치적·국가적 대금지급의 위험 등을 모두 커버하지만, 팩토링은 수입상의 신용위험만을 커버할 뿐이다.

4.3   전자적 결제방식

전통적 무역에서의 대금결제는 선화증권, 상업송장, 보험증권 등과 같은 상업서류의 이전을 통하여 대금을 지급하는 관행을 오랫동안 유지해 왔으며, 그 결과 신용장을 비롯하여 D/P, D/A 등의 결제방식이 주로 이용되어 왔다. 그러나 무역의 전자화와 더불어 대금결제방식을 전자화하려는 시도도 다양하게 전개되고 있다.

현재 무역결제방식의 전자화와 관련한 시도는 크게 두 가지의 방향으로 전개되고 있다. 하나는 전자신용장이며 또 다른 하나는 다양한 전자적 결제방식의 도입이다.

먼저 전자신용장은 종이신용장 방식의 사용에 따른 제반 문제점 그리고 신용장 거래원칙 상의 문제점 등을 신용장의 전자화를 통해 경감하고자 하려는 시도라 할 수 있다. 그러므로 전자신용장을 이용하게 되면, 신용장 업무의 전자화와 함께 대금회수와 관련된 서류의 전자적 제시가 가능해 지며, 대금 지급도 전자자금 이체를 통해 가능하게 될 것이다. 특히 그동안 종이 신용장을 이용했을 때 나타났던 서류 심사 과정에서의 불확실성이 서류심사 작업의 자동화로 인해 사라지게 될 것이란 점이 가장 의미있는 변화라 할 수 있다. 현재 대부분의 국내은행들은 기업인터넷뱅킹 형태로 신용장관련 서비스를 제공하고 있으며, 나아가 신용장 업무뿐 아니라 기타의 수출입관련 서비스도 함께 제공하고 있다.

또 다른 한편으로의 변화는 다양한 전자적 결제방식의 도입인데, 여기에는 SWIFT.net의 e—PayementPlus, Boloro.ent의 SURF, 그리고 세계무역센터협회(WTCA)의 Tradecard System 등이 있다.

먼저 e—PayementPlus는 세계금융결제망인 SWIFT가 금융기관이 아닌 일반 기업도 SWIFT의 회원이 될 수 있도록 허용하기 위해 SWIFT.net을 개발하였으며, SWIFT.net은 은행과 기업들이 TrustAct를 통해 온라인 메시지를 인증하게 함으로써 TrustAct를 기반으로 한 e—paymentPlus를 개발하였다. 이는 인터넷 상에서 안전하게 구매 또는 무역거래를 할 수 있도록 하는 전자무역 결제솔루션으로 대금결제와 관련된 업무를 은행과 연동하여 자동으로 처리하게 된다.

SURF는 SWIFT와 TT Club(일관운송상호보험협회)이 연합하여 결성한 Bolero.net이 만든 시스템으로, SURF(Settlement Utility for managing Risk and Finance)는 Bolero.net의 Core Messaging Platform에서 제공되는 서비스를 이용하여 무역서류를 자동으로 점검하고 서류 결재와 관련된 일련의 흐름을 관리하는 시스템이다. 따라서 기업이 물품의 발주와 대금결제에 이르기까지의 전 과정을 인터넷 상에서 수행할 수 있으며, 참여 은행과 거래 기업은 수수료를 지급하고 정보의 공유와 거래의 전 과정에 이르기까지 통일된 순서에 따라 업무를 수행하게 된다.

마지막으로 세계무역센터협회인 WTCA가 주도하여 도입한 무역결제용 온라인 카드솔루션인 TradeCard는 무역거래 당사자가 인터넷 상에서 무역거래를 수행하고 대금을 결제할 수 있는 B2B 전자상거래를 위한 인프라로서, 전용 네트워크를 통해 수출입의 전 과정을 자동화한 서비스이다. 따라서 수출상과 수입상은 무역계약을 전자적 방식으로 체결하고 관련 서류의 작성 및 처리 등과 같은 계약 이행을 전자적 방식으로 점검하게 됨에 따라 완벽하게 온라인 거래가 가능하게 된다. 또한 서류 일치 여부를 자동으로 점검하는 검색 프로그램이 있으며, 전체 거래의 진행 상황을 실시간으로 추적하는 것이 가능함에 따라 분쟁 발생 시 책임소재를 명확하게 할 수 있다.

주요용어

신용장

신용장의 독립 · 추상성

화환신용장

신용장통일규칙

D/A · D/P

송금

국제팩토링

포피팅

e-PaymentPlus

볼레로 프로젝트

트레이드 카드시스템

연습문제

1. 신용장의 거래참여자들은 무엇을 거래대상으로 삼는가?

2. 화환신용장과 무화환신용장의 가장 큰 차이점은 무엇인가?

3. 신용장통일규칙의 법률적 구속력은 어떻게 해야 발생하는가?

4. D/A와 D/P의 차이는 왜 발생하는가?

5. 오늘날 송금방식의 사용이 증가하는 원인은 무엇인가?

6. 신용장방식의 대용으로 나타난 전자무역결제방식은 무엇인가?

제21장
무역클레임과 중재

개 요

무역클레임이란 매매계약의 한 당사자가 계약이행을 하지 않음으로써 손해를 입은 다른 당사자가 권리회복이나 손해배상을 청구하는 것을 말한다. 무역클레임의 해결방법으로는 여러 가지가 있지만, 그 중 중재가 가장 많이 이용되고 있다.

1 무역클레임

1.1 무역클레임의 의의

무역클레임(claim)이란 매매계약의 한 당사자가 계약이행을 하지 않음으로써 손해를 입은 다른 당사자가 권리회복이나 손해배상을 청구하는 것을 말한다.

이 무역클레임에는 매도인이 매수인에게 제기하는 매도인 클레임(seller's claim)과 매수인이 매도인에게 제기하는 매수인 클레임(buyer's claim)이 있는데, 일반적으로 무역클레임이라고 하면 매수인 클레임(buyer's claim)을 의미한다.

무역클레임의 발생 원인으로는 다음과 같은 것을 생각할 수 있다.

㉠ 품질불량(inferior quality)

㉡ 규격상이(different quality)

㉢ 수량부족(shortage)

㉣ 파손(breakage)

ⓜ 선적지연(delayed shipment)

ⓗ 선적불이행(non-delivery)

ⓢ 포장불량(incomplete packing)

ⓞ 수입법규위반(illegal shipment)

1.2   무역클레임 해결방법

무역클레임이 발생되면 당사자간의 타협에 의해 우호적으로 해결하는 것이 바람직하나 그렇지 못할 경우에는 제3자를 통하여 알선, 조정, 중재, 소송을 통해 해결하게 된다.

(1) 매매당사자간 해결방법

① 클레임의 포기(waiver of claim)

클레임 청구액이 소액인 경우 또는 장기적인 안목에서 피해자가 일방적으로 클레임을 철회하는 것을 말한다

② 타협(comprise) 또는 화해(amicable settlement)

당사자간의 대화로 클레임을 해결하는 방법으로, 클레임 해결방법으로서 가장 바람직한 것이며, 대부분의 클레임은 이 방법으로 해결된다.

(2) 제3자를 통한 해결방법

① 알선(intermediation; intercession)

상공회의소 또는 대한상사중재원과 같은 공정한 제3자가 당사자 일방 내지 쌍방의 의뢰에 의해 클레임 해결을 위한 조언을 해 주는 방법이다. 알선은 법적 강제력이 없으므로, 당사자는 제3자의 알선에 응할 의무가 없고 거부할 수 있다. 알선이 조정이나 중재와 다른 점은 당사자의 합의와 같은 형식적인 절차를 요하지 않고, 일방 당사자의 의뢰에 의해서도 가능하다는 점이다.

② 조정(mediation; conciliation)

양 당사자의 조정부탁 합의에 의거하여 양 당사자가 공정한 제3자를 조정인(conciliator)으로 선정하고, 조정인이 제시하는 조정안에 합의함으로써 클레임을 해결하는 방법이다. 그러나 조정안은 구속력이 없기 때문에

당사자의 일방이 거부하면 조정은 실패로 끝난다.

③ 중재(arbitration)

당사자간의 분쟁을 재판에 의하지 않고 당사자의 합의(중재합의)에 의거하여 제3자를 중재인(arbitrator)으로 선정하여, 그 중재인이 내린 판정에 복종함으로써 분쟁을 해결하는 사적인 분쟁해결제도이다.

④ 소송(litigation; suit)

국가기관인 법원의 판결에 의해 클레임을 강제적으로 해결하는 방법이다. 법원에 제소하기 위해서는 조정이나 중재처럼 상대방의 동의를 얻을 필요 없이 일방적으로 할 수 있다. 그러나 일단 중재에 회부된 클레임은 제소할 수 없다.

소송에 의한 해결방법은 자국에서 소송을 제기하는 "자국지주의"에 의한 판결과 집행에는 문제가 많기 때문에 일반적으로 피고 소재지의 법원에 기소하는 "피고지주의"로 국제상사분쟁을 해결하는 것이 최선의 방법이다.

2 중　재

2.1 중재의 의의

중재란 분쟁당사자 간의 합의(또는 중재계약)에 따라 분쟁을 법원의 판결에 의하지 아니하고 민간인인 제3자를 중재인으로 선정하여 그 중재인의 판정에 맡기는 동시에 그 판정에 복종함으로써 분쟁을 해결하는 자주법정제도이다.

2.2 중재의 장점과 단점[1]

(1) 중재의 장점

① 단심제(single trial system)

중재판정은 당사자간에 있어서는 법원의 확정판결과 동일한 효력을 가

---

1) 한주섭 외, 「국제상사중재론」(1997), 동성사, pp. 28~32.

진다. 다시 말하면 소송처럼 2심 또는 3심 등 항소절차가 없다.

② 신속성(speediness)

중재는 단심제이므로 신속한 분쟁해결을 꾀할 수 있다.

③ 저렴성(low cost)

중재는 분쟁을 신속히 해결하고 단심제이므로 소송보다 비용이 저렴하다.

④ 비공개성(confidentiality)

중재는 비공개로 사업의 내용과 경영상의 기밀이 누출되는 폐단을 방지할 수 있으므로 대외신용의 계속적인 유지가 보장된다.

⑤ 전문성(expertness)

거래실정에 적합한 전문가를 중재인으로 선정할 수 있다.

⑥ 우의성(友誼性)(amicability)

당사자들은 우호적인 분위기에서 중재를 받을 수 있고, 최종판정 이전에 화해할 수도 있으며, 판정 후에도 계속적인 거래관계를 원활히 유지할 수 있다.

⑦ 비형식성 · 탄력성

당사자는 합의에 의해 절차를 정할 수 있다. 나아가 심리장소와 시간도 자유로이 정할 수 있다. 뿐만 아니라 판정기준에 대해서도 중재는 반드시 법에 의한 판단일 필요는 없고 당사자가 원하면 관습법이나 거래관행에 의할 수도 있으며, 나아가 선과 형평에 따르는 것도 허용된다.

⑧ 국 제 성

중재판정은 뉴욕협약에 따라 외국에서도 그 승인 및 집행이 보장된다.

⑨ 평화적 분위기

중재는 상호교섭과 평화스러운 분위기 속에서 진행된다.

(2) 중재의 단점

① 법률문제

중재인이 법률전문가가 아닌 경우는 법적 타당성에 의문이 제기될 수 있다.

② 법적 안정성과 예측가능성의 결여

중재는 비공개이므로 선례를 규범으로 할 수 없고, 똑같은 사건도 중재인이 다름에 따라 각각 다른 판정이 내려질 가능성이 있으므로 법적 안정성과 예측가능성이 결여되어 있다고 할 수 있다.

③ 중재인의 대리인 의식

선정된 중재인이 당사자의 대리인으로서 당사자의 이익을 보호하려는 경향이 있다.

④ 상소제도의 결여

중재에 있어서는 판정을 취소할 만한 중대한 결함이 없는 한, 판정에 대한 불복신청이 인정되지 아니한다.

⑤ 양 당사자의 주장을 절충

중재인은 가끔 안일한 절충주의에 의해 판정을 내리는 경우가 있다.

2.3 중재합의(또는 계약)

분쟁을 중재에 의하여 해결하기로 하는 합의를 중재합의(仲裁合意) 또는 중재계약(仲裁契約)이라고 한다.

(1) 방   식

중재법 제2조 제2항에서 "중재계약은 당사자가 중재를 합의한 서면에 기명·날인한 것이거나, 계약 중에 중재조항(arbitration clause)이 기재되어 있거나 교환된 서신 또는 전보에 중재조항이 기재된 것이어야 한다."는 내용으로 규정되어 있어 중재합의의 서면주의를 명문화하고 있다.

중재합의는 중재의 대상이 되는 분쟁이 발생하기 전에 매매계약서에 미리 중재조항을 삽입하여 장래 발생할지도 모르는 분쟁을 중재에 의하여 해결할 것을 합의하는 "사전중재합의"의 방식과, 이미 발생한 분쟁을 당사자가 중재에 의하여 해결할 것을 합의하는 사후중재합의인 "중재부탁합의"방식이 있다.

그러나 분쟁이 발생한 후에 당사자간에 합의하는 것은 사실상 힘들기 때문에 매매계약서에 미리 중재조항을 삽입하는 사전중재합의방식이 바람직하다.

(2) 내   용

중재합의를 체결할 때에는 중재를 행할 중재지, 중재기관 및 적용할 준거법 등을 정확하게 명시하여야 한다.

(3) 중재합의의 실제

대한상사중재원에서 권고하는 '표준중재조항'(Standard Arbitration Clause)은 다음과 같다.

"All disputes, controversies, or differences which may arise between the parties, out of or in relation to or in connection with this contract, or for the breach thereof, shall be finally settled by arbitration in Seoul, Korea in accordance with the Commercial Arbitration Rules of the Korean Commercial Arbitration Board and under the Laws of Korea. The award rendered by the arbitrator{s} shall be final and binding upon both parties concerned."

"이 계약으로부터 또는 이 계약과 관련하여 또는 이 계약의 불이행으로 말미암아 당사자간에 발생하는 모든 분쟁, 논쟁 또는 의견차이는 대한민국 서울특별시에서 대한상사중재원의 상사중재규칙 및 대한민국법에 따라 중재에 의하여 최종적으로 해결한다. 중재인(들)에 의하여 내려지는 판정은 최종적인 것으로 당사자 쌍방에 대하여 구속력을 가진다."

2.4 중재절차

중재절차는 중재사건이 접수되어 판정이 내려질 때까지의 모든 절차를 의미하며, 당사자간의 중재합의로 정할 수 있으나 당사자의 합의가 없는 경우에는 중재판정부가 이 법의 규정에 따라 적절한 방식으로 중재절차를 진행할 수 있다.

그림 21.1 **중재절차의 진행과정**

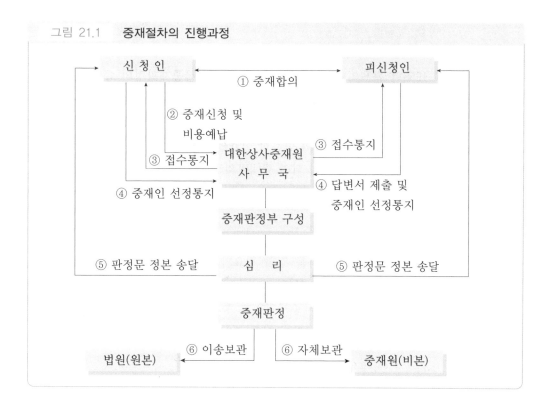

2.5 중재에 관한 국제조약

중재에 관한 국제조약은 다음과 같다.

(1) 제네바의정서

1923년의 중재에 관한 최초의 다수국간 조약이며, 정식으로는 「중재조항에 관한 의정서」(Protocol on Arbitration Clauses)로 불린다.

(2) 제네바조약

1927년에 서명된 「외국중재판정의 집행에 관한 조약」(Convention on the Execution of Foreign Arbitration Awards)이며, 자국 영역 내에서 행해진 중재판정의 집행을 확보하는 약속을 함에 그친 제네바의정서보다 일보 전진하여 외국에서 행해진 중재판정의 승인 및 집행을 보증하려는 조약이다.

(3) 뉴욕협약

1958년 뉴욕의 UN 본부에서 체결된 「외국중재판정의 승인 및 집행에 관한 유엔조약」(The United nations Convention on the Recognition and Enforcement of Foreign Arbitral Awards)으로, 제네바조약의 중재판정 승인 및 집행요건이 복잡하여 충분한 실효를 거두지 못한 것을 수정했다.

뉴욕협약의 가맹국이 되면 제네바의정서 및 제네바조약은 효력이 상실된다.

(4) UNCITRAL 중재규칙(UNCITRAL Arbitration Rules)

계약시마다 중재절차를 정할 필요가 있는 임시(ad hoc arbitration) 중재에 이용될 것을 염두에 두고 1976년 제정되었다. 현실적으로는 런던중재법원, 미국중재협회, 상사중재위원회 등 많은 상설중재기관이 이 규칙에 필요한 조항을 추가ㆍ수정하여 이를 중재규칙으로 하고 있다.

(5) UNCITRAL 모델법(UNCITRAL Model Law of International Commer-cial Arbitration)

1985년에 채택된 이 모델법은 각국이 국제중재에 관한 국내법으로 채택할 것을 기대하여, 세계적인 중재법의 통일을 도모하려는 것으로 대부분의 나라에서 이를 그대로 또는 약간의 수정을 가하여 사용하고 있다.

주요용어

무역클레임(trade claim)

알선(intermediation; intercession)

조정(mediation; conciliation)

중재(arbitration)

소송(litigation)

중재합의[계약](arbitration agreement)

중재판정(arbitral award)

표준중재조항(standard arbitration clause)

뉴욕협약(New York Convention)

연습문제

1. 무역클레임의 해결방법에 대하여 설명하시오.

2. 중재의 장점과 단점에 대하여 설명하시오.

3. 중재합의의 방식에 대하여 설명하시오.

4. 중재절차에 대하여 설명하시오.

제22장
전자무역의 이해

 개 요

미래의 무역은 대부분 전자무역에 의해서 수행될 가능성이 높으며, 전자무역 수행정도가 국가의 경쟁력을 좌우하는 척도가 될 것이다.

전자무역(u-trade)이란 무역의 전 과정 또는 일부를 인터넷이나 전자자료교환 등 각종 정보기술을 이용하여 전자적으로 처리함으로써 시간과 공간의 제약 없이 무역업무를 보다 신속·정확하게 그리고 경제적으로 수행하는 무역거래방식으로 정의할 수 있다. 무역을 전자적으로 수행하게 되면 제품과 서비스의 수출입에 관련된 전통적인 무역프로세스에서 발생하는 방대한 정보를 전자적 방식으로 교환함으로써 무역절차를 획기적으로 개선함과 동시에 마케팅 활동과 무역업무의 효율성을 극대화할 수 있다.

1 전자무역의 등장

오늘날 우리가 사용하는 전자무역의 개념과는 다소 차이가 있지만, 1989년 7월에 개최되었던 '국가전산화 확대회의'에서 무역자동화에 관한 논의를 시작한 것이 전자무역에 관한 최초의 시도였으며, 1992년 3월 한국무역협회에 의하여 무역자동화 전담회사인 한국무역정보통신(KTNET)이 설립되면서 본격화되었다. 무역자동화란 종이서류 대신 EDI(electronic data interchange: 전자자료교환)방식에 의해서 컴퓨터로 빠르고 간편하게 무역업무를 처리하는 것을 말하는 것으로, 수출입에 관련된 각종의 행정·상업서류들을 컴퓨터가 읽을 수 있는 표준화된 전자문서로 바꾸어 컴퓨터로 주고받음으로써 궁극적으로는 종이서류 없는 무역(paperless trade)을 실현하는 것을 의미한다. 그러나 EDI방식에 의한 무역자동화는 폐쇄형 네트워크이기 때문에 모든 무역업자들이 이용하는 데는 한계가 있었다. 따라서 개방형 네트워크인 인터넷은 이런 문제를 해결하는 데 적절한 수단을 제공해 주었다고 할 수 있다. 현재의 전자무역시스템하에서는 모든 무역업자들은 국내 대부분의 무역유관기관과 정부 그리고 외국의 무역상이나 유관기관, 정부와도 인터넷으로 연결되어 시간과 공간의 제약 없이 무역을 수행할 수 있게 되었다.

한편, 컴퓨터관련기술과 정보통신기술의 눈부신 발전에 따라 우리나라를 포함하여 전 세계 주요국들은 향후 전자무역 수행능력이 자국의 국가경쟁력에 절대적인 영향을 미칠 것이란 판단 아래 다양한 노력을 전개하고 있다. 특히 우리나라의 경우 전자무역을 우리 경제의 중추산업인 무역의 구조적 혁신을 통해 국가경쟁력을 획기적으로 증대시킬 수 있는 국가핵심 전략산업으로 설정하고 있다. 즉, 전자무역이 단순히 거래방식의 변화가 아니라 전통적인 무역산업을 포함한 국민경제 구조와 프로세스의 혁신을 포함하는 혁명적인 변화를 내포하고 있으므로 한국무역이 안고 있는 여러 문제를 근본적으로 해결할 수 있는 기회를 제공할 것으로 판단하고 있다.

2 전자무역의 특징

전자무역의 특징을 전통적 무역과의 차이라는 관점에서 살펴보면 다음과 같다.

2.1 시·공간적 제약의 소멸

인터넷 등을 이용하여 사이버공간에서 거래상대방과의 만남이 이루어지므로 상대방의 국적이나 지역 등에 의한 제한을 전혀 받지 않게 되며, 또한 물리적 점포의 개념이 사라지게 되므로 시간적·공간적 제약을 받지 않게 된다.

2.2 거래대상지역의 글로벌화

개방형 네트워크인 인터넷은 정보에 대한 접근의 제한이 없어짐에 따라 세계 어느 곳에 소재하는 기업이나 개인도 거래의 당사자가 될 수 있으며, 따라서 정보와 인력, 그리고 자본의 부족으로 인하여 거래대상지역이 1-2곳에 지나지 않았던 전통적 무역과는 큰 차이를 나타내고 있다. 또한 자유로운 정보의 유통과 필요한 정보의 획득이 용이해지기 때문에 재화와 서비스의 가격결정에 철저한 시장원리가 적용됨에 따라 가격이 하나로 통합되는 경향이 있다.

2.3 전문화된 중소기업에 대한 성장기회의 제공

전통적인 무역에서는 중소기업이 무역에서 성공하기 위해서는 극복해야 할 장애가 너무도 많았다. 예컨대 인력이나 재원, 그리고 홍보와 정보 획득 등의 면에서 해외를 상대로 무역을 전개하기가 쉽지만은 않았다. 그러나 전자무역에서의 성공은 기업의 규모나 자본력 등에 의존적이라기보다는 제품과 서비스의 경쟁력, 소비자 욕구에 대한 신속하고도 적절한 대응 등의 요인에 훨씬 더 의존적이다. 그런데 이런 요인들은 중소기업들도 충분히 경쟁력을 가질 수 있는 분야이면서 동시에 중소기업이 오히려 더 큰 성장의 기회를 가질 수 있는 무역환경이라 할 수 있다.

2.4 인터넷을 통한 무역절차별 효율성의 제고

(1) 서류작업의 전자화

전통적인 무역거래는 무역절차별로 많은 시간과 비용을 필요로 하는 관행을 발전시켜 왔다. 즉, 무역계약 이행의 전 과정에서 필요한 모든 정보를 서류를 통해 수수하는 관행을 유지해 왔던 것이다. 그러나 전자무역의 도입은 이런 관행을 획기적으로 개선할 수 있는 여건을 제공해 주고 있다.

따라서, 전자무역에서는 이런 모든 정보들을 전자적으로 주고 받게 됨으로써 물리적 서류의 작성이나 송달과 같은 행위들이 없어지게 되어 많은 시간과 비용을 절감하고 무역거래 과정에서의 효율성이 크게 제고되었다.

(2) 무역마케팅

전통적 무역에서는 막대한 자금과 조직, 인력을 갖춘 거대기업만이 글로벌 마케팅이 가능하였다. 그러나 전자무역에서는 인터넷으로 연결된 글로벌 네트워크를 사용함으로써 저렴한 비용으로 무역마케팅활동이 가능하게 되었다. 따라서 현재는 중소기업들도 회사 및 제품의 홍보를 위한 웹사이트의 구축, 무역거래 알선사이트를 통한 전자카탈로그의 제작 및 게재, 오퍼의 게재, 웹프로모션을 통한 무역마케팅활동을 전개하고 있다. 결과적으로 전자무역은 중소기업도 전 세계를 대상으로 한 글로벌 마케팅활동을 전개하는 것이 가능하게 하였다.

(3) 무역대금결제

전통적인 무역결제방식은 신용장이었다. 그러나 신용장은 많은 장점과 함께 과다한 시간부담과 고비용의 문제를 동시에 지니고 있었다. 그러나 전자신용장과 e-Nego 시스템 등을 통하여 신용장 제도의 많은 문제점을 해결할 수 있게 되었다. 또한 신용장을 사용하지 않고 무역 대금을 결제할 수 있는 Tradecard System이나 Bolero System 등과 같은 전자적 결제 시스템도 활용되고 있다.

(4) 무역물류

물류업무도 전통적 무역에서와는 달리 인터넷으로 일괄 지원하는 시스템이 운영되고 있다. 아울러 물류정보 제공을 위한 인터넷 서비스와 물류운임의 정산을 자동화한 서비스도 제공되고 있다. 이들 서비스들은 수출입물류와 관련된 업무의 일괄처리가 가능하고 시스템의 전 과정이 웹베이스로 진행되므로 시간과 공간의 제약 없이 업무를 수행하는 것이 가능하다.

2.5 거래의 비대면화

전통적인 무역에서는 거래 당사자들이 서로 만나기도 하고 또한 바이어들이 수입할 제품을 직접 확인하기 위하여 수출업자를 찾기도 하는 등 비교적 얼굴을 맞대고(face to face) 상담과 계약을 진행시키는 사례들이 적지 않았다. 그러나 전자무역하에서는 전자적 방식으로 신속하게 거래를 진행시키는 것이 전자무역의 장점을 잘 활용하는 것이 되기 때문에 수출입거래의 당사자들이 서로 만나거나 얼굴을 보면서 거래를 진행시켜야 할 필요성이 점차 감소하게 된다.

3 전자무역에 관한 정부 정책

3.1 정부 정책 개요

우리나라 정부는 무역업계의 수출 경쟁력 강화를 위하여 한국의 전자무역을 지속적으로 발전시켜 왔으며, 이런 과정을 통해 국내 무역업자를 비롯하여 은행, 보험사, 관세사, 선사, 항공사, 보세창고와 무역유관기관을 연계한 세계 최고의 무역커뮤니티를 구축하였고, 875종에 달하는 B2B, B2G부분의 무역업무와 관련된 문서를 전자화화여 연간 3억 4천만건을 전자적으로 처리함으로써 약 6조원의 경제적 효과를 창출하고 있다.

3.2 추진배경

전자무역은 무역 거래의 일부 또는 전부가 전자적인 방식으로 처리되는 거래를 말하는 것으로 우리나라는 1991년부터 EDI를 기반으로 하여 전자무역시스템의 구축을 추진하여 왔다. 이후 21세기에 접어들면서 인터넷의 확산과 같은 IT 환경변화에 대응하고 무한한 글로벌 경쟁에 적극적으로 대처할 뿐만 아니라 지속적으으로 무역규모를 확대하기 위하여 무역프로세스를 근본적으로 혁신시킬 수 있는 전자무역인프라(uTradeHub)를 전자정부지원사업(2003년~2012년)으로 구축하고 전자무역 활성화를 도모할 수 있는 전자무역 촉진에 관한 법률을 2006년도에 제정하였다.

미래의 전자무역은 권역별 경제통합의 가속화, 전자상거래와 같은 새로운 무역거래방식의 확산 등과 같은 국제무역 환경의 변화에 능동적으로 대처할 수 있도록 소싱, 판매, 외환, 상역, 통관, 물류, 무역정보 빅데이터 등 모든 무역절차가 국내에서 해외까지 모두 실시간 전자적으로 실현되는 범 세계적인 무역정보망을 구축함으로써 가능해 진다. 또한 이를 통해 국내의 모든 기업이 언제 어디서나 전자무역을 활용하여 가장 경제적이고 효과적인 방법으로 무역활동을 수행할 수 있도록 하는 것이 미래 전자무역과 관련된 정책의 최종 목표라 할 수 있다.

3.3 추진과제

(1) 수요자 중심의 일괄 서비스 체계 구축

국내의 무역, 통관, 물류망간의 네트워크를 통해 업무의 가시성을 확보하고, 기업들이 요구하는 무역 전 과정의 업무처리 정보 및 화물추적 정보 등을 제공하기 위한 서비스를 개발한다.

또한 원자재 구매와 납품 업무 등 기업과 기업 간에 활용되는 문서의 전자적 유통 및 유관기관 업무 처리에 필요한 연계기반을 제공하며, 무역업체가 수출화물을 체계적으로 관리할 수 있도록 주요 항만과 화물추적 정보를 연계한다.

(2) 국가간 서류없는 무역 실현

해외 전자무역망과의 연계를 통한 서비스를 확대하여 국가간 전자무역시스템의 연계 및 민간 글로벌 통신망간 연계를 통하여 전자무역문서의 단절없는 교환을 추진한다. 또한 국내의 우수한 전자무역시스템을 IT기술 및 인프라가 미흡한 국가에 수출하는 방식으로 글로벌 전자무역서비스를 확산한다.

(3) 전자무역 확산을 위한 지원체계 정비

전자무역서비스의 안정적인 제공을 위하여 공공성 관점에서 전자무역의 기반 시설을 운영하고, 무역의 전 과정을 전자적으로 처리하고 모든 기업이 편리하게 전자무역을 이용함에 있어 지장이 없도록 필요한 관련 법령을 정비한다.

3.4 성   과

우리나라의 모든 무역업체는 875종에 이르는 전자무역문서를 실시간으로 one-stop 처리되는 국가전자무역시스템(uTradeHub)를 이용함으로써 오프라인무역의 수행에 따라 필요한 서류 제출로 인해 발생하는 시간과 비용의 절감이 가능하게 되었으며, 전자문서와 무역정보의 재활용에 따른 업무 혁신의 시너지 효과 발생으로 매년 엄청난 규모의 비용 절감이 가능하게 되었다. 이런 장점으로 인하여 은행과 보험사, 무역유관기관, 관세사, 선사, 항공사, 포워더, 운송사 등 통관물류업체 등과 함께 7만 7천여 무역업체들이 활발하게 전자무역시스템을 활용 중에 있다.

이같은 성과는 해외에서도 높이 평가되고 있는데, 아시아태평양지역 무역원활화조치 이행률 85% 초과국가 2위(UNESCAP), Doing Business 무역원활화 세계 3위(World Bank), 국가별 전자무역환경 최고수준 평가(APEC), eAsia Award 수상(AFACT) 등 우리나라 전자무역의 앞선 기술력과 노하우가 세계적으로 높은 평가를 받고 있다.

4 전자무역의 실제

4.1 의   의

전자무역을 표현하는 영문표현이 e-trade로 정착된 지 얼마 되지 않은 2006년을 전후하여 u-trade란 용어들이 간헐적으로 사용되더니 이제는 전자무역을 상징하는 대표적인 용어로 사용되고 있다. u-trade에서의 u는 유비쿼터스(ubiquitous)란 단어의 머리글자를 따서 표현한 것인데, 유비쿼터스란 원래 물이나 공기처럼 시공을 초월해 '언제 어디에나 존재한다'는 뜻의 라틴어로, 오늘날에는 사용자가 컴퓨터나 네트워크를 의식하지 않고 장소에 상관없이 자유롭게 네트워크에 접속할 수 있는 환경을 말한다. 따라서 u-trade란 전자무역 단일창구를 통해 언제 어디서나 손쉽게 무역거래와 업무를 수행할 수 있도록 하는 것이다.

이를 위하여 정부는 2003년 12월「전자무역촉진 3개년계획」을 수립하고, 그 주요한 추진 전략으로서 인터넷 환경에 적합한 범국가적 전자무역 인프라의 조성, 국가간 서류없는 전자무역 실현을 위한 대외협력 강화, 단절없는 전자무역서비스의 실현, 전자결제시스템의 구축, 대 업계 전자무역 활용 확산 가속화 등으로 구체화하였다. 이와 같은 노력의 결실로 탄생한 것이 바로 국가전자무역시스템인 u-Trade Hub라 할 수 있다.

u-Trade Hub(https://www.utradehub.or.kr/)는 2008년 7월 29일에 개통되었으며, 이로써 대기업은 물론 중소기업까지도 인터넷을 이용할 수 있는 곳이면 언제 어디서든지 시간과 공간의 제약을 받지 않고 무역관련 업무 전부를 해결할 수 있게 되었다. 또한 비용 절감, 생산성 향상, IT 중복투자비 절감 등을 통하여 약 2조 6천억원을 절감하는 경제적 효과도 기대할 수 있게 되었다.

4.2 u-Trade Hub의 기능

(1) 업무 절차 간소화와 업무 효율성 제고

무역업체를 위한 전자무역 단일 창구를 구축함으로써 사용자의 업무처리 절차를 간소화하고 나아가 무역업무 효율성을 높여 무역활성화에 기여한다.

(2) 단일화된 workplace 제공

무역업무의 절차별 서비스를 구축하여 전자무역 포탈에서 모든 무역업무 처리 흐름별로 무역업무를 처리할 수 있도록 함으로써 무역업체 사용자

---

1) u-Trade Hub에 관한 일반적 내용은 u-Trade Hub의 홈페이지를 참고하였음.

에게 단일화된 workplace를 제공한다. 이로써 포탈을 통해 서류 또는 단절된 서비스 중심이 아닌 사용자 중심의 작업 공간을 제공하고, 또한 개별 수출/입 건수 기준으로 업무 진행상황의 추적, 요청업무 처리결과, 관련 문서 등을 포탈의 사용자 업무 프로세스상에서 실시간 확인이 가능하다.

(3) 양질의 서비스 제공

유관기관 간 연계된 무역서비스의 제공을 통하여 기관간 협업 강화 및 양질의 서비스를 무역업체에 제공하게 된다.

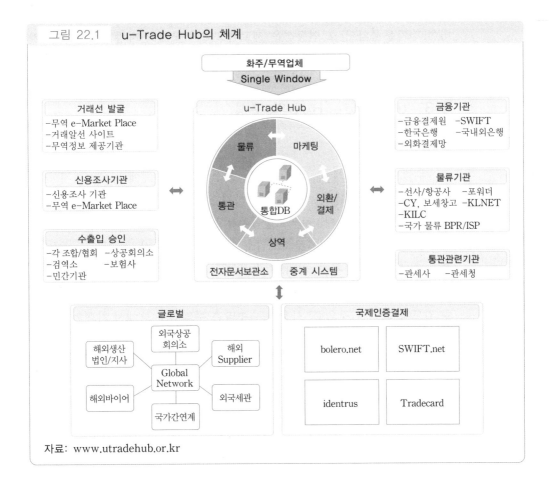

그림 22.1   u-Trade Hub의 체계

자료: www.utradehub.or.kr

(4) 비용 및 인력 절감

전자문서의 진정성 및 제3자 유통성 확보를 통해 동일한 문서의 중복 제출 방지와 종이로 된 문서의 제출을 방지할 수 있으며, 또한 전자문서의 유통 체계 개선을 통하여 전자무역의 프로세스 개선을 이룩함으로써 비용 절감과 함께 인력 낭비를 줄일 수 있게 된다.

(5) 개방성 및 상호 운영성 확보

XML문서를 표준화된 문서 설계 규칙에 따라 일관성 있게 개발·작성하여 전자문서의 상호 연동성을 제고함으로써 국제 전자상거래 표준을 기반으로 한 개방성 및 상호 운영성을 확보하고 있다.

4.3 u-Trade Hub의 구성

(1) 무역포탈

무역포탈은 마케팅, 상역, 외환, 통관, 물류, 결제에 이르기까지 모든 무역업무 프로세스를 신속하고 편리하게 단절없이 처리할 수 있도록 하는 workplace를 제공한다. 무역포탈에서는 My Trade, 수출업무, 수입업무, 국내구매, 국내공급, 전자문서보관소 안내, 전자신용장, e-Nego, e-B/L, 요건 확인 등의 업무를 처리할 수 있다. 여기서 My Trade 기능은 u-Trade Hub 내의 모든 기능을 하나의 workplace에서 모든 업무를 수행할 수 있도록 고안된 것으로, 사용자는 수많은 무역업무 중에서 자신의 업무를 설정하고 이에 대하여 To-Do 및 To-Check 등의 업무 목록을 표시하여 좀 더 능동적으로 업무를 수행할 수 있게 한다.

또한 무역포탈에서는 e-B/L, e-Nego 등을 통해서 서류없이 무역업무를 수행할 수 있는 기반을 제공하고 있다. 즉 무역포탈을 통하여 선적요청, 선화증권, 원산지증명서, 적화보험, 환어음 등에 관한 업무를 유관기관을 방문하지 않고도 서류 제출이나 접수가 가능하게 됨으로써 언제 어디서나 복잡한 무역업무를 편리하게 수행할 수 있게 해준다.

(2) FTA 원산지관리시스템

FTA Korea는 u-TradeHub에서 제공하는 FTA 원산지관리서비스 (FTA 원산지 판정/유통/보관)이다. 웹기반이기 때문에 별도의 설치과정 없이 원산지 판정 및 입증서류를 관리할 수 있으며, 여러 수출회사와 거래를 하는 중견 또는 중소기업의 원산지 관리시스템으로 적합하다.

주요 기능은 FTA 정보 조회와 시뮬레이션이 가능하며, 기준정보와 판정관리를 할 수 있으며, 또한 사후관리가 용이하며, 전자문서 송수신방식을 채택하고 있다. 따라서 이들 서비스는 외부시스템과의 자료 교환이 용이하며, 여러 업체와의 편리한 원산지 정보의 수취 관리가 가능하고, 인터넷 기반 시스템으로 구축비용과 운영 및 유지보수비용의 절감이 가능하다는 점 등이 주요 특징이라 할 수 있다. 또한 높은 수준의 보안을 통해 시스템의 안정성이 확보되고 있다.

(3) 은행포탈

은행포탈은 전자신용장의 유통 및 e-Nego시스템의 활성화를 위해 은행의 e-L/C서비스를 제공하기 위한 포탈인데, 국내 신용장 처리 업무의 약 40%를 담당하고 있는 주한 외국계은행들의 참여를 이끌어 냄으로써 한층 신뢰할 수 있는 시스템으로 자리매김하게 되었다.

여기서는 은행 업무 담당자들의 처리를 최소화하고 데이터 처리를 편리하게 할 수 있도록 하였으며, e-Nego 시스템 지원을 통하여 전자무역 서비스의 핵심 서비스를 제공하도록 하고 있다. 이에 따르면 Nego시 첨부되는 서류의 원/사본에 대한 조회 출력 기능을 제공하고 신용장 잔액을 관리함으로써 사용자가 효율적으로 관리할 수 있도록 해주며, e-L/C 및 D/A, D/P, O/A의 매입을 지원한다. 또한 신용장 업무에 필요한 기반 데이터 입력을 최소화하여 업무의 효율성을 제고하였으며, XML 문서를 표준화된 문서 설계규칙에 따라 일관성 있게 개발 및 작성하여 국제 전자상거래 표준 기반의 개방성 및 상호 운영성을 제공하고 있다.

(4) 통관포탈

통관포탈은 KTNET((주)한국무역정보통신)과 관세사회가 상호 협력하여 제공하는 수출입통관업무전자서비스로서, VAN/EDI방식의 기존 사용자 환경은 물론 인터넷을 이용하여 통관업무를 편리하게 수행하고, 무역/통관/물류 연계플랫폼의 토대를 마련하여 끊김없는 전자무역의 한 축을 형성하는 시스템이라 할 수 있다. 이 서비스는 관세사의 통관업무를 위하여 인터넷 기반에서 지원하고 기존 관세사 시스템과의 연계를 강화하여 통관정보의 공유는 물론이고 KTNET 내/외부의 기존 통관, 무역, 물류정보시스템과 연계/통합 서비스하는 통관포탈시스템이라 할 수 있다.

통관포탈에서 제공하는 서비스는 크게 기본서비스와 부가서비스로 구분되는데, 기본서비스는 신고정보 조회 및 출력서비스이며, 부가서비스는 관세사의 고객(무역업체) 및 관세사에 대한 정보 제공서비스이다. 부가서비스에는 관세사 무료 홈페이지 연계서비스와 무역업체 및 포워더 실시간 알림서비스, 요건 확인기관 서비스(ASP Line) 연계를 통한 실시간 승인 정보 제공서비스, 적화목록 정보를 통한 실시간 통관의뢰서비스 등이 있다.

(5) 글로벌 전자무역포탈

이 서비스는 전자무역 서비스를 국내에 국한하지 않고 해외 파트너사와의 B2B 정보를 작성, 교환할 수 있는 서비스를 제공함으로써 무역 및 물류업체의 무역자동화 혁신을 실현하고 무역부대 비용의 절감을 도모할 수 있도록 하기 위한 서비스이다. 글로벌 서비스는 범아시아 전자무역네트워크 구축연맹(Pan Asian eCommerce Alliance), 아시아-유럽 전자무역네트워크 구축연맹(Asia-Europe Alliance for Paperless Trading) 등 국제간 전자무역 사업자 간 협력을 통해 제공되고 있다.

이 서비스를 이용할 경우, 그동안 Fax, e-mail, 전화 등으로 수신하여 수작업으로 작성하던 정보를 해외파트너 및 본지사 간 전자문서로 수신하여 내부시스템에서 활용할 수 있으며, 또한 관세청 적화목록 신고를 자동화할 수 있게 된다.

(6) uLocal 관세환급

여기서는 수출업체에 물품공급으로 구매확인서나 내국신용장을 받은 협력업체(공급자)가 수행하는 수출용 원재료에 대한 관세환급 업무를 지원한다. 이는 발급이 완료된 구매확인서나 내국신용장 모두를 조회할 수 있는 단일 창구로서, 수출업체와 국내 공급업체가 이용 대상이며, '구매확인서 통합서비스', '내국신용장 통합서비스'의 2개의 site로 구성된 포탈이다. 이용대상업체는 중소 제조업체들이며, 구매확인서나 내국신용장 공급금액의 0.1~1.5%가 환급된다.

주요 기능으로는 관세환급 자가진단이 가능하며, 관세환급을 위한 3종의 신청서를 자동적으로 작성할 수 있으며, 수출업체와 협력업체간 관세정산 결과를 조회할 수 있다. 단 관세환급 신청을 위해서는 이용업체가 직접 관세청 유니패스에 가입하여 관세환급에 필요한 '신고인 부호'와 '통관고유부호'를 사전에 부여받아야 한다.

주요용어

전자무역의 특징
u-Trade Hub
무역/은행/통관포탈

연습문제

1. 전자무역의 특징은 무엇인가?

2. u-Trade Hub의 주요 기능은 무엇인가?

3. u-Trade에서 제공하는 포탈 서비스에는 각각 어떤 내용들이 있는가?

국문색인

영문색인

공저자 약력

곽 근 재
영남대학교 경제학박사
행정고시 국제경제학 출제/선정위원
University of Colorado 방문교수
경상대학교 경영대학 국제통상학과 교수

김 의 동
경북대학교 경제학박사
산업연구원(KIET) 동향분석실
University of Illionois(UIUC) 방문교수
경상대학교 경영대학 국제통상학과 교수

안 창 모
Australian National University 경제학박사
Australian National University 겸임교수
University of Colorado 방문교수
경상대학교 경영대학 국제통상학과 교수

장 봉 규
서울대학교 경제학박사
행정고시 국제통상학 출제위원
Indiana University 방문교수
경상대학교 경영대학 국제통상학과 교수

최 근 배
부산대학교 경제학박사
BJFEZ 투자유치자문위원
University of Auckland 방문교수
경상대학교 경영대학 국제통상학과 교수

허 재 창
부산대학교 경제학박사
관세사 무역영어 출제위원
University of British Columbia 방문교수
경상대학교 경영대학 국제통상학과 교수

제3판
무역학개론

초판발행	2004년 9월 5일
제3판발행	2018년 3월 1일
중판발행	2021년 9월 10일

공저자	곽근재 외 5명
펴낸이	안종만 · 안상준

편 집	전은정
기획/마케팅	박세기
표지디자인	권효진
제 작	고철민 · 조영환

펴낸곳	㈜ **박영사**
	서울특별시 금천구 가산디지털2로 53, 210호(가산동, 한라시그마밸리)
	등록 1959. 3. 11. 제300-1959-1호(倫)
전 화	02)733-6771
f a x	02)736-4818
e-mail	pys@pybook.co.kr
homepage	www.pybook.co.kr
ISBN	979-11-303-0551-6 93320

* 파본은 구입하신 곳에서 교환해 드립니다. 본서의 무단복제행위를 금합니다.
* 저자와 협의하여 인지첩부를 생략합니다.

정 가   24,000원